다극세계가 온다

EURASIA v. NATOstan

ⓒ Petronio Franca, 2024, by Pepe Escobar
Nimble Books LLC
All rights reserved

Korean translation copyright ⓒ 2025 by Dolbegae Publishers

이 책의 한국어판 저작권은 Nimble Books LLC와 독점 계약한 돌베개에 있습니다.
저작권법에 의해 한국 내에서 보호를 받는 저작물이므로 무단전재 및 복제를 금합니다.

다극세계가 온다
미국 패권 이후, 세계질서 대격변의 장면들

페페 에스코바 지음 | 유강은 옮김

2025년 11월 26일 초판 1쇄 발행

펴낸이	한철희
펴낸곳	돌베개
등록	1979년 8월 25일 제406-2003-000018호
주소	(10881) 경기도 파주시 회동길 77-20 (문발동)
전화	(031) 955-5020
팩스	(031) 955-5050
홈페이지	www.dolbegae.co.kr
전자우편	book@dolbegae.co.kr
블로그	blog.naver.com/imdol79
인스타그램	@Dolbegae79
페이스북	/dolbegae
편집	김태현
표지디자인	강경신
본문디자인	이은정·이연경
마케팅	고운성·김영수·정지연
제작·관리	윤국중·이수민·한누리
인쇄·제본	한영문화사
ISBN	979-11-94442-59-2 (03300)

• 책값은 뒤표지에 있습니다.
• 이 책의 내용 전체 또는 일부를 재사용하려면 출판사의 허가를 받아야 합니다.

미국 패권 이후,
세계질서 대격변의 장면들

다극세계가 온다

페페 에스코바 지음　유강은 옮김

돌베개

일러두기

- 저자는 원서에서 제국(EMPIRE), 패권국(HEGEMON)을 모두 대문자로 표기하였다.
- 원서에서는 약어를 적극적으로 사용하고, 책 서두에 약어표를 수록하였다. 한국어판에서는 되도록 약어를 사용하지 않았으며, 원서의 약어표를 '약어 및 주요 용어 해설'로 바꾸고 설명을 일부 추가하였다. '신조어 목록'은 원서의 순서를 따랐다.
- 이 책의 각주는 독자의 이해를 돕고자 한국어판 옮긴이°와 편집자•가 작성하였다. 각 부의 제목 역시 한국어판에서 추가한 것이다.

추천사

페페의 저작에는 그만의 고유명사와 어구, 언어유희와 풍자가 풍부합니다. 출판사 님블북스는 시카고 문서작성양식Chicago Manual of Style 17th edition을 따르지만, 이 책에서는 지은이의 어법을 존중했습니다.

님블북스에서 처음 페페의 책을 펴낸 이후 17년 동안 미국과 지구 곳곳에 사는 우리의 삶과 출판, 정치에서 많은 변화가 있었습니다. 하지만 핵심적인 한 가지에 대한 우리의 확신은 여전히 변치 않았습니다. 그것은 바로 페페가 탁월하고 교양 있는 저자라는 점입니다. 그의 목소리는 국제 관계에 관한 미국과 서방의 인습적 사고에 대단히 급진적으로 이의를 제기하기 때문에 특별하게 중요합니다. 페페가 서문에서 날카롭게 말하는 것처럼, 전 세계 80억 인류의 대다수는 미국과 서방의 외교정책 평론가들과는 전혀 다른 시각으로 세계를 봅니다. 전제가 다르고 술어가 다른 탓에 세계의 미래에 대한 처방도 근본적으로 다릅니다. 우리가 여러 대립하는 견해를 개탄스럽다거나 반민주적이라거나 전체주의적이라거나 또는 처음부터 그릇된 것이라고 단박에 거부한다면, 불가피한 변화를 이해할 수 없을뿐더러 그것에 효과적으로 영향을 미치기를 기대할 수도 없을 것입니다.

전통적 사고방식을 지닌 서방의 독자들에게 저는 이렇게 말씀드리고 싶습니다. "당신이 페페의 견해에 동의하는지 여부는 제 관심사가 아닙니다만, 그의 견해를 붙잡고 씨름하는 건 당신에게 필수적이라고 믿습니다." 서방 정책에 대한 비판을 열린 마음으로 받아들이거나 이미 페페의 책을 즐겨 읽는 팬 여러분들이라면, 이 책을 신나게 즐기시길 바랍니다!

미국 미시건주 앤아버에서
프레드 짐머맨(님블북스 대표, 편집인)

차 례

추천사		5
서문		10
약어 및 주요 용어 해설		17

I
3차 세계대전과 반전통상의 지정학

1	카불에서 벌어진 정말 이상한 일	25
2	노르트스트림2의 퇴장과 시베리아의힘2의 입장	33
3	새로운 공산당 선언 : 반전통상, 전쟁이 아니라 무역을!	42
4	세르게이 글라지예프와의 대화 : 탈달러 시대의 새로운 세계 화폐·금융 시스템	50
5	상트페테르부르크, 새로운 경제 전쟁을 대비하다	66
6	발흐에서 콘야까지 : 루미가 남긴 영적 지정학의 발자취를 따라가다	74
7	3차 세계대전으로 몽유병자처럼 걸어 들어가는 "파편화된 세계"	84
8	달러 패권을 우회하기 위한 글로벌사우스의 경주	92

II
달러 패권과 팍스 아메리카나 이후

9	새로운 국제 화폐 열차에 탑승하라 : '이동하는 다극세계'를 타고 나눈 대화	105
10	시진핑과 푸틴, 팍스 아메리카나 철거에 나서다	118
11	'세상'의 종말을 기다리며	125
12	다극세계의 수도: 모스크바 다이어리	135
13	일대일로 열차가 샹그릴라로 향한다	143
14	푸틴 그리고 '체스판'에서 정말로 중요한 것	152

III
거대한 체스판이 뒤집힌다

15	미국, 브릭스플러스와의 하이브리드 전면 전쟁을 준비하다	163
16	미래는 대유라시아에서 등장한다	170
17	시칠리아 산꼭대기에서 새로운 야만인들을 지켜보며	177
18	21세기의 결정적인 전쟁은 '중국과의 전쟁'이 아니다	184
19	시리아: 약탈과 부활의 이야기	192
20	러시아, 아프리카, 중국, 조선 : 체스판을 가로지르는 결정적인 움직임들	199

IV
다극세계 vs 미제국

21	부하라에서 브릭스까지 : 광기의 어둠 속에서 빛을 찾는 여정	213
22	중앙아시아: 새로운 그레이트 게임의 주전장	221
23	나토스탄의 로봇 대 다극세계의 천마	234
24	다극세계의 색조를 결정하는 러시아의 극동	243
25	혼돈의 경제 회랑 전쟁 : 인도-중동-유럽 회랑 그리고 잔게주르 회랑	252
26	일대일로와 브릭스의 로드맵을 그리는 전략적 동반자들	260
27	네 가지 언어로 작성된 퇴거 통지서 : 팔레스타인과 서구의 '가치'	268
28	중국과 러시아는 순항하고 있다	274

종결	전쟁 속의 삶, 돈바스의 길 위에서	284
한국의 독자들에게: '혼돈의 제국'의 허장성세 길들이기		295
타임라인: 다극화 신세계질서의 부상		308
신조어 목록		310
인명 찾아보기		313

서문

배 멀미에 질린 너의 선원들은 모두 집을 향해 노를 젓고 있어.
너희네 군대도 빈손으로 집으로 가네.

— 밥 딜런, 「이제 다 끝났어, 베이비 블루」
  It's All Over Now, Baby Blue(1965)

이제 막 시작된 21세기의 결정적 충돌로 깊이 빠져들어 보자.

이 책에서 나는 엄청난 도전을 수행했다. 그람시의 말을 비틀어 보자면, 낡은 질서는 우리 눈앞에서 죽어 가고 있고, 새로운 질서는 탄생을 위해 분투하는 부글부글 끓는 화산과도 같은 지정학적 국면에서, 우리는 역사의 초안을 날것으로 다시 검토할 것이다.

여러 면에서 이 순간은 실로 괴물들의 시간이다. 그들은 "가치", 그리고 무엇보다도 흐릿하기 짝이 없는 "규칙 기반 국제 질서"의 수호자라는 가면을 쓴 괴물들이다. 이 질서는, 서아시아와 러시아, 중국, 아프리카, 라틴아메리카의 지식인들이 검토한 것처럼, 충동적으로 구부릴 수 있는 "규칙", 그리고 거의 통제되지 않는 혼돈과 어울리는 "질서"를 특징으로 내세운다.

하지만 지금은 또한 열렬한 희망과 꿈의 시간이기도 하다. 이는 다극세계를 향한 추진력으로 구현되고, 브릭스플러스BRICS+와 상하이협력기구SCO, 유라시아경제연합EAEU과 일대일로BRI, 그리고 라틴아메리카와 아프리카까지 아우르는 통합 메커니즘을 특징으로 하는 새로운 제도적 틀로 표현되는 희망과 꿈이다.

몇몇 언론에 발표했던 칼럼과 에세이를 모은 이 책을 통해 독자 여러분은 우리 시대의 타오르는 백열을 추적할 수 있다. 이 글들은 홍콩의 『아시아타임스』Asia Times, 베이루트의 『더크레이들』The Cradle, 모스크바의 『스푸트니크인터내셔널』Sputnik International과 『전략문화재단』Strategic Culture Foundation, 테헤란의 『프레스TV』Press TV를 중심으로 글로벌사우스와 미국의 곳곳에서 여러 언어로 번역되어 널리 재발표되고 수많은 팟캐스트의 주제가 되었다.

이 모음집은 서방의 산물인 동시에 다극세계의 시민인 연쇄 유목민serial nomad이 여러분에게 내놓는 것이다. 나는 복수의 정체성을 갖고 있다. 나는 브라질인이자 라틴아메리카인이자 유럽인이며, (가족과 문화, 선택적 친화성 등 여러 이유 때문에) 마음속으로는 아시아인이기도 하다. 어쩌면 포스트모던적인 비밀을 품은 스키타이인일지도 모르겠다. 저 태곳적부터 말 등에 올라 방랑을 하던 궁수가 내뿜는 매력 때문일 것이다.

　나는 소멸하는 직종인 '죽어가는 신문 산업의 해외 통신원'이라는 마지막 유물 가운데 하나다. 직업 덕분에 런던과 파리와 밀라노에서 지냈고, 결국에는 별을 쳐다보며 1980년대부터 1990년대까지 줄곧 고고춤에 취한 하이퍼 포스트모던 할리우드에서 살면서 일했다.

　그리고 정확히 30년 전 서방을 떠나 아시아로 이주했다. 아시아 내부에서 살면서 배우기 위해. 발리에서 시작해서 동남아시아, 인도, 네팔, 중국을 거쳐 모스크바에서 끝난 나의 여정은 하나의 고전(현장법사의 『대당서역기』 大唐西域記)이 촉매제가 되었다.

　지금까지 러시아-중국의 전략적 동반자 관계를 사실상 멈춤 없이 추적할 수 있도록 만든 씨앗은 그 여행 중에 심어졌다. 1991~1992년 겨울 베이징에서 시베리아 횡단 열차를 탔고 모스크바에서 내렸다. 중국의 기적이 최고 속도에 진입하는 것을 보고 깜짝 놀란 뒤(광저우에서 덩샤오핑이 불과 며칠 전에 묵었던 호텔에 체류했다), 소련의 끝에 도착했다. 냉전이 끝난 서방으로 돌아온 순간 할 일은 하나뿐이었다. 아시아로 돌아가 거울을 들여다보며 갖가지 겹쳐 있는 암호를 해독하는 일이었다.

　미국의 전 국무장관이자 중앙정보국장으로, TV 속 마피아 토니 소프라노의 광팬인 마이크 폼페이오는 의심할 여지없는 미영 주도 국제 관계의 결정적인 모토를 누설했다. "우리는 거짓말하고, 속이고, 훔친다." 기록을 보면 미국 예외주의가 명예와 존엄, 공정으로 경쟁할 수 없는 순간에는 항상 글로벌사우스에 연속적으로 이렇게 행동을 했음을 알 수 있다.

이제 막 시작된 21세기의 궁극적인 충돌의 심장부에도 바로 이 모토가 자리하고 있다. "혼돈의 제국"Empire of Chaos(2015년 초에 출간된 내 책의 제목이기도 하다) 대 문명국가 러시아와 중국(미국의 기성 권력이 "위협"으로 정의하는 두 나라)의 대결이다. 이 충돌은 또한 심장지대 Heartland 대 제해권Thalassocracy, 유라시아Eurasia 대 나토스탄 NATOstan으로 규정할 수도 있다.

여기서 말하는 유라시아는 이스탄불과 블라디보스토크 사이의 모든 땅을 가리키는 (약간은 불완전한) 은유다. 나는 특히 중앙유라시아를 특별히 중요하게 생각해서 해마다 이곳을 방문한다. 이 오래된 문명들은 세계 문명을 형성하는 데서 대단한 역할을 했다. 유라시아 역사를 이해하려면 중앙유라시아와 유라시아의 거대한 주변부 문명에 속하는 지역들, 즉 유럽, 서아시아(예전의 유럽중심적 개념으로는 "중동"), 남아시아, 동아시아 사이의 관계를 이해할 필요가 있다.

전통적인 중앙유라시아는 또한 오래된 대륙 및 국제적 교역 체계로 보아야 한다. 오늘날 우리가 흔히 실크로드라고 말하는 대륙 및 해상 무역로는 단일한 국제 교역 체계를 통합하는 한 부분이었다. 현재 중국이 되살리고 있는 것이 바로 이런 체계다. 중국은 21세기에 신新실크로드, 일명 일대일로를 통해 이 체계를 가속화하고 있다. 카자흐스탄 아스타나를 시작으로 인도네시아 자카르타에서 일대일로가 첫발을 내디딘 이래 나는 그것을 중단 없이 추적해 왔다.

한편 나토스탄은 미국의 통제 아래 마치 글로벌 로보캅Global Robocop인양 행동하는, 전쟁기계가 차지한 서방의 공간으로 보아야 한다. 이 로보캅은 북대서양만이 아니라 아프리카와 남중국해, 그리고 무엇보다도 노보로시야°의 평원지대steppes까지 자신이 치안을 유지한다고 자임한다.

여기서 우리는 문제의 핵심에 진입한다. 멀쩡하던 리비아를 ("평화"라는 이름을 내세우지도 않은 채) 황무지로 뒤바꾸고, 아프가니스탄에서 파슈툰족에게 철저하게 굴욕을 당한 뒤, 노보로시야의 비옥한 흑토에서 나토가 집행하는 "규칙 기반 국제 질서"가 마침내 죽음에 이른다. 나토라는 대왕문어를 완전히 혼란에 빠뜨린 것이다.

이들과는 뚜렷하게 대비되는 가운데, 베이징과 모스크바 지도부가 맞닥뜨린 책임은 영구전쟁Forever Wars이 아니라 문명국가로서의 중국과 러시아의 통일성을 유지하는 것이다.

이는 서방과는 완전히 대립되는 문화적 이해를 함축한다. 중국인들은 역사적으로 국가와 사회를 하나로 보

° 흑해 북쪽 크림(크름) 반도 위의 도네츠크, 루한스크, 자포리자, 헤르손, 오데사 등의 지역을 가리키는 역사적 지명이다.

는데, 이는 국가가 가장을 상징하는 중화 문명의 구현이다. 푸틴의 러시아인들 역시 압도적으로 똑같은 방식으로 이를 해석한다. 내가 영예롭게도 돈바스에서 유심히 살펴보았던 사실이고, 최근 대통령 선거에서 생생하게 입증된 것이기도 하다.

이제부터 진지한 시간여행을 떠나보자. 우리가 어떻게 여기까지 오게 됐는지를 알기 위해서. 독자 여러분은 제국들이 들어와서 죽어 가는(또는 최소한 수치스럽게 후퇴하는) 아프가니스탄, 파이프라이니스탄Pipelineistan의 힘줄, 유라시아 경제 회랑Eurasian Economic Corridors을 겨냥한 전쟁, 탈달러화로 향하는 길고 복잡한 길, 다극세계의 감동적인 공간으로서의 모스크바, 하이브리드 전쟁의 여러 사례, 심장지대와 시베리아의 힘, 제해권의 쇠퇴 등을 다시 살펴보게 될 것이다. 역사·문화·종교의 구덩이에 스며든 모든 것들이 아나톨리아의 콘야와 중앙아시아 심장지대의 부하라, 문화의 교차로 시칠리아에서 멈춰 선다.

사나운 유목민들은 구제불능의 낭만주의자일지 모른다. 그리하여 우리는 셸리의 추억으로 이끌린다. 「삶에 관하여」On Life란 작품에서 퍼시 셸리는 "인간 안에는 소멸과 무에 적대적인 정신"이 존재한다고 썼다. '그레이트 리셋'Great Reset°을 내세우는 자칭 "엘리트"들은 우리 모두를 무가치한 존재로 전락시키는 허무주의와 포스트휴머니즘을 인류에 강제하기를 원한다. AI가 생성하는 조작

° 2020년 세계경제포럼WEF의 주제로, 코로나19로 인해 촉발된 변화를 바탕으로 경제와 사회를 재건하자는 움직임.

콤보가 인간보다 더 낮다는 것이다.

하지만 우리는 여전히 망각에 맞서 반란을 일으킨다. 반란은 불가피하게 앞에 놓인 길에 갈림길을 만들어 낸다. 권력을 숭배하는 사람은 자기 앞에 놓인 모든 것을 파괴하고 결국 자신까지 파괴하는 길을 선택한다.

하지만 우리는 언제나 한 차원 높은 길을 걸을 수 있다. 우리 자신의 영혼을 아이올로스의 하프로 뒤바꿔서 보이지 않는 마술적인 힘들을 인도할 수 있다. 차분하고 공정하며 인간적인, 너무도 인간적인 세계를 창조할 수 있는 힘들을.

2024년 3월, 러시아 도네츠크공화국에서
페페 에스코바

약어 및 주요 용어 해설

ACU   아시아결제동맹Asian Clearing Union.
ABM   탄도탄 요격 미사일Anti-Ballistic Missile.
AFRICOM   미국 아프리카사령부United States Africa Command.
APC   병력 수송 장갑차Armored personnel carrier.
ASEAN   동남아시아국가연합Association of Southeast Asian Nations.
ASEZ   선진경제특구Advanced Special Economic Zones.
AUKUS   오스트레일리아-영국-미국 안보 협의체Australia-United Kingdom-United States security pact(오커스).
BAM   바이칼-아무르 간선철도Bailak-Amur Mainline railway.
BASF   바스프. 독일의 다국적 화학회사.
BBBW   다시 더 나은 세계를 만들자Build Back Better World. 중국의 일대일로에 맞서기 위해 2021년 G7에서 내놓은 제3세계 기반시설 개발 지원 계획.
BCI   뇌-컴퓨터 인터페이스Brain Computer Interface
BKL   빅서클라인Big Circle Line. 모스크바 지하철을 부르는 말.
BRI   일대일로Belt and Road Initiative(一帶一路). 중국의 '국가급 정층 전략'으로 중국 공산당 '당헌'에 삽입된 사업이다("공동협상, 공동건설, 공동향유의 원칙에 따라 '일대일로' 건설을 추진"). 국제 무역과 연계의 다층적 플랫폼이자 인프라를 포함한 글로벌사우스의 광대한 지역을 개발하는 메커니즘으로 세계를 육상(帶, belt)의 '실크로드 경제벨트'와 해상(路, road)의 '21세기 해상 실크로드'로 연결하자는 제안이다. '10주년 백서' 기준 150개 국가, 30개의 국제기구가 참여 중이다. 2025년 기준 중국의 누적 투자·계약 총액은 1조 3,000억 달러다. 공식 홈페이지에서 지금까지의 진행

	정보를 확인할 수 있다(https://www.yidaiyilu.gov.cn/).
BRIC	브릭. 브라질, 러시아, 인도, 중국.
BRICS	브릭스. 브라질, 러시아, 인도, 중국, 남아프리카공화국의 머릿글자를 따서 만든 명칭. 2010년에 5개국이 상설기구를 만들면서 출범했다. 지속적으로 성장하여 2023년 PPP 기준 세계 GDP의 37.4%를 점유하면서 G7(29.3%)을 앞지르기 시작했다. 러시아 카잔에서 '정의로운 다극세계 강화'를 주제로 열린 2024년 정상회의, 브라질 리우데자네이루에서 '글로벌사우스의 지속 가능한 협력 거버넌스'를 주제로 열린 2025년 정상회의를 거치면서 더 크게 확대·강화되었다. 현재 '회원국'은 앞의 5개국과 이집트, 이란, 에티오피아, 아랍에미리트, 인도네시아이며(10개국), '파트너국'은 벨라루스, 볼리비아, 카자흐스탄, 쿠바, 말레이시아, 나이지리아, 태국, 우간다, 우즈베키스탄, 베트남이다(10개국).
BTC	바쿠-트빌리시-제이한 파이프라인Baku-Tbilisi-Ceyhan pipeline.
BTC	비트코인Bitcoin.
CAR	중앙아프리카공화국Central African Republic.
CBDC	중앙은행 디지털화폐Central Bank Digital Currency.
CBR	러시아중앙은행Central Bank of Russia.
CCP	중국공산당Chinese Communist Party.
CENTCOM	미국 중부사령부United States Central Command.
CFA	중앙아프리카 프랑Central African franc.
CNPC	중국석유천연가스공사China National Petroleum Corporation.
CPEC	중국-파키스탄 경제 회랑China-Pakistan Economic Corridor.
CSTO	집단안보조약기구Collective Security Treaty Organization. 2009년에 창설되어 지역 내 군사 위협, 테러, 조직적 범죄, 마약 밀거래, 비상사태 등에 공동 대응한다. 각 국가의 독립

	된 부대를 연합하여 신속대응군을 운영하고 있다. 회원국은 러시아, 벨라루스, 아르메니아, 카자흐스탄, 키르기스스탄, 타지키스탄이며, 세르비아와 아프가니스탄이 참관하고 있다. 우즈베키스탄, 아제르바이잔, 조지아는 탈퇴했다.
CTO	대테러작전Counter-terror operation.
DARPA	국방고등연구사업국Defense Advanced Research Projects Agency.
DPRK	조선민주주의인민공화국Democratic People's Republic of Korea(조선). 북한의 공식 국호. 이 책 본문에서는 다극세계권 국가들의 용례와 저자의 뜻에 따라 공식 국호의 줄임말 '조선'을 사용하였다.
EAEU	유라시아경제연합Eurasian Economic Union. 2015년에 창설된 러시아, 벨라루스, 카자흐스탄, 아르메니아, 키르기스스탄의 경제 연합체로 상호 무역 장벽과 관세가 없다. 몰도바, 우즈베키스탄, 쿠바가 옵서버이며, 베트남, 이란, 중국, 세르비아, 싱가포르와는 경제협력협정 및 자유무역지대를 운영 중이다. 전 세계 석유의 14.4%, 가스의 20%, 석탄의 6.4%를 생산한다.
EBRD	유럽부흥개발은행Europena Bank for Reconstruction and Development.
ECB	유럽중앙은행European Central Bank.
EMC	동방해양회랑Eastern Maritime Corridor.
ETIM	동투르키스탄 이슬람운동East Turkistan Islamic Movement.
EV	전기차Electric Vehicle.
FTA	자유무역협정Free trade agreement.
FTX	에프티엑스. 한때 세계 3대 암호화폐 거래소로 불렸으나, 2022년 금융사기 사건을 일으키고 파산하였다.
GDP	국내총생산Gross Domestic Product.
GORKI	러시아 핵심 쟁점을 위한 지정학 관측소Geopolitical

	Observatory for Russia's Key Issues.
HP	휴렛패커드Hewlett-Packard.
ICBM	대륙간탄도미사일Intercontinental Ballistic Missile.
ICC	국제형사재판소International Criminal Court.
IMEC	인도-중동-유럽 경제 회랑India-Middle East-Europe Economic Corridor.
IMF	국제통화기금International Monetary Fund.
IMU	우즈베키스탄 이슬람운동Islamic Movement of Uzbekistan.
INSTC	국제남북운송회랑International North-South Transportation Corridor.
IPI	이란-파키스탄-인도Iran-Pakistan-India.
IRGC	이슬람혁명수비대Islamic Revolutionary Guard Corps. 이란의 대규모 특수 군사 조직.
IRISL	이란국영해운Islamic Republic of Iran Shipping Lines.
ISIS	이라크·시리아이슬람국가Islamic State of Iraq and Syria. 다에쉬Daesh라고도 한다.
JCPOA	포괄적공동행동계획Joint Comprehensive Plan of Action. 이른바 '이란 핵 합의'의 정식 명칭이다.
LNG	액화천연가스Liquefied Natural Gas.
LPR	루간스크인민공화국Lugansk People's Republic.
MIR	미르. 러시아 지불카드 시스템.
MJP	메트인베스트홀딩Metinvest Holding. 우크라이나의 광산금속회사.
MoD	미국 국방부Ministry of Defense.
MSM	주류언론Mainstream Media.
NDB	신개발은행New Development Bank. 2015년 브릭스에서 설립한 다자간 개발은행. 청정 에너지와 에너지 효율성, 교통 인프라, 물과 위생, 환경 보호, 사회 기반시설, 디지털 인프라 사업에 중점을 두고 사업한다.

NDS	국가보안국National Directorate of Security. 아프가니스탄의 정보기관이다.
OBOR	일대일로One Belt, One Road를 부르는 또다른 명칭.
OSCE	유럽안보협력기구Organization for Security and Cooperation in Europe. 1975년 헬싱키 정상회의 결과로 창설된 협력회의를 1995년에 상설기구로 만들었다. '냉전' 시기 서구의 평화 원칙을 합의한 것으로 평가되는 1975년 '헬싱키 선언'에서는, 어느 한 국가의 안보를 위해 다른 국가의 안보를 침해해서는 안 된다는 "안보 불가분성"Indivisible security 개념을 합의하였다.
OTS	튀르크어사용국기구Organization of Turkic States.
PIF	태평양도서국포럼Pacific Islands Forum.
PPP	구매력평가Purchasing Power Parity. 각 국가의 물가 수준을 반영하여 통화의 실질 구매력을 평가하는 지표.
PRC	중화인민공화국People's Republic of China.
RAND	랜드연구소Research and Development Corporation. 미국의 글로벌 정책 싱크탱크.
RCEP	역내포괄적경제동반자협정Regional Comprehensive Economic Partnership. 한국, 중국, 일본, ASEAN 10개국(미얀마, 필리핀, 캄보디아, 태국, 라오스, 인도네시아, 말레이시아, 싱가포르, 브루나이, 베트남), 호주, 뉴질랜드 등 총 15개국 간에 체결된 자유무역협정. 한국에서는 2022년에 발효되었다.
RIA	로시야세고드냐Rossiya Segodnya. 러시아 국영 미디어그룹.
SCO	상하이협력기구Shanghai Cooperation Organization. 2001년에 창설되었다. "테러리즘, 분리주의, 극단주의에 맞서는 공동대응"과 중앙아시아 및 유라시아의 평화·안정 확립을 기본 목표로 하여, 정치·군사 및 경제·문화 등 여러 분야에서의 회원국 간 교류와 발전을 지향한다. 특히 2025년 9월

제25차 회원국 정상회의에서 '안보 위협 대응 종합 센터', '마약 대응 센터', '개발은행' 등이 제안되고 SCO플러스 회의가 개최되는 등 대폭 강화되는 추세다. 정회원 10개국(중국, 러시아, 카자흐스탄, 키르기스스탄, 타지키스탄, 우즈베키스탄, 인도, 파키스탄, 이란, 벨라루스), 옵서버 2개국(몽골, 아프가니스탄), 파트너는 14개국이다.

SDF	시리아민주군Syrian Democratic Forces.
SDR	특별인출권Special Drawing Rights.
SEZ	경제특구Special Economic Zone.
SMO	특별군사작전Special Military Operation.
SVR	러시아 해외정보국.
SWIFT	국제은행간 통신협정Society for Worldwide Interbank Financial Telecommunication.
TAP	아드리아해 횡단 파이프라인Trans Adriatic Pipeline.
TAPI	투르크메니스탄-아프가니스탄-파키스탄-인도 Turkmenistan-Afghanistan-Pakistan-India.
TASS	러시아 국영 통신사.
TSMC	타이완 반도체 매뉴팩처링Taiwan Semiconductor Manufacturing Company.
TSUM	모스크바 센트럴유니버설 백화점
UAE	아랍에미리트United Arab Emirates.
UDF	우크라이나개발기금.
VEB	브네쉬에코놈방크Vnesheconombank. 러시아 국영 개발은행.

3차 세계대전과
WWIII

反戰通商 반전통상의 지정학

I

카불에서 벌어진 정말 이상한 일

1

2021년 11월 초, 아프가니스탄 카불에서 정말 이상한 일이 벌어졌다.

탈레반의 임시 외무장관 아미르 칸 무타키와 투르크메니스탄 외무장관 라시드 메레도프가 한자리에 앉아 광범위한 정치·경제 문제를 논의했다. 그리고 무엇보다도, 두 사람은 내가 2000년대 초반 **파이프라이니스탄**이라고 설명했던 전설적인 연속극을 의심의 여지없이 부활시켰다. 그것은 바로 투르크메니스탄-아프가니스탄-파키스탄-인도TAPI 가스 파이프라인이다.

지하드 이후 아프가니스탄 대하소설의 또 다른 두드러진 역사적 전환점이 아닐까. 이 대하소설은 카불에서 탈레반이 권력을 잡고 있던 1990년대 중반까지 거슬러 올라가는 이야기이다.

1997년 탈레반은 (심지어) 미국 휴스턴을 방문해서

파이프라인에 대해 논의했다. 당시에는 TAP(인도가 없다)라고 불렸던 이 파이프라인에 관해서 나는 책 『영구전쟁』Forever Wars 1부에 서술한 바 있다. 클린턴 2기 행정부 시기에 유노컬Unocal(지금은 셰브론의 계열사)이 주도하는 컨소시엄이 굉장히 값비싼 이 사업에 착수하려던 참이었다. 80억 달러에 육박하는 규모였다. 중앙아시아와 남아시아의 교차로에서 러시아를 약화시키기 위해 치러야 하는 값이었다. 또한 이란-파키스탄-인도IPI 파이프라인이라는 경쟁자를 깨부수는 것도 목표였다.

　미국은 당연히 탈레반의 환심을 사야 했다. 휴스턴과 카불에서, 핵심 중재인은 동에 번쩍 서에 번쩍 나타나던 잘마이 칼릴자드였다. 유노컬의 로비스트 겸 탈레반 교섭 담당자로 유명했던 "부시의 아프간인"이었다. 하지만 이후 수송 요금을 둘러싸고 끊임없이 흥정이 벌어지면서 사업이 교착상태에 빠졌다. 유가가 바닥을 기던 것도 한몫했다. 9-11로 이어지는 전초전 같은 상황이었다.

　2002년 초, "폭격으로 민주주의를" 정신을 앞세운 미국에 의해 탈레반이 권력에서 쫓겨난 직후, 아시가바트와 카불, 이슬라마바드가 여전히 TAP로 홍보되던 사업을 건설하기 위한 협정을 조인했다. 시간이 흐르면서, 800킬로미터에 달하는 아프가니스탄 땅을 가로지르며 카불의 국고에 연간 수송료로 무려 4억 달러를 채워 줄 수 있다던 이 사업은 진행될 수 없음이 분명해졌다. 아프가니스탄이 게릴라가 우글거리는 환경의 인질로 잡혀 있는 한 난망한 일이었다.

그러다 5년 전 카불은 TAPI를 부활시키기로 결정했다. 2018년 대대적인 보안 속에 이미 대부분 탈레반이 장악한 헤라트와 파라, 님루즈, 헬만드에서 공사가 시작되었다. 당시 탈레반은 TAPI를 공격할 생각이 없으며 심지어 자신들이 나서서 안전을 제공하겠다고 강조했다. 가스 파이프라인과 나란히 (파키스탄의 카라코람 고속도로와 마찬가지로) 투르크메니스탄에서 아프가니스탄까지 광섬유 케이블과 철로를 부설하는 계획이 추진되었다.

역사는 제국들의 무덤에서 농간을 부리는 것을 멈추지 않는다. 믿기 어렵겠지만, 지금 우리는 1996년과 똑같은 상황으로 다시 돌아왔다.

방해 공작

끝나지 않는 파이프라이니스탄 대하소설의 플롯 전환을 주의 깊게 지켜보면, 사실 '어떤 식으로든 TAPI가 마침내 부설될 것'이라는 보장은 전혀 없다. 잘 진행된다면 인도를 포함한 모든 관련국들에게 커다란 승리가 될 테고 중앙아시아-남아시아의 교점에서 유라시아 통합으로 나아가는 커다란 일보가 될 게 분명하다.

하지만 방해 세력이 있다. ISIS호라산, 즉 다에쉬[Daesh]

의 아프가니스탄 지파다. 러시아 정보기관은 1년여 전부터 '유력한 용의자'들이 ISIS호라산에 적어도 간접적인 소규모 지원을 제공하고 있다는 사실을 알고 있었다. 탈레반의 소식통이 확인한 새로운 요소도 있다. 예전 아프간 국군 소속으로 미국의 훈련을 받은 상당수의 병사들이 ISIS호라산에 속속 가입하고 있다. 탈레반에 대항해 싸우기 위해.

글로벌 지하드라는 사고방식을 자랑스럽게 내보이는 ISIS호라산은 탈레반을 추잡한 민족주의 세력으로 낙인찍었다. 예전 지하드 대원들은 파키스탄 탈레반과 우즈베키스탄 이슬람운동[IMU]에서 충원되곤 했다. 하지만 지금은 병사 출신들을 제외하면 대부분 쓰레기 대중문화에 의해 서구화된, 이런저런 불만을 품은 도시의 젊은이들이 대원이다.

ISIS호라산이 이슬람 대중들에게 '탈레반은 서방의 부역자'라는 서사를 각인시키기는 쉽지 않다. 나토스탄 은하계가 계속해서 카불의 새로운 통치자들을 적대시하고 무시하는 점을 고려하면 말이다. 따라서 ISIS호라산이 새롭게 내세우는 시각은 피해망상적일 수밖에 없다. 이들의 전략은, 기본적으로 탈레반의 명예를 깎아내리면서 탈레반은 아프간 일반인에게 안전을 제공할 수 없다는 걸 강조하는 혼돈 전략이다. 바로 이것이 최근 시아파 사원과 병원을 비롯한 정부 기반시설을 겨냥해 벌이는 끔찍한 공격의 밑바탕에 놓여 있다.

그와 동시에 팀 바이든Team Biden°이 내세우는, ISIS호라산에 맞서 싸운다는 미국의 전략을 규정하는 "지평선 너머"over the horizon라는 시각은 나토의 속국들을 제외하고는 누구도 설득하지 못하고 있다.

ISIS호라산은 2015년 창설된 이래 줄곧 "시라크(시리아와 이라크)"의 부실한 출처에서 자금을 공급받는다. 이면에 미 중앙정보국CIA의 전술이 숨겨진 이 종파는 무척 포악하다. 역사적으로 호라산은 페르시아를 지배한 제국들에서 유래한 장소를 말한다. 페르시아와 카스피해에서부터 아프가니스탄 북서부까지 이어지는 광대한 지역이다. 살라피파 지하디즘이나 와하브파 광신도들과는 아무 관련이 없다. 게다가 이 지하드 전사들은 아프가니스탄 남동부에 근거를 두고 있다.

러시아와 중국의 정보기관은 시리아의 경우처럼 아프가니스탄에서 혼돈의 제국이 "철수"한 것은, 실제로는 '철수가 아니었다'는 근거 위에서 작동한다. 철수가 아니라 재배치였다는 것이다. 남은 것은 트레이드마크인 전혀 희석되지 않은 혼돈 전략이다. 직접적 행위자(시리아 석유를 훔치는 군대)를 통해서든 간접적 행위자(ISIS호라산)를 통해서든.

아프가니스탄이 중국의 신실크로드, 즉 일대일로에 연결되어야 하는 소중한 빠진 고리이며, 상하이협력기구

° 바이든 미국 행정부를 앞세운 서방 세력을 가리키는 표현.

SCO와 집단안보조약기구CSTO, 유라시아경제연합EAEU의 정규 회원국이 될 유라시아 통합의 핵심 마디임을 감안하면, 혼돈의 제국이 쓴 시나리오의 방향은 자명하다.

따라서 우리는 지금 새로운 장으로 들어서고 있다. 은밀한 영구전쟁Closet Forever Wars이라는 장으로. 펜타곤과 그 부하들(나토 소속)의 틀에 박힌 관행은 여전하다.

긴밀하게 연결된 상하이협력기구

제5열(내부에서 암약하는 스파이)은 서방에 '제국'의 새로운 메시지를 전달하는 임무를 맡고 있다. 아프가니스탄 국가안보국NDS 전 국장 라흐마툴라흐 나빌이 바로 그런 사례다.

제국의 트레이드마크인 일련의 거짓말이 담긴 그의 **인터뷰**를 보자. "법질서가 해체되는 중이다", "아프가니스탄은 국제사회에 우방이 없다", "탈레반에게는 외교 파트너가 없다". 그럼에도 나빌은 스스로 완전한 웃음거리로 전락하지는 않았다. 그는 ISIS호라산이 계속 신병을 모집하고 있음을 확인한다. 그리고 아프가니스탄의 전 국방·보안 공작원들이 ISIS호라산에 가세하고 있다고 덧붙인다. "IS가 자신들에게 더 나은 플랫폼이라고 여기기" 때문이다. 그는 또한 카불의 탈레반 지도부가 "자국 전사들의 극단적인 젊은 세대"가 "지역적 의제를 갖춘" ISIS호라산에 가세할지 모른다고 "우려하고 있다"고 올바른 판단을 한다.

러시아가 "이중의 게임을 벌이고 있다"는 말은 우스꽝스러울 뿐이다. 모스크바는 일급 교섭 담당자인 대통령 특사 자미르 카불로프가 탈레반과 계속 접촉하고 있으며, 마치 중앙정보국 보유 자산처럼 아프가니스탄의 안정을 해친다는 의제를 추구하는 "저항" 세력이 타지키스탄에 근거지를 두는 것을 절대 허용하지 않겠다고 주장한다.

파키스탄의 입장에서, 이슬라마바드 당국이 "탈레반을 설득해서 친파키스탄계 테크노크라트들을 체제 안에 포함시키려고 하는" 것은 올바른 판단이다. 하지만 이는 "국제적 인정을 위한 로비의 대가"가 아니다. 탈레반 자체의 상황 관리 요구에 호응하는 것일 뿐이다.

상하이협력기구는 그들이 기대하는 바와 관련하여 아주 긴밀하게 카불과 소통하고 있다. 여기에는 포용적 정부 수립과 난민 발생 통제가 포함된다. 우즈베키스탄은 아프가니스탄을 중앙아시아와 연결되는 주요 관문으로 여기며 아프간 재건 사업에 열심히 참여하고 있다. 타지키스탄은 지질학적 장관을 이루는 고르노-바다흐샨 자치주에 중국이 1,000만 달러 상당의 군사기지를 건설할 것이라고 발표했다. 두샨베 당국은 서방의 히스테리적 반응에 반박하면서 타지키스탄 내무부에 속한 자치주

조직범죄단속국의 특별신속대응부대가 기지를 주로 이용할 것이라고 확인했다. 500명 정도의 군인, 경장갑차 몇 대, 드론 등이 기지에 주둔할 것이다. 이 기지는 타지키스탄 내무부와 중국 국가안보부가 맺은 협정의 일환이다. 사실 기지는 필연적인 타협이다. 타지키스탄 대통령 에모말리 라흐몬은 탈레반과 심각한 문제를 안고 있다. 대통령은 탈레반을 인정하기를 거부하며 카불의 새로운 정부에서 타지크인들의 대표성이 보장되어야 한다고 목소리를 높인다. 한편 베이징 당국은 최우선 과제에서 이탈하는 법이 없다. 동투르키스탄 이슬람운동ETIM에 속한 위구르인들이 타지크 국경을 넘어서 신장에 큰 피해를 입히는 사태를 어떤 수단을 써서라도 막아야 하는 것이다.

정리하면, 상하이협력기구에 속한 모든 주요국은 안정된 아프가니스탄을 건설하기 위해 협력하는 중이다. 그리고 예상컨대, '싱크탱크랜드'Think-Tank-land라는 미국은 혼돈을 위해 기도하는 것 말고는 별 대단한 전략은 없는 것 같다.

2021. 11.

노르트스트림2의 퇴장과
시베리아의힘2의 입장

2

푸틴 대통령이 직접 언급한 이 말은 누군가에게는 '마른 하늘에 날벼락' 같았을 것이다.

"미국은 조약에 관심을 잃으면 걸핏하면 손을 빼기 때문에 그들을 믿을 수 없다는 걸 알기는 하지만, 그래도 우리에게는 장기적으로 법적 구속력이 있는 보장이 필요합니다. 그래도 조약은 단순한 구두 약속과는 다른 것이니까요."

러시아-미국 관계는 결정적인 순간에 다다르고 있다. 모스크바에서 정중한 적색경보가 연속으로 끊임없이 나온 뒤에.

푸틴은 이제 더는 미국을 신뢰할 만한 "파트너"로 여기지 않지만, 다시 한번 러시아가 "불가분의 공평한 안전보장"(1975년 헬싱키 협정 이래 확립된 원칙)을 추구한다고 명시했다. 사실 소련 종식 이후 미제국은 '파트너'라는 외교적 표현의 가치를 턱없이 깎아내렸다.

"조약에서 걸핏하면 손을 뺀다"는 구절은 2002년에 워싱턴의 아들 부시가 미국과 소련이 체결한 탄도탄 요격 미사일ABM 조약(1972)에서 손을 뗀 상황에 쉽게 적용할 수 있다. 트럼프 시절 미국이 이란과 체결하고 유엔의 수많은 선례에 의해 보증된 포괄적공동행동계획JCPOA을 무력화한 것에도 적용할 수 있다.

푸틴은 다시 한번 외무장관 세르게이 라브로프처럼 특유의 노장철학자老莊哲學者 같은 인내심을 발휘하고 있었다. 러시아인에게만이 아니라 전 세계의 청중들에게도 명백한 사실을 설명해 준 것이다. 글로벌사우스는 이런 언급을 쉽게 이해할 것이다. "국제법과 유엔 헌장이 방해가 되면 미국은 이를 모두 낡고 불필요한 것이라고 선언합니다."

그 전에 외무차관 알렉산드르 그루슈코는 흔치 않게 단정적으로 말했다. 상상의 여지를 남겨 놓지 않은 것이다. "우리는 군사적 또는 군사-기술적 시나리오에서 유럽안보협력기구OCSE, 즉 유럽 대서양과 유라시아 지역의 모든 국가의 안보를 강화할 정치적 과정으로 전환하는 것에 대해 이야기할 준비가 되어 있음을 분명히 밝힙니다. 이런 전환이 실현되지 않으면 그들(나토)에게 우리도 대항 위협을 조성하는 쪽으로 넘어갈 것이라는 신호를 보냈습니다. 그때는 우리가 왜 이런 결정을 내렸는지, 그리고 왜 이런 시스템을 배치했는지를 묻기에 너무 늦은 시기일 것입니다."

따라서 유럽인들은 "이 대륙을 군사 대결의 장으로 뒤바꿀 가능성"에 직면하게 된다. 실제로는 워싱턴에서 내려진 나토의 "결정"이 불가피하게 이런 결과를 낳을 것이다. 공교롭게도 모든 가능한 미래의 "대항 위협"은 러시아와 중국이 함께 조정할 것이다.

지르콘 씨가 통화를 원합니다

대서양 연안에서부터 유라시아 평원지대에 이르기까지 지각 있는 사람이라면 누구나 지금쯤은, 러시아 외무장관 세르게이 라브로프가 자세히 설명한 것 그대로, 러시아가 미국에 제시한 안전보장 협정 초안의 내용을 안다.

핵심 조항을 살펴보자. 나토를 추가 확대하지 않을 것, 우크라이나를 나토에 가입시키지 않을 것, 우크라이나·동유럽·남캅카스·중앙아시아에서 속임수를 쓰지 않을 것, 러시아와 나토가 상대방의 영토를 타격할 수 있는 지역에 중거리 및 단거리 미사일을 배치하지 않을 것, 핫라인 개설, 나토-러시아 협의회가 분쟁 해결에 적극적으로 참여할 것 등의 내용이다. 러시아 외무부는 미국이

"러시아식 접근법의 논리에 관해 자세한 설명"을 들었으며, 따라서 이제 워싱턴 쪽으로 공이 넘어갔다는 말을 폭넓게 반복했다.

흠, 국가안보라⋯. 제이크 설리번은 처음에는 공식 회견에서 푸틴이 우크라이나 "침공"을 원하지 않을 것이라고 인정하면서 맞장구를 치는 것 같았다. 미국이 사실상 나토 아랫것들을 위한 대본을 써 준 뒤 자기들 나름의 "구체적인 안전보장 제안"으로 회답할 것이라는 소문도 있었다. 하지만 언제나 그렇듯 나토 사무총장 옌스 스톨텐베르그가 평범하기 짝이 없는 방식으로 결국 전달한 내용에서, 우크라이나에 관한 서사는 조금도 바뀌지 않았다. 러시아가 우크라이나를 "계속 침략"한다면 아직 경제적, 금융적 성격의 "엄중한 조치"가 남아 있다는 것이었다.

모스크바는 속지 않았다. 라브로프는 다시 한번 러시아의 제안이 양자간 토대에 입각한 것이라고 설명해야 했다. 번역해 보자. '우리는 아랫것들이 아니라 결정권을 가진 이들하고만 대화할 것이다.' 라브로프는 다른 나라들이 관여하면 "제안의 의미가 사라질 것"이라고 말했다.

처음부터 나토의 대응은 예측 가능할 정도로 분명했다. 나토는 러시아가 우크라이나 국경을 따라 "아무 도발도 없는데 정당한 이유 없이 상당한" 군사력 증강을 수행하고 있으며, "우크라이나와 나토가 도발한다는 허위 주장"을 하고 있다고 했다.

이로써 다시 한번 스톨텐베르그 품종의 왈왈 짖어대는 치와와 논의하는 것은 엄청난 시간 낭비임이 입증되었다. 솔직히 스톨텐베르그 입장에서는 "러시아가 어떻든 나토 팽창은 계속되는 것"이다.

사실을 말하자면, 미국과 나토의 직원들이 좋든 싫든 어떻든 간에, 현실정치realpolitik 영역에서 실제로 벌어지는 명백한 상황은 러시아가 강자의 지위에서 새로운 조건을 지시하고 있다는 것이다. 한마디로 정리해 보자. 고상한 대화를 비롯한 평화적인 방식으로 새로운 상황이 펼쳐지고 있다고 배울 수도 있고, 아니면 이스칸드르 씨와 칼리브르 씨, 킨잘 씨, 지르콘 씨 등과 대화를 해서 값비싼 교훈을 얻을 수도 있다.°

소중한 전문가 안드레이 마르티야노프는 몇 년 전부터 유럽의 공간 전역에서 (극초음속 무기를 비롯한 여러 분야에서) 러시아 군사력이 압도적 우위를 점하고 있음을, 또한 미국과 나토 아랫것들이 "계속해서 멍청한 척 시치미를 떼기로 마음먹으면" 가공할 결과가 닥칠 것임을 광범위하면서도 자세하게 분석하고 있다.

마르티야노프는 또한 러시아가 "서방과의 결별을 이해하며 이미 쇠퇴 중인 무역의 추가 감소와 유럽연합에 대한 탄화수소 공급 감축을 포함한 어떤 결과든 받아들일 각오가 되어 있다"고 지적한 바 있다.

° 이스칸드르, 칼리브르, 킨잘, 지르콘은 모두 러시아의 미사일이다.

바로 여기서 안전보장을 둘러싼 춤사위가 파이프라이니스탄의 결정적인 입장과 교차한다. 요약해 보자. 노르트스트림2Nordstream 2는 퇴장하고, 시베리아의힘2Power of Siberia 2가 입장하는 것이다.

시베리아의 밤에 춤을 추자

지난주 푸틴과 시진핑이 진행한 전략적 화상회의의 주요 의제 중 하나는 시베리아의힘2의 가까운 장래 문제였다. 몽골을 구불구불 가로질러 연간 최대 500억 입방미터의 천연가스를 중국으로 수송하는 프로젝트다. 따라서 푸틴이 시진핑과 회견한 다음 날 시베리아의힘2에 관해 논의하기 위해 크렘린에서 몽골 대통령 오흐나 후렐수흐를 접견한 것도 우연이 아니다. 파이프라인의 주요 범위는 이미 정해진 상태이고, 2022년 초에 타당성 조사가 완료될 것이며, 가격 조율 정도를 제외하면 합의가 실질적으로 성사되었다.*

시베리아의힘2는 2019년 동시베리아에서 중국 북부까지를 연결한 2,200킬로미터 길이의 시베리아의힘1의 후속 사업이자 가스프롬Gazprom과 중국석유천연가스공사 CNPC가 체결한 4,000억 달러 거래의 핵심 사업이다. 시베리아의힘1은 연간 380억 입방미터의 가스를 공급한다.

그보다 훨씬 규모가 큰 사업인 시베리아의힘2는 수

2025년 9월 시진핑과 푸틴은 이 사업에 관한 구체적인 양해각서를 작성했다. 가스프롬은 2027년에 시베리아의힘1과 2, 새로 건설될 '극동' 파이프라인으로 총 1,060억 입방미터의 천연가스를 중국에 판매할 예정이다(1년 기준).

년 전에 계획되었지만, 최종 경로에 관한 합의에 도달하는 데 애를 먹었다. 가스프롬은 시베리아 서부에서 알타이산맥을 넘어 신장까지 연결하기를 원했다. 반면 중국은 몽골을 통해 곧바로 중국 중부로 수송하는 것을 원했다. 결국 중국 안으로 합의되었다. 몽골을 가로지르는 최종 경로는 겨우 두 달 전에 결정되었다. 부설 공사는 2024년에 시작될 것이다.

이 파이프라인은 지경학적 대변동을 낳는 게임체인저로, 점점 정교해지는 러-중의 전략적 동반자 관계과 완전히 일치한다. 하지만 지정학적으로도 무척 중요하다(시진핑을 유념해야 한다. 중국은 러시아의 "핵심 이익"을 지지한다).

시베리아의힘2로 수송되는 가스는 현재 유럽연합 시장에 공급되는 것과 동일한 가스전에서 나올 것이다. 유럽연합 집행위원회와 독일 정부가 노르트스트림2의 가동을 지연시키려고 제정신이 아닌 채로 책략을 부리거나 말거나,• 사실 가스프롬이 주된 초점을 맞추는 대상은 중국이 될 것이다.

중국이 고객으로서 가까운 미래에 유럽연합 시장 전체를 완전히 대체하지 않을지라도, 가스프롬 입장에서는 크게 중요하지 않다. 중요한 것은 꾸준한 사업 흐름을 유지하고 유치한 정치 공작을 피하는 것이다. 중국 입장에서 중요한 것은 "말라카 해협에서 벗어난다"는 전략을

• 발트해를 통해 러시아에서 독일로 천연가스를 직접 공급하는 노르트스트림1(2012년 개통)과 2(2021년 완공)는 2023년 9월의 폭발로 현재 작동하지 않는다. 퓰리처상 수상자 시모어 허시는 "독-러 관계를 끊고자 미국이 가스관을 폭파"했다고 주장했다.

뒷받침하는 추가로 보장되는 육상 공급로다. '냉전2.0'이 달아오르는 경우에 미 해군이 결국 남중국해를 통해 중국으로 이어지는 해상 에너지원 운송을 차단할 가능성이 있기 때문이다.

물론 베이징 당국은 러시아 천연가스를 사들이는 문제에 적극적이다. 중국은 노바테크가 진행하는 270억 규모의 야말 프로젝트에 30퍼센트의 지분을 갖고 있고, 210억 달러 규모의 북극해 프로젝트에도 20퍼센트 지분을 갖고 있다. 그러니 커다란 판돈이 걸린 새로운 현실정치의 그레이트 게임에 오신 여러분들을 환영한다!

과거에 미국 엘리트들은 러시아와 중국이 가까워지는 것을 두려워했다. 결국 독일이 ('혼돈의 제국'을 냉대하면서) 러시아, 중국과 동맹을 맺게 될까 봐 우려했던 것이다. 그리하여 우크라이나의 군사적 충돌 외피 전체에 담긴 수수께끼 같은 "미스터리"가 생겨났다. 우크라이나를 활용해서 유럽연합을 러시아의 천연자원에서 떼어낸다는 것이다.

하지만 지금 러시아는 쇼 전체를 뒤집는 중이다. 나토의 지시를 받는, 내부에서부터 좀먹은 유럽연합 대신, 에너지 초강대국 러시아는 아시아 고객들에게 주로 초점을 맞출 것이다. 그와 동시에 미국과 나토의 으름장에 질린 군사 초강대국 러시아는 새로운 합의의 조건을 지시하고 있다. 라브로프는 안전보장에 관한 1차 러시아-미국 회담이 2022년 초에 열릴 것이라고 확인했다.

　이런 움직임은 최후통첩일까? 설마 그럴 리가. 라브로프는 유명한 교훈을 들이대며 거듭 이를 설명해야 할 것으로 보인다. "우리는 누구에게도 최후통첩의 언어로 말하지 않는다. 우리는 우리 자신의 안전과 다른 나라들의 안전에 대해 책임 있는 태도를 갖고 있다. 중요한 것은 우리가 최후통첩을 선언하는 게 아니라, 우리의 경고에 담긴 심각성을 과소평가해서는 안 된다는 점이다."

2021. 12.

새로운 공산당 선언:
반전통상反戰通商, 전쟁이 아니라 무역을!

3

마르크스. 레닌. 마오쩌둥. 덩샤오핑. 시진핑.

2021년 11월 베이징에서 중국 공산당 6차 전체회의가 열렸다. 주요 성취를 설명하면서 미래를 위한 전망을 펼쳐 보이는 **역사 결의**를 채택했다. 공산당 100년 역사에서 세 번째였다.•

본질적으로 이 결의안은 세 가지 질문을 제기한다. 우리는 어떻게 여기에 이르렀는가? 어떻게 해서 큰 성공을 거둘 수 있었는가? 우리는 이런 성공을 오래 지속시키기 위해 역사에서 무엇을 배워야 하는가?

이 결의안의 중요성을 과소평가해서는 안 된다. 결의안은 주요한 지정학적 사실을 각인시킨다. 중국이 돌아왔다. 그것도 대단하게. 그리고 자기 식대로 행동할 것이다. 쇠퇴하는 패권국이 아무리 공포와 증오를 불어넣어도 이 경로는 바뀌지 않는다.

• 중국 공산당은 자신들이 역사적 전환점이라고 판단하는 시기에 지난 기간을 총정리하고("분투", "중대 성과", "경험") 앞으로의 방향을 밝히는 '역사 결의'를 발표했다. 1945년, 1981년을 잇는 2021년 역사 결의는 중국어로 3만 6,000여 자 분량이다.

결의안은 필연적으로 상당한 오해를 불러일으킬 것이다. 그러니 지난 27년간 동방과 서방 사이에서 살아온 백인 남성gwailo의 관점에서의 해부적인 비평을 한 번 들어 보시라.

중국의 31개 성을 "국제사회"를 이루는 214개 주권 국가와 비교해 보자. 중국의 모든 지역은 세계에서 가장 빠른 경제 성장률을 경험했다. 서방 전역에서 중국의 유명한 성장 방정식(역사적으로 유례가 없는)의 특징은 보통 풀 수 없는 수수께끼의 껍질을 뒤집어썼다. 키 작은 조타수 덩샤오핑이 말한 "맨발로 미끄러운 돌을 살살 밟으면서 강을 건넌다"는 표현은 "중국적 특색을 띤 사회주의"를 건설하는 경로를 설명한 것인데, 이는 무엇보다도 중요한 관점일 것이다. 하지만 악마는 언제나 디테일에 있다. 중국이 현대식 경제로의 이행을 촉진하기 위해 신중함과 담대함을 결합해서 가능한 모든 도구를 사용한 방식이 중요하다.

그 혼성적 결과는 "사회주의 시장경제"라는 기분 좋은 모순어법으로 정의되었다. 아닌 게 아니라 이 문구는 "검은 고양이든 흰 고양이든 쥐만 잘 잡으면 된다"는 덩샤오핑의 전설적인 발언을 완벽하게 번역한 것이다. 그리고 베이징에서 통과된 새로운 결의안이 실제로 축하한 것은 바로 이 모순어법이다.

마오쩌둥과 덩샤오핑은 오래전부터 철저하게 분석되었다. 여기서는 '어버이 시진핑'이 내놓은 새로운 상품 brand-new bag에 초점을 맞춰 보자.

당의 정상에 오른 직후 시진핑은 자신의 분명한 마스터플랜을 정의했다. "중국몽(중국의 꿈)" 또는 중국 "부흥"을 달성한다는 것이다. 정치경제학 용어로 말하자면 "부흥"은 중국이 최소한 3,000년간 이어졌던 역사에서의 정당한 자리, 즉 한가운데를 되찾는다는 뜻이다. 말 그대로 중국中國이다.

이미 첫 번째 임기 중에 시진핑은 새로운 이데올로기틀을 각인시키는 데 성공했다. 당(중앙집권 권력)은 "신시대"라고 개명된 목표를 향해 경제를 이끌어야 한다. 환원주의적 정식화로 말하자면 **국가의 반격**이다. 사실 아주 복잡한 문제다.

이는 국영 경제 기준의 재탕에 불과한 것이 아니었다. 마오주의적 구조가 경제의 대부분을 포획하는 것과는 아무 상관이 없었다. 시진핑은 상당히 독창적인 형태의 권위주의적 국가자본주의라고 요약할 수 있는 목표에 착수했다. 국가가 경제생활의 주인공인 동시에 결정권자인 자본주의다.

시진핑 팀은 실제로 서방으로부터 많은 교훈을 배우

면서 규제와 감독의 메커니즘을 활용해서 그림자 금융 영역을 견제했다. 거시경제적으로 중국 공공부채의 팽창이 억제되었고, 신용 대출이 제대로 감독되었다. 베이징 당국이 금융 영역의 대규모 리스크가 통제되고 있다고 확신하는 데는 불과 몇 년이 걸렸을 뿐이다.

중국의 새로운 경제 흐름은 사실상 2015년 **메이드 인 차이나 2025**Made in China 2025를 통해 선언되었다. 문명국가의 경제적, 기술적 독립을 강화한다는 중앙집권적 야심이 반영된 선언이었다. 다소 비효율적인(일부 공기업은 국가 안의 국가가 된 상태였다) 공기업의 진지한 개혁을 함축하는 기획이었다.

새롭게 확보한 부를 전략적 이익인 중국의 부흥을 위해 사용해야 한다는 점이 강조되는 가운데 "시장의 결정적 역할"이 재설계되었다. 물론 당이 역할을 정의했다.

새로운 조정은 공공부문에 "성과 문화"를 각인시키기에 이르는 한편 민간부문을 원대한 국가적 야심 추구와 결합시켰다. 어떻게 해낼 수 있었나? 총감독으로서 당의 역할을 촉진하고 공공과 민간의 파트너십을 장려해야 했다.

중국 국가는 자신의 야심에 걸맞은 막대한 수단과 자원을 처리한다. 베이징 당국은 "신시대"의 도래에 이바지하는 임무를 수행한다는 것을 완벽하게 이해하는 기업들이 이런 자원을 활용할 수 있도록 보장했다.

세력 투사를 위한 매뉴얼

시진핑의 중국이 8년 만에 심대한 변화를 겪었다는 것은 의문의 여지가 없다. 자유주의 서방이 어떻게 생각하든 간에(여기에는 신마오주의에 대한 히스테리도 존재한다). 중국의 관점에 서방의 시각은 아무런 영향력을 갖지 못한다. 서방은 중국의 변화 과정을 탈선시킬 수 없다.

글로벌노스와 글로벌사우스가 모두 이해해야 하는 것은 "중국몽"이라는 개념적 틀이다. 시진핑의 흔들리지 않는 야심은 중국이 마침내 부흥해서 "치욕의 한 세기"의 기억을 영원히 깨부순다는 것이다.

당의 규율, 즉 중국식 길은 실제로 주목의 대상이다. 덩샤오핑 덕분에 중국 공산당은 부를 축적하는 비결을 발견한 지구상에서 유일한 공산당이 되었다.

그리하여 우리는 마오쩌둥과 덩샤오핑에 버금가는 차원에서 대변혁가로 숭상되는 시진핑의 역할을 깨닫게 된다. 시진핑은 국가와 당이 어떻게 부를 창출하는지 완전히 파악했다. 그다음 단계는 당과 부를 중국의 부흥에 기여하는 도구로 활용하는 것이다.

그 어떤 것도, 심지어 핵전쟁조차도 시진핑과 베이징 지도부를 이 경로에서 이탈시키지 못할 것이다. 그들은 심지어 새로운 세력 투사를 위한 메커니즘과 슬로건까지 고안했다. "일대일로"가 바로 그것이다.

2017년 일대일로가 공산당 당헌에 통합되었다. "번역상 의미 누락"의 필연성을 아무리 감안하더라도, 일대일로를 서방화된 언어로 직선적으로 정의할 방도는 없다. 나는 2013년 일대일로가 시작된 이래 전체 과정을 추적해 왔다.

일대일로는 대단히 중첩적 차원에서 배치된다. 처음에는 대중국 상품 공급을 촉진하는 일련의 투자로 시작되었다. 그 후 교통과 연결 기반시설에 대한 투자가 이루어지면서 중국-카자흐스탄 국경에 있는 훠얼궈쓰霍尔果斯 같은 마디와 허브를 아우른다. 2013년 발표된 중국-파키스탄 경제 회랑CPEC은 이 두 투자 경로의 공생을 상징적으로 보여 준다.

다음 단계는 물류 허브들을 경제통합구로 변화시키는 것이었다. 충칭을 기반으로 일대일로 철도망을 통해 네덜란드로 제품을 수출하는 휴렛팩커드가 한 예다. 뒤이어 5G에서 AI에 이르는 디지털 실크로드 그리고 코로나19와 연결된 보건 실크로드가 등장했다.

확실한 것은 이 모든 길이 베이징으로 이어진다는 것이다. 이 길들은 소프트파워의 도로일 뿐만 아니라 경제 회랑으로 작동하면서 특히 글로벌사우스 곳곳에 중국의 길을 "판매"한다.

전쟁이 아니라 무역을 하자

전쟁이 아니라 무역을 하자Make trade, not war. 시진핑과 팍스 시니카Pax Sinica의 모토가 될 구호다. 결정적인 점은 베이징 당국이 팍스 아메리카나를 대체하는 것을 추구하지 않는다는 점이다. 팍스 아메리카나는 언제나 펜타곤의 갖가지 포함 외교gunboat diplomacy에 의지했다.

이 선언은 베이징이 '새로운 패권국'이 되는 데 관심이 없음을 미묘하게 강화해 주었다. 베이징에게 무엇보다 중요한 것은 외부 세계가 중국의 내부 결정, 특히 독특한 정치 구조에 가할 수 있는 제약을 제거하는 것이다. 서방은 티벳과 홍콩에서부터 신장과 타이완에 이르기까지 어느 것에 대해서든 히스테리 발작을 일으킬지 모른다. 그렇다고 중국이 바뀌지는 않겠지만.

간단히 말하자면, "중국적 특색을 띤 사회주의"라는 독특하고 항상 변신하는 경제체제가 바로 이런 식으로 코로나19와 연결된 테크노봉건주의 시대에 도달한 것이다. 이 체제가 얼마나 오래 지속될지, 어떤 돌연변이가 생겨날지는 아무도 모른다. 부패, 부채(10년간 3배 증가), 정치적 내분, 이 가운데 어느 것도 중국에서 사라지지 않았다. 연간 5퍼센트 성장에 도달하려면 중국은 1980년대와 1990년대의 맹렬한 시대에 견줄 만한 수준으로 생산성 증대를 회복해야 한다. 하지만 성장 감소가 비슷한 수준의 생산성 저하를 동반하기 때문에 그런 일은 없을 것이다.

용어에 관한 마지막 주석 하나. 중국 공산당은 언제나 대단히 정확하다. 시진핑의 두 선임자는 "관점"perspectives이나 "시각"visions을 신봉했다. 덩샤오핑은 "이론"theory을 사용했다. 오직 마오쩌둥만이 "사상"thought을 창조한 것으로 여겨진다. 이제 사실상 "신시대"의 시진핑은 "사상"의 지위에 올랐다. 시진핑은 또한 문명국가 헌법의 일부가 되었다.

지난주에 베이징에서 나온 역사 결의를 새로운 『공산당 선언』The New Commuinist Manifesto으로 해석할 수 있는 것도 이 때문이다. 핵심 저자는 의문의 여지없이 시진핑이다. 이 선언이 덩샤오핑 시대보다 한층 부유하고 교육 수준이 높으며 멈추지 않고 복합적인 사회로 나아가는 이상적인 로드맵이 되든 그렇지 않든, 기존의 세계질서는 이제 끝났다. 모든 것은 원점에서 다시 시작될 것이다All bets are off.

2021. 11.

세르게이 글라지예프와의 대화:
탈달러 시대의 새로운 세계 화폐·금융 시스템

4

세르게이 글라지예프Sergei Glazyev는 오늘날 우리를 위협하는 지정학적·지경학적 화산의 눈 속에서 사는 사람이다. 세계에서 가장 영향력이 큰 경제학자이자 러시아학술원 회원이며, 2012년부터 2019년까지 크렘린 보좌관을 지냈고, 2019년 10월 이래 유라시아경제연합에서 '통합과 거시경제 담당 장관'이라는 전략적 직책을 맡고 있다.

글라지예프가 최근 내놓은 지적 생산물은 깜짝 놀랄 만한 수준이다. 이는 「제재와 주권」Sanctions and Sovereignty이라는 논문, 러시아 경제 매거진과의 인터뷰 등에서 확인할 수 있다. 그는 새롭게 등장하는 지경학 패러다임에 관한 광범위한 논의를 압축적으로 제시하고 있다.

최근에 쓴 또 다른 글에서 글라지예프는 "자포로제(자포리자)에서 성장한" 과정에 관해 언급한다. "현재 우크라이나 나치를 파괴하기 위해 격전이 벌어지고 있는 현장 근처다. 내가 태어나 자란 작은 모국에서는 존재한 적이 없는 세력이다. 나는 우크라이나 학교에서 공부했고, 우크라이나 문학과 언어를 잘 안다. 우크라이나어는 과학적 관점에서 보면 러시아어 방언이다. 나는 우크라이나 문화에서 러시아 혐오적 내용을 조금도 찾을 수 없었다. 자포로제에서 보낸 17년 동안 반데라주의자°를 만난 적이 없다."

글라지예프는 정신없이 바쁜 일정에도 불구하고 질문 목록에 자세한 답을 주기 위해 대단히 너그럽게 시간을 내주었다. 우리 둘은 이 인터뷰를 시작으로 특히 글로벌사우스에 초점을 맞춘 연속 대화를 나눌 수 있기를 바란다. Z 작전(우크라이나 특별군사작전)이 시작된 이래 그가 해외 저널리스트와 처음 나눈 인터뷰다. (현장에서 러시아어와 영어를 통역한 알렉세이 수보틴에게 크게 감사드린다.)

페페   선생은 지금 세계의 판도를 뒤집는 지경학적 발전의 최전선에 서 계십니다. 유라시아경제연합과 중국이 연합한 미국 달러를 우회하는 새로운 화폐·금융 시스템의 초안이 조만간 마무리될 텐데요. 이 시스템의 특징 몇 가지를 제시해 주실 수 있는지요. 저에게는 확실히 브레튼우즈 3탄이 아니라 워싱턴 컨센서스의 뚜렷한 대안이자 글로벌사우스의 긴급한 필요에 아주 가까운 것

극우 민족주의 무장조직 우크라이나민족주의자기구OUN의 지도자였던 스테판 반데라(1909~1959)를 추종하는 사람. '우크라이나 민족주의자'를 경멸적으로 지칭하는 표현.

으로 보입니다.

글라지예프   러시아 혐오 히스테리의 광풍 속에서 미국의 지배 엘리트들은 러시아를 겨냥한 하이브리드 전쟁에 마지막 "으뜸패"trump ace를 썼습니다. 러시아 외환 보유고를 서방 각국 중앙은행의 관리 계좌에 "동결"한 미국과 유럽연합, 영국의 금융 규제자들은 글로벌 준비통화인 달러와 유로, 파운드의 지위를 훼손했습니다. 이 조치는 달러에 기반한 경제적 세계 질서의 해체를 급격하게 가속화했습니다. 물론 이미 지속되던 일이긴 했지요. 10여 년 전에 아시아경제포럼의 동료들과 저는 참여국들의 화폐 지수에 근거한 새로운 종합적 거래 화폐를 바탕으로 한 새로운 글로벌 경제 시스템으로의 이행을 제안했습니다.[1] 나중에 우리는 20여 개의 거래소 거래 상품을 추가해서 근원 통화 바스켓을 확대하자고 제안했습니다. 이렇게 확대된 바스켓에 기반한 화폐 단위는 수학적 모델링에 따른 것으로,[2] 높은 수준의 회복력과 안정성을 보여 주었습니다.

거의 같은 시기에 우리는 미국의 금융 엘리트와 권력 엘리트가 자국 통제 바깥에 남아 있는 나라들을 겨냥해 벌이는 글로벌 지배권을 위한 하이브리드 전쟁에 대항하는 광범위한 국제적 저항 동맹을 창설할 것을 제안했습니다. 2013년에 출간된 『최후의 세계대전: 수를 쓰다 패배하는 미국』The Last World War: the USA to Move and Lose에서 저는 다가오는 전쟁의 성격을 과학적으로 규명하면서 그 불가피성을 주장했습니다.3 장기적 경제 발전의 객관적 법칙에 근거한 결론이었지요. 몇 가지 객관적 법칙에 근거해서 저는 낡은 지배 권력의 패배가 불가피하다고 주장했습니다. 현재 미국은 지배권을 유지하기 위해 싸우고 있지만, 과거에 영국이 두 차례 세계대전을 유발하고서도 식민주의 경제체제의 노후화로 인해 제국과 세계 속의 중심적 지위를 유지하지 못한 것처럼, 미국의 실패는 운명입니다. 노예 노동에 기반한 영국의 식민지 경제체제는 구조적으로 효율이 높은 미국과 소련의 경제체제에 추월당했습니다. 미국과 소련 둘 다 세계를 자국의 영향권으로 갈라놓은 수직 통합 체제에서 인적 자본을 관리하는 데 효율적이었습니다. 새로운 세계 경제 질서로의 이행은 소련이 해체된 뒤 시작됐습니다. 이 이행은 미국의 글로벌 지배권의 토대를 제공한 달러 기반 글로벌 경제체제의 해체가 임박한 가운데 현재 종말에 다가서는 중입니다.

중국과 인도에서 등장한, 새롭게 하나로 수렴되는 경제체제는 발전의 필연적인 다음 단계로, 중앙집권적인 전략 계획과 시장경제의 이점, 그리고 화폐와 물리적 인프라의 국가 통제와 기업가 정신의 이점을 결합했습니다. 새로운 경제체제는 영미와 유럽의 대안보다 더욱 강한 방식으로 공동의 복리를 증가시킨다는 목표를 중심으로 사회의 다양한 계층을 통합했습니다. 바로 이것이 워싱턴이 스스로 개시한 글로벌 하이브리드 전쟁에서 승리할 수 없는 주된 이유입니다. 이는 또한 현재의 달러 중심 글로벌 금융 시스템이 결국 새로운 세계 경제 질서에 참여하는 나라들의 합의에 기반한 새로운 시스템으로 대체되는 주요한 이유입니다.

이행의 첫 번째 단계에서 이 나라들은 자국 화폐와 양자간 통화 스와프로 뒷받침되는 청산 제도clearing mechanism°를 활용하는 데 의존합니다. 이 시점에서 가격 형성은 여전히 주로 달러로 액수가 매겨지는 다양한 거래소의 가격으로 형성됩니다. 이 단계는 거의 종말점으로 가고 있습니다. 러시아의 달러, 유로, 파운드, 엔 보유고가 "동결"된 뒤, 주권국가라면 계속 이런 화폐들로 보유고를 쌓아 놓으려고 하지 않을 겁니다. 그 화폐들을 곧바로 대체하는 건 자국 화폐와 금이지요.

이행의 두 번째 단계에서는 달러를 참조하지 않는 새로운 가격 형성 방식이 필요할 겁니다. 자국 화폐의 가격 형성에는 상당한 간접비용이 수반되기는 하지만, 달러나 파운드, 유로, 엔 같이 "고정성이 없는"un-anchored 위험한 화폐들로 가격을 매기는 것보다 한층 매력적일 겁니다. 유일하게 남은 글로벌 화폐 후보는 위안인데, 이는 불환성 및 중국 자본 시장에 대한 외적 접근성 제한 때문

° 국가간 거래에서 서로 거래한 금액을 매번 주고받지 않고, 일정한 기간 동안의 거래 후에 지급해야 하는 총금액과 받아야 하는 총금액의 차액만을 서로 주고받는 결제 방법.

에 존재를 인정받지 못할 겁니다. 금을 가격 준거로 사용하는 건 지불 수단으로 사용하기에 불편하기 때문에 제약이 있습니다.

새로운 경제 질서 이행의 마지막 세 번째 단계에서는 투명성과 공정성, 선의와 효율의 원칙에 근거한 국제적 협력을 통해 창조되는 새로운 디지털 결제 화폐의 창설이 필요할 겁니다. 우리가 개발하는 화폐 단위의 모델이 이 단계에서 역할을 할 것으로 기대합니다. 이와 같은 통화는 브릭스 나라들이 가진 통화 보유고의 풀에서 발행될 수 있습니다. 관심 있는 모든 나라가 이 풀에 합류할 수 있어요. 바스켓에 속한 각 통화의 비중은 (가령 구매력평가purchasing power parity를 바탕으로) 각국의 GDP나 국제 무역에서 차지하는 비중만이 아니라 참여국의 인구와 영토 규모에 비례할 수 있겠지요.

더욱이 이 바스켓에는 주요 거래소 거래 상품들의 물가 지수도 포함될 수 있습니다. 금을 비롯한 귀금속, 핵심 산업용 금속, 탄화수소, 곡물, 설탕, 그리고 물을 비롯한 천연자원이 대표적인 예입니다. 화폐를 뒷받침하고 회복력을 강화하기 위해 적절한 시점에서 관련 국제 자원 비축물relevant international resource reserves을 창설할 수 있습니다. 이 새로운 통화는 오로지 국경을 가로지르는 지불에만 사용되고, 사전에 정해진 공식에 근거해서 참가국들에 발행될 겁니다. 참가국들은 그 대신 자국 통화를 신

55

용 창출에 사용할 겁니다. 국가적 투자와 산업의 재원뿐만 아니라 국부 보유고도 이런 식으로 마련하는 겁니다. 국경을 가로지르는 자본 계정의 흐름은 여전히 국가 통화 규제의 관리를 받을 겁니다.

페페   마이클 허드슨은 이 새로운 체제가 수립되면 글로벌사우스 국가들이 달러 부채 상환을 유예할 수 있는지, 그리고 (외환) 상환 능력에 근거할 수 있는지, 이 부채를 원료나 (중국의 경우) 비달러 외국 신용으로 자금을 조달하는 자본 인프라의 실체적 소유 지분과 연동시킬 수 있는지 구체적으로 질문하는데요.

글라지예프   새로운 세계 경제 질서로 이행하는 과정에서 달러, 유로, 파운드, 엔으로 된 채무 상환이 체계적으로 거부될 겁니다. 이 통화들을 발행하는 나라들이 정한 선례와 전혀 다르지 않을 겁니다. 그 나라들은 이라크와 이란, 베네수엘라, 아프가니스탄, 러시아의 수조 달러에 달하는 외환 보유고를 가로채는 게 당연하다고 생각했지요. 미국과 영국, 유럽연합, 일본은 자기네 채무를 상환하는 걸 거부하고, 자국 통화로 보유한 다른 나라들의 부를 몰수했는데, 다른 나라들이라고 부채를 상환하고 대출 이자를 낼 의무가 있을까요?

어쨌든 새로운 경제체제에 참가하는 건 기존 체제에

서 진 의무에 의한 제약을 받지 않을 겁니다. 글로벌사우스 나라들은 달러, 유로, 파운드, 엔으로 쌓인 채무에 상관없이 새로운 체제에 정식으로 참여할 수 있습니다. 이런 외환 부채에 대해 디폴트를 선언하더라도 새로운 금융체제에서는 신용 등급에 아무 영향이 없을 겁니다. 마찬가지로, 석유, 가스, 광물 등의 추출 산업을 국유화해도 혼란이 야기되지 않을 겁니다. 더욱이, 각국이 새로운 경제체제를 뒷받침하기 위해 자국 천연자원의 일정 비율을 비축해야 한다면, 새로운 화폐 단위의 통화 바스켓에서 각국 통화가 차지하는 비중도 그에 따라 커져서 해당 국가는 통화 보유고와 신용 능력이 확대되겠지요. 게다가 무역 파트너 국가와의 양자간 스와프 덕분에 공동 투자와 무역 자금 조달을 위한 적절한 자금을 제공받을 겁니다.

페페   최근에 선생이 쓴 「러시아 승리의 경제학」 The Economics of the Russian Victory에서는 "새로운 기술 패러다임을 가속적으로 형성하고 새로운 세계 경제 질서를 위한 기구 구성"을 호소합니다. 권고안 중에 선생은 특히 "유라시아경제연합 회원국들의 국가 통화로 지불, 결제하는 시스템"을 창설하고 "미국이 통제하는 스위프트 SWIFT 시스템에 대한 위험한 의존성을 제거할 수 있는, 유라시아경제연합, 상하이협력기구, 브릭스의 독립적인 국제 결제 시스템"을 개발해서 실행할 것을 제안합니다. 유라시아경제연합과 중국이 상하이협력기구 회원국과 기타 브릭스 회원국, 아세안 회원국, 그밖에 서아시아, 아프리카, 라틴아메리카 국가들에 이 새로운 시스템을 "설득"하기 위해 하나의 목소리로 단합하고 공동으로 추진하는 모습을 예측할 수 있을까요? 그리고 이런 시도가 양극적 지경학geoeconomy, 즉 서방 대 나머지 세계로 귀결될까요?

글라지예프 바로 지금 우리가 그 방향으로 나아가고 있습니다. 실망스럽게도 서방이 러시아 외환 보유고를 동결한 뒤에도 러시아 통화 당국은 여전히 워싱턴 패러다임의 일부인 달러 기반 시스템의 규칙에 따라 움직입니다. 다른 한편, 최근에 이루어진 제재 덕분에 달러블록에 속하지 않는 나머지 나라들 사이에 광범위한 자기성찰이 촉발되고 있습니다. 서방의 "영향력 행사자들"agents of influence은 여전히 대다수 나라들의 중앙은행을 통제하면서 국제통화기금이 처방한 자멸적 정책을 적용하도록 강요합니다. 하지만 지금 시점에서 이런 정책은 당연하게도 점차 재정 안정성을 우려하는 비서방 나라들의 국익에 명백하게 위배됩니다.

당신은 새로운 세계 경제 질서가 탄생하는 과정에서 중국과 러시아가 중심적 역할을 할 가능성을 정확하게 강조하는군요. 유감스럽게도, 러시아 중앙은행의 현 지도부는 여전히 지적으로 워싱턴 패러다임에 갇혀 있어서 새로운 글로벌 경제·금융체제를 창설하는 파트너가 될 수 없습니다. 그와 동시에 러시아 중앙은행은 이미 현실에 직면해서 스위프트에 의존하지 않는 국가 차원의 은행간 통신 시스템을 창설해야 했고, 이를 외국 은행들에도 개방했습니다. 이미 주요 참여국들과 통화 스와프 협정이 체결됐습니다. 유라시아경제연합 회원국들 사이의 거래는 이미 대부분 국가 통화로 표시되며, 국제무역에서 회원국 국가 통화의 비중이 빠른 속도로 높아지고 있습니다. 중국, 이란, 튀르키예와의 무역에서도 비슷한 거래가 이루어지고 있지요. 인도 또한 국가 통화로 지불하기 위한 전환의 준비가 되었음을 시사했습니다. 국가 통화 지불을 위한 청산 방식을 개발하는 데 많은 노력이 투입됩니다. 이와 동시에, 디지털 비은행 지불 시스템을 개발하려는 시도가 진행 중입니다. 이 시스템은 금을 비롯한 거래소 거래 상품인 스테이블 코인과 연결될 겁니다.

최근에 미국과 유럽이 은행 거래에 제재를 가하면서 이런 노력이 급격히 증대되고 있습니다. 새로운 금융 시스템을 만들기 위해 노력하는 일군의 나라들은 구조를 완성하고 새로운 무역 통화를 사용할 준비가 되었다고 발표하기만 하면 되며, 새로운 세계 금융 질서의 형성 과정은 이를 계기로 한층 가속화될 겁니다. 이 질서를 수립하는 최선의 방법은 상하이협력기구나 브릭스 정규 회담에서 이를 발표하는 겁니다. 그렇게 하기 위해 노력하는 중입니다.

페페　　서방 각국의 독립 저널리스트들의 토론에서 바로 이게 핵심 쟁점이었지요. 러시아 중앙은행은 자국 금 생산자들에게 러시아 정부나 중앙은행이 지불하는 것보다 더 높은 가격을 받기 위해 런던 시장에서 금을 팔도록 조언했습니까? 미국 달러의 다음 대안이 주로 금에 기초해야 할 것이라는 예상을 전혀 하지 못했나요? 현재 벌어진 상황을 어떻게 규정하시겠습니까? 이 상황은 러시아 경제에 단기적, 중기적으로 얼마나 많은 실질적인 피해를 입히고 있나요?

글라지예프　　국제통화기금의 권고에 따라 시행되는 러시아 중앙은행의 통화 정책은 러시아 경제를 황폐하게 만들고 있습니다. 4,000억 달러에 달하는 외환 보유고가 동결된 상황에서, 올리가르히들이 서방 역외 지대로 1조 달러 이상을 빼돌리는 재앙이 겹쳤는데 이는 러시아 중앙은행이 파국적인 정책을 밀어붙이는 것을 배경으로 나타났습니다. 지나치게 높은 실질 금리와 관리 변동 환율제가 대표적인 예입니다. 우리가 추정하기로, 이 때문에 약 20조 루블의 투자 부족과 약 50조 루블의 상품 생산

부족이 야기됐습니다.

러시아 중앙은행은 워싱턴의 권고에 따라 지난 2년간 금 매입을 중단하면서 사실상 국내 금광업체들에게 생산량 전체를 수출하도록 강요했습니다. 전부 합하면 500톤에 이르는 양이지요. 이 조치가 야기한 피해가 아주 명백합니다. 현재 러시아 중앙은행은 금 매입을 재개했습니다. 지난 10년간 한 것처럼 국제 투기꾼들의 이익을 위해 "인플레이션을 목표로 삼을" 게 아니라 국민경제의 이익에 맞는 건전한 정책을 지속하기를 바랍니다.

페페 연방준비제도이사회와 유럽 중앙은행은 러시아 외환 보유고 동결에 대해 사전 협의를 하지 못했습니다. 뉴욕과 프랑크푸르트는 문의를 받았다면 반대했을 거라고 말합니다. 선생은 동결을 예상했습니까? 러시아 지도부는 이를 예상했나요?

글라지예프 제가 앞서 언급한 저서 『최후의 세계대전』은 2015년에 출판됐는데, 여기에서 저는 이런 일들이 생길 가능성이 매우 높다고 주장했습니다. 이 하이브리드 전쟁에서는 경제전쟁과 정보·인지전쟁이 충돌의 핵심 전역戰域입니다. 이 두 전선에서 미국과 나토 국가들이 압도적 우위에 있고, 그들이 적절한 시점에 이 우위를 최대한 활용할 것이라는 점에는 의문의 여지가 없습니다.

저는 오래전부터 우리 외환 보유고의 달러와 유로, 파운드와 엔을 러시아에서 풍부하게 생산되는 금으로 대체할 것을 주장했습니다. 유감스럽게도, 대다수 나라의 중앙은행뿐만 아니라 신용 평가 기관과 주요 간행물에서 핵심적 역할을 맡은 서방의 영향력 행사자들은 제 발상을 침묵시키는 데 성공했습니다.

연준과 유럽 중앙은행의 고위 관료들이 대러시아 금융 제재를 개발하는 데 관여한 것은 분명합니다. 유럽연합의 관료적 의사 결정에 여러 난관이 있다는 건 익히 알려진 사실인데도, 이 제재들은 계속해서 확대되었고 거의 곧바로 시행되고 있습니다.

페페　　엘비라 나비울리나는 러시아 중앙은행장으로 다시 선임됐습니다. 나비울리나의 기존 행동과 비교해서, 선생이라면 어떤 다른 조치를 선택할 건가요? 선생의 접근법과 관련된 주요 원칙이 있다면 무엇인가요?

글라지예프　　우리 둘의 접근법 차이는 아주 간단합니다. 나비울리나의 정책은 국제통화기금의 권고와 워싱턴 패러다임의 교리를 정통으로 실행하는 것인 반면, 제 권고안은 지난 100년간 주요국들에서 축적된 경험적 증거와 과학적 방법에 바탕을 둔 겁니다.

페페 러시아와 중국의 전략적 동반자 관계가 점점 확고해지는 것 같습니다. 푸틴 대통령과 시진핑 주석이 여러 차례 줄곧 확인해 주고 있지요. 하지만 서방뿐만 아니라 러시아의 일부 진영에서도 불만의 목소리가 나오는데요. 지금의 극히 미묘한 역사적 국면에서 중국은 러시아의 항구적 동맹국으로서 얼마나 믿음직스러운가요?

글라지예프 러시아와 중국의 전략적 동반자 관계의 토대는 상식과 공동의 이익, 수백 년에 걸친 협력의 경험입니다. 미국의 지배 엘리트는 세계에서 자신의 패권적 지위를 수호하기 위해 글로벌 하이브리드 전쟁을 시작하면서 핵심적인 경제적 경쟁자인 중국, 세력 균형의 핵심 대항자인 러시아를 겨냥했습니다. 미국의 지정학적 시도는 러시아와 중국의 충돌을 야기하는 것이었습니다. 서방의 영향력 행사자들은 우리 미디어에서 외국인 혐오 사상을 증폭시키면서 국가 통화 지불 이행 시도를 모조리 차단했습니다. 또한 서방의 영향력 행사자들은 중국 정부가 미국의 이익을 위한 요구에 따르도록 압박했지요.

하지만 러시아와 중국의 주권적 이익은 워싱턴에서 발생하는 공동의 위협에 대처하기 위한 전략적 동반자 관계와 협력 증대로 논리적으로 귀결됐습니다. 미국의 대중국 관세 전쟁과 대러시아 금융 제재 전쟁은 이런 우려를 입증해 주었고, 우리 양국이 직면하고 있는 현존하는 위험을 명백하게 보여 주었습니다. 생존과 저항이라는 공통의 이익 때문에 중국과 러시아는 단합하고 있으며, 우리 양국은 대체로 경제적으로 공생하는 관계입니다. 양국은 서로의 경쟁 우위를 보완하고 증진시킵니다. 이런 공통 이익은 장기적으로 지속될 겁니다. 중국 정부와 중국 국민은 중국이 일본의 점령에서 해방되고 전후에 산업화를 이루는 과정에서 소련이 어떤 역할을 했는지 잘 기억합니다. 우리 양국은 전략적 동반자 관계를 위한 탄탄한 역사적 토대를 지녔으며, 우리는 공통의 이익을 위해 긴밀하게 협력할 운명입니다. 일대일로와 유라시아경제연합의 결합으로 강화되는 러시아와 중화인민공화국의 전략적 동반자 관계가 푸틴 대통령의 대유라시아파트너십Greater Eurasian Partnership 구상의 토대이자 새로운 세계 경제 질서의 중핵이 되기를 기대합니다.

2022. 4.

1. К УСТОЙЧИВОМУ РОСТУ ЧЕРЕЗ СПРАВЕДЛИВЫЙ МИРОВОЙ ЭКОНОМИЧЕСКИЙ ПОРЯДОК // Доклад под ред.С.Ю.Глазьева к Астанинскому экономическому форуму, 2012 г.
2. Минченков М., Водянова В., Заплетин М. M

етодология построения МВЗ-индекса устойчивости на товарах дуальной группы.—Вестник ГУУ.—2016, No11, с.141-147.
3. Glazyev S. The Last World War—The U.S. to Move and Lose, Defend Democracy Press (website of the Delphi initiative), March 18, 2018.

상트페테르부르크, 새로운 경제 전쟁을 대비하다

5

상트페테르부르크 국제경제포럼은 지금까지 수년간 유라시아 통합의 발전하는 동학과 이 과정에서 발생하는 시련과 고난을 이해하는 데 절대적으로 필요한 요소들로 구성되었다. 2022년 상트페테르부르크는 내가 지금까지 소개해 온 세 가지 동시적 발전과 직접 연결되면서도 한층 더 중요하다.

- "새로운 G8"의 등장: 브릭스 중 4개국(브라질, 러시아, 인도, 중국)에 이란, 인도네시아, 튀르키예, 멕시코를 더하면 구매력평가 기준 GDP는 이미 서방이 지배하는 낡은 G8을 압도한다.
- 이웃 나라 및 파트너들과 지경학적 관계를 발진시킨다는 중국의 "세 고리"Three Rings 전략.
- "새로운 G8"의 일부 회원국을 포함하는 브릭스플

러스 또는 브릭스 확장판의 등장. 중국에서 열릴 정상회담에서 논의될 것이다.

푸틴 대통령은 2022년 상트페테르부르크 총회에서 **예리하고** 상세한 연설을 하면서 의문의 여지가 없는 스타가 되었다.

연설의 하이라이트 중 한 장면에서 푸틴은 산업화된 서방에 사는 이른바 "황금의 10억 명"(전 세계 인구의 12퍼센트)과 "G7 국가들의 무책임한 거시경제정책"이 품은 "환상"을 박살냈다.

푸틴은 "대러시아 제재 때문에 유럽연합이 입는 손실"이 연간 4,000억 달러를 넘을 수 있다고 지적하고, 실제로 "지난해 3사분기에" 시작된 현상인 유럽의 높은 에너지 가격이 "재생 에너지에 대한 맹목적 믿음" 때문임을 강조했으며, 서방의 "푸틴발 물가 급등" 주장을 기각했다. 식량과 에너지 위기는 서방의 오도된 경제정책과 연결된 것이며, "러시아산 곡물과 비료가 제재를 받으면서" 서방이 손해를 입었고, 결국 철회할 수밖에 없을 것이라는 말이다.

요약해 보자. 서방은 러시아를 제재하면서 러시아의 주권을 오판했고, 이제 막대한 대가를 치르는 중이다.

중국 주석 시진핑은 영상 포럼 연설로 글로벌사우스 전체에 메시지를 전달했다. 시 주석은 "진정한 다자주의"를 환기시키면서 신흥 시장이 "글로벌 경제 관리에 발언권이 있다"고 강조했고, "북남 및 남남 대화를 증진할 것"을 호소했다.

핵심적인 발언은 러시아와 중국 양국의 긴요한 전략적 파트너인 카자흐스탄 대통령 토카예프의 몫이었다. 유라시아 통합은 중국의 일대일로와 나란히 진행되어야 한다는 내용이었다. 이것으로 충분하다.

"몇 주만에" 장기 전략을 구축하다

상트페테르부르크는 상하이협력기구 범위 내의 거래나 러시아-중국 전략적 동반자 관계의 여러 측면, 브릭스의 전망, **러시아 금융 부문**의 성공 전망 등 유라시아 통합의 핵심 주제와 하위 주제에 관한 여러 매혹적인 논의를 제공했다.

가장 중요한 토론 가운데 하나는, 유라시아경제연합과 아세안(중국이 남남 협력으로 정의하는 핵심 사례) 사이의 대화 증대에 초점이 맞춰졌다. 그리고 이 논의는 유라시아경제연합 자체의 통합 심화로 나아가는, 아직은 길고 곡절 많은 길과 연결되었다.

이는 회원국들이 자급자족적 경제 발전으로 나아가는 과정을 함축한다. 수입 대체라는 우선 과제를 확립하고, 모든 운송과 물류 잠재력을 활용하며, 유라시아를 아우르는 기업을 발전시키고, 글로벌 경제 관계의 새로운 체제에 유라시아경제연합 "브랜드"를 각인시키는 과정이다.

알렉세이 오베르추크 러시아 부총리는 당면한 시급한 문제들에 초점을 맞췄다. 완전한 자유무역 관세와 경제 동맹을 실행하고, 특히 미르 지불 카드를 활용해서 동남아시아와 아프리카, 페르시아만의 새로운 시장까지 아우르는, 간소하고 직접 결제가 가능한 통일된 지불 시스템을 시행한다는 것이다.

러시아 경제계가 "규칙 없는 게임"(미국이 내세우는 "규칙 기반 국제 질서"의 허구성을 폭로하는 표현)이라고 정의하는 새로운 시대에 푸틴의 핵심 조언자인 막심 오레슈킨을 앞세운 또 다른 관련 논의는 대기업과 금융 부문이 국가의 경제·외교정책과 연계해서 무엇을 **우선순위**에 두어야 하는지에 초점이 맞춰졌다.

합의 내용은 다음과 같다. '현행 "규칙"은 서방이 작성한 것이다. 러시아는 기존 방식에 연결만 할 수 있을 뿐이다. 하지만 서방은 이후 "우리를 몰아내"고 심지어 "러시아를 삭제"하려고 했다. 따라서 지금이야말로 "규칙 없는 규칙을 대체할" 때다.' 이것이 푸틴이 총회 연설에서 발전시킨 "주권" 개념의 밑바탕에 깔린 핵심 주제다.

현재 미국과 서방의 제재를 받는 스베르방크Sberbank 최고경영자 헤르만 그레프가 주재한 또 다른 중요한 토론에서는 "2030년을 향한 러시아의 발전적 도약"을 더 빨리 이루어야 한다는 사실을 많은 사람들이 인정했다. 전체 영역에서 공급 연쇄가 붕괴하는 가운데 이제 "몇 주 안에 장기 전략을 구축해야 한다".

러시아 경제계의 일류 인사들에게 한 가지 질문이 던져졌다. '당신이라면 어떤 권고를 하겠는가? 동방과의 무역 증대인가, 아니면 러시아 경제의 구조를 전환할 것인가?' 72퍼센트가 후자에 표를 던졌다.

따라서 이제 우리는 결정적 상황에 이르렀다. 상트페테르부르크 포럼 불과 며칠 전에 이 모든 주제가 상호작용하는 상황이 벌어졌기 때문이다.

러시아-이란-인도 회랑

국제남북운송회랑International North-South Transportation Corridor(INSTC)의 핵심 마디는 현재 작동 중이며, 카스피해와 이란을 경유해 러시아 북서부와 페르시아만을 연결한다. 상트페테르부르크에서 인도 항구들까지 걸리는 운송 시간은 25일이다.

복합 운송으로 이루어지는 이 물류 회랑은 브릭스 회원국과 "새로운 G8"의 장래 회원국에게 막대한 지정학적 중요성을 지닌다. 아시아에서 수에즈운하를 경유해 유럽으로 가는 통상적인 화물 운송로의 핵심적 대안 경로를 열어 주기 때문이다.

국제남북운송회랑은 고전적인 남남 통합 프로젝트다. 인도, 아프가니스탄, 중앙아시아, 이란, 아제르바이잔, 러시아와 멀리 발트해의 핀란드까지 연결하는 7,200킬로미터 길이의 항로, 철도, 도로의 복합 운송 네트워크다.

엄밀히 따져서, 상트페테르부르크에서 아스트라한까지 육상으로 컨테이너들이 줄지어 간다고 상상해 보라. 그다음부터 화물은 카스피해를 경유해 이란의 반다르에 안젤리 항구까지 해상으로 수송된다. 거기서부터 다시 반다르아바스 항구까지 육상으로 수송되고, 뒤이어 인도 최대 항구인 나바셰바로 해상 운송된다. 핵심 운송사인 이란국영해운Islamic Republic of Iran Shipping Lines(IRISL 그룹)은 러시아와 인도에 지사를 두고 있다.

이를 보면 무엇을 놓고 향후에 전쟁이 벌어질 것인지 알 수 있다. 영토 정복이 아니다. 운송 회랑을 놓고 싸우는 것이다.

일대일로는 "규칙 기반 국제 질서"를 겨냥한 실존적 위협으로 여겨진다. 일대일로는 유라시아를 가로지르는 육상 회랑 6개와 함께 남중국해와 인도양에서부터 저 멀리 유럽을 잇는 해상 실크로드도 발전시킬 것이다.

나토가 우크라이나에서 벌이는 대리전의 핵심 목표 중 하나는 러시아를 가로지르는 일대일로 회랑을 차단하는 것이다. 제국은 일대일로만이 아니라 국제남북운송회랑의 마디들까지 차단하기 위해 총력을 기울일 것이다. 미국 점령 치하의 아프가니스탄은 일대일로나 국제남북 운송회랑의 마디가 되는 것을 방해당했다.

이제 "러시아 호수"가 된 아조프(아조우)해, 그리고 (확실히 예상되듯) 저 멀리 흑해 해안선 전체까지 러시아가 완전히 접근하게 되면, 모스크바의 해상 무역 전망은 크게 증대될 것이다. 푸틴의 "흑해는 역사적으로 러시아 영토였다"라는 발언을 떠올려 보자.

지난 20년간 에너지 회랑들이 최대한도까지 정치화된 나머지 현재 **파이프라이니스탄**(내가 만든 말이다)의 중심부에 자리하고 있다. 이것은 바쿠-트빌리시-제이한 파이프라인Baku-Tbilisi-Ceyhan pipeline(BTC)과 사우스스트림부터 노르트스트림1과 2까지, 그리고 영원히 끝나지 않는 드라마 같은 투르크메니스탄-아프가니스탄-파키스탄-인도TAPI 회랑과 이란-파키스탄-인도IPI 회랑까지 이어진다.

그리고 러시아 해안선을 따라 바렌츠해까지 이어지는 북해 항로가 있다. 중국과 인도는 북해 항로를 대단히 중요하게 생각한다. 상트페테르부르크에서 자세히 논의되는 것은 우연이 아니다.

상트페테르부르크에서 세계를 연결할 다른 가능성을 놓고 진지한 토론이 열띠게 벌어진 모습과, '갈 곳 없는 열차에 올라탄 세 앞잡이들'이 (독일 정보기관에서 확인한 대로) 우크라이나의 이류 코미디언(젤렌스키)에게 자리에 앉아 항복을 교섭하라고 말하는 모습을 비교해 보면, 이보다 더 극명한 대비는 없다.

많은 이들이 거의 알아채지 못했지만, 크림 반도를 재통합하고 시리아 전역戰域에 진입한 바로 그 순간, 군사와 에너지 초강대국 러시아는 산업화된 서방의 대부분 지역을 석기 시대로 되돌릴 수 있는 잠재력을 보여 줬다. 과대망상 발작으로 표현되는 심각한 좀비화의 진창에 빠진 서방 "엘리트들"은 무기력할 뿐이다. 그들이 유라시아 고속열차에 올라 회랑을 달릴 수 있다면 좋을 텐데. 뭔가 교훈을 얻을 수 있을 테니까 말이다.

2022. 6.

발흐에서 콘야까지:
루미가 남긴 영적 지정학의 발자취를 따라가다

6

콘야Konya 사람으로, 신비파 시인이자 수피교도, 신지神 智론자이자 사상가인 루미جلال‌الدین محمد مولوی(Rumi)는 동방과 서방 모두에서 가장 사랑받는 역사적 인물로 손꼽힌다. 그는 '빛을 찾아 돌아다닌 방랑자'로 이해할 수 있다. 그 자신이 절묘하게 말했다. "나는 신을 사랑하는 초라한 인간에 지나지 않는다."

술탄 바하에드 벨레드(1152~1231)와 그의 아들, 우리의 잘랄 알딘 루미(1207~1273)의 시대는 사회정치적으로 유례없는 격동의 시기였다. 오늘날의 우리로서는 진지한 시간여행에 푹 빠지지 않은 채로는, 루미의 대표작으로 2만 5,620개의 2행 연구聯句로 이루어진 6권짜리 『마스나비』جلال الدین محمد بلخی(Masnavi)를 종횡무진으로 가로지르는 발상과 암시와 우화를 이해하기란 절대 불가능하다.

페르시아어(그 시절에 서아시아에서 중앙아시아까지

으뜸가는 문학 언어였다)로 쓴 『마스나비』에서 루미는 시를 사실상 신성한 비밀을 가르치는 도구로 사용했다. 우화를 통해 비밀을 설명했다. 루미의 기획은 인간에게 신의 사랑으로 통하는 길을 보여 주면서 낮은 지위의 인간을 최고점으로 인도하는 것이었다. 테크노봉건주의의 거대한 괴물에 쥐어 짜이고 억눌린 우리는 이제 역사상 어느 때보다 더욱 이 교훈에 주의를 기울일 필요가 있다.

1273년 루미가 세상을 떠난 직후에 『마스나비』는 유라시아 전역에서 엄청난 인기를 끌었다. 인도와 파키스탄, 아프가니스탄에서 중앙아시아와 이란, 튀르키예까지 곳곳에서. 그 후 서서히, 그렇지만 확실히 루미와 그의 작품은 결국 서방 전체 collective west에까지 다다랐고(괴테도 흠뻑 빠졌다) 페르시아어, 오스만튀르크어, 우르두어, 영어로 조예 깊은 풍부한 주석이 속속 생겨났다.

"아나톨리아에서 온 스승"

11세기에서 우리의 시간여행을 시작해 보자. 몇몇 튀르크 부족이 트란스옥시아나를 가로지른 뒤 페르시아 북부에 정착하기 시작한 때다. 새로운 튀르크 부족들, 가즈나족에서 셀주크족(실제로는 투르크멘 부족의 일파)에 이르는 이들이 세운 전설적 왕조들은 튀르크 문화와 페르시아 문화를 한데 섞는 과정에서 핵심적 역할을 했다(오늘날 중국인들은 이런 융합을 신실크로드에 적용해서 "인적 접촉"people-to-people contacts이라고 한다).

종교적으로 관대한 사만조의 지배 아래 페르시아에서 이슬람이 급속하게 퍼져 나갔다. 바로 이 초석 위에 마흐무드 가즈나(998~1030)가 거대한 튀르크 제국을 세웠다. 페르시아 북동부에서부터 인도의 외딴 지역까지 아우르는 제국이었다. 마흐무드는 루미에게 커다란 인상을 남겼다.

페르시아 동부에서 가즈나조가 여전히 위력을 떨치는 한편으로, 셀주크족이 이란 지역만이 아니라 아나톨리아 반도의 외딴 지역(에르주룸)까지 아우르는 강력한 제국을 세웠다. 루미가 마울라나-이 룸Mavlana-yi Rum("아나톨리아에서 온 스승")이라고 불리는 것은 이 때문이다.

루미는 어린 시절 호라즘 제국의 전설적인 수도, 발흐(아프가니스탄 북부 호라산 지역)에서 살았다. 루미와 아버지가 그곳에 살 때, 그곳을 다스리던 왕은 튀르크 노예가 세운 왕조의 알라 알딘이었다.

엄청나게 어지러운 왕국의 충돌이 잇따른 뒤, 알라 알딘은 사마르칸트의 왕 오스만 칸과 맞붙었다. 전쟁은 결국 1212년 학살로 끝이 났는데, 알라 알딘의 병사들은 사마르칸트에서 1만 명을 죽였다. 젊은 루미는 충격을 받았다.

알라 알딘은 이슬람 세계의 절대적 지배자가 되고자

했다. 그는 바그다드의 칼리파에게 복종하는 것을 거부했다. 심지어 중국에 대해 야심을 품기 시작했다. 칭기즈칸이 이미 북경을 정복한 시기였다.

알라 알딘은 원 제국에 사절을 보냈다. 칭기즈칸은 사절을 후하게 대접했다. 두 제국의 좋은 거래에 눈독을 들였기 때문이다. 달리 무슨 이유가 있겠는가? 역시나 실크로드에 열광한 것이다. 칭기즈칸은 선물을 잔뜩 들려서 답례 사절을 보냈다. 알라 알딘은 1218년 트란스옥시아나에서 칸의 사절을 맞이했다.

하지만 그의 가까운 친척인 지방 총독이 몽골인을 습격해서 물건을 빼앗고 살해했다. 칭기즈칸은 처벌을 요구했지만 술탄은 거부했다. 글쎄, 당신이라면 칭기즈칸을 상대로 싸움을 걸고 싶었을까? 칸은 당연하게도 페르시아에서 일련의 학살을 개시했고, 호라즘 제국은 결국 붕괴를 피하지 못했다. 거대한 도시들인 사마르칸트와 부하라, 발흐, 메르브도 몰락했다. 하지만 루미와 그의 아버지가 이미 그곳을 떠난 뒤였다.

이 전설적인 도시들은 모두 바그다드처럼 학문의 중심지였다. 루미가 살았던 발흐는 아랍인과 사산조 페르시아인, 튀르크인, 불교도, 기독교도 등이 뒤섞여 있었다. 알렉산드로스 대왕 이후 발흐는 그리스-박트리아 Greco-Bactria의 중심이 되었다. 이슬람이 도래하기 직전에는 불교의 중심이자 조로아스터교 사상의 중심이었다.

고대 실크로드의 위대한 중심지 중 하나였다.

300마리 낙타와 함께한 여정

『마스나비』의 주인공 이브라힘 아드함은 붓다와 마찬가지로 신을 사랑하기 위해 왕좌를 포기함으로써 수피즘의 선례를 만들었다. 이후 이 지역 전체에서 "호라산 학파"라고 알려지며 번성하게 된 종교 사상이다.

페샤와르에서 태어나 현재 콘야 카라타이 대학교의 최고 학자이자 『루미의 장미 정원에서 피어난 장미』Roses from Rumi's Rose Garden라는 매혹적인 책의 저자인 에르칸 투르크멘 교수에 따르면, 루미의 아버지 바하에딘과 그의 가족이 책과 식량, 가재도구를 낙타 300마리의 등에 얹고 독실한 신자 40명과 함께 발흐에서 콘야로 떠난 놀라운 순례를 입증하는 믿을 만한 자료 두 가지가 이미 발굴되어 있다고 한다.

루미 일행이 처음으로 멈춰 머무른 곳은 바그다드였다. 입구를 지키고 선 보초들이 너희는 어떤 자들이냐고 물었다. 루미의 아버지가 대답했다. "하느님에게서 나와 하느님에게로 돌아가는 길입니다. 존재하지 않는 세계에서 태어나 그곳으로 돌아가려고 합니다."

칼리파 알나시르는 최고 학자 수흐레베르디를 소환했고, 그는 곧바로 새로 온 이들을 받아들이라고 조언했다. 하지만 루미의 아버지는 잔인하기로 유명한 칼리파의 보호를 받으며 오래 머무를 생각이 없었다. 그래서 몇 년 뒤 메카를 향한 순례길에 올랐고 계속해서 다마스쿠스로 가고자 했다. 다마스쿠스는 아바스조와 셀주크조 시절에 정비가 잘 된 도시로, 660개의 모스크와 40개가 넘는 마드라사, 목욕탕 100곳이 빼곡했고, 유명한 학자도 여럿 있었다. 루미의 위대한 스승 샴스이 테브리지도 다마스쿠스 출신이었다.

여정의 마지막 단계는 이미 무역과 문화의 중심지였던 아나톨리아 반도의 에르진잔에 이어 콘야 남쪽 100킬로미터에 자리한 라렌데(카라만)였다. 오늘날 카라만은 튀르키예의 작은 지방에 불과하지만, 그 시절에는 남쪽으로 멀리 안탈리아까지 뻗어 있었다. 그리스 문자를 사용해서 튀르크어를 쓰는, 기독교도 튀르크인이 많이 살았다.

루미는 그곳에서 결혼했다. 그 후 아버지와 함께 술탄 알딘 카이쿠바드 1세(1220~1237)의 초청을 받아 콘야로 갔고, 가족 모두가 아버지가 세상을 떠나는 1231년까지 그곳에서 살았다.

아나톨리아의 셀주크인들은 1075년에 갑자기 역사에 끼어들었다. 알프 아르슬란이 전설적인 만지케르트 전투에서 비잔티움 제국을 물리친 것이다. 한 세기 뒤인 1107년, 클르츠 아르슬란이 십자군을 물리치면서 셀주크 제국이 급속하게 퍼져 나가기 시작했다. 아나톨리아 반도의 기독교도들이 튀르크인의 존재라는 불가피한 현실을 받아들이는 데 수십 년이 걸렸다. 그 후 줄곧 두 집단은 섞였다.

셀주크 제국의 황금기는 술탄 알라 알딘 카이쿠바드 1세(루미의 가족을 콘야로 초청한 인물) 시기였는데, 술탄은 몽골의 침략에 맞서 도시를 보호하기 위해 콘야와 카이세리 주변에 성채를 쌓았고, 안탈리아의 아름다운 지중해변에서 겨울을 보냈다.

콘야에서 루미는 정치에 관여하지 않았고, 황가와도 긴밀한 관계를 맺지 않은 것으로 보인다. 그는 마울라나("우리의 스승")나 루미("아나톨리아 사람")라는 이름으로 널리 알려졌다. 오늘날 튀르키예에서는 메블라나(마울라나)라고 불리고 서방에서는 루미라고 한다. 서정적인 시에서 루미는 하무쉬Khamush("조용한")라는 가명을 쓴다. 술탄 에르도안의 정의개발당AKP(여러 수상쩍은 사업에 몰두하는 대단히 물질주의적 기획이 많은 집단)은 루미의 수피즘을 전혀 좋아하지 않는다.

초록색 돔 아래에서

지금까지 살펴본 것처럼, 루미는 어린 시절의 대부분을 길에서 지냈다. 그러니 정규 학교를 다닌 적이 없다. 아동기의 교육은 아버지를 비롯해 가족을 따라 카라만까지 온 학자들이 도맡았다. 또한 루미는 여정 중에 특히 바그다드와 다마스쿠스에서 유명한 학자들을 많이 만났다. 두 도시에서 그는 이슬람 역사와 『쿠란』, 아랍어를 공부했다.

『마스나비』 6권 집필을 막 끝낼 무렵 루미는 고열이 내리지 않는 병에 걸렸다. 1273년 12월 17일 그는 세상을 떠났다. 그의 무덤을 짓기 위해 13만 디르함의 자금이 모였다. 세계적으로 유명한 초록 돔(쿠바트 울하즈라 Qubbat ul-Khazra)이 무덤을 덮고 있다. 1274년에 무덤은 완공됐다.

오늘날 그의 무덤은 박물관이다(콘야에는 특히 여러 민족지학 및 고고학 박물관에 놀라운 유물이 다수 존재한다). 하지만 이슬람 모든 지역과 전 세계에서 영적 공물을 바치기 위해 몰려드는 대다수 순례자들에게 이곳은 사실 '사랑하는 이의 사당(카아바이 우샤크 Kaaba-yi Ushaq)'으로 여겨진다.

화려한 목관木棺에 새겨진 다음의 구절은 루미가 평생에 걸쳐 가르치고자 한 모든 내용을 요약해 준다.

"내 무덤의 흙에서 밀이 자라서 그걸로 빵을 구우면 크게 취할 테니. 밀가루 반죽과 빵집 주인은 미쳐 버리고, 화덕도 미쳐서 시를 읊기 시작하리라. 내 무덤에 찾아오면 춤을 추는 듯 보이리라. 신께서 사랑의 포도주로 나를 창조하고 죽음이 나를 짓밟을지라도 나는 여전히 똑같은 사랑일지니."

수피교도는 그 정의상 신을 사랑하는 사람이다. 이슬람 신비주의는 지식의 세 단계를 고찰한다. 확신의 지식, 확신의 눈, 확신의 진리가 바로 그것이다.

첫 번째 단계에서 사람은 지적 증거로 신을 찾으려고 한다(필연적으로 실패하게 마련이다). 두 번째 단계에서는 신의 비밀에 동조할 수 있다. 세 번째 단계에서는 실재를 보고 이를 영적spritual으로 이해할 수 있다. 이는 불교에서 깨달음에 이르는 과정과 다르지 않은 경로다.

이 세 단계 외에도 신으로 향하는 경로가 존재한다. 한 경로(타리카트Tarikat)를 선택하는 것은 아주 복잡한 일이다. 어느 수피교단(마블레비야Mavleviya, 카드리야Kadriya, 나크쉬반디야Nakshbandiya)이든 그 특정 경로의 셰이크(학자)를 따른다.

문명간 대리전의 일환으로 제국이 가하는 제재의 유독한 효과를 치유할 수 없는, 곡물 외교의 부조리한 시대에 루미의 시구인 "밀이 없으면 천상의 방앗간도 아무것도 내주지 못하니"는 뜻밖의 풍경을 열어 줄지 모른다.

루미는 밀 없이 방앗간에 가는데 무엇을 얻겠는가, 라고 말한다. 턱수염과 머리카락만 (밀가루 때문에) 하얘질 뿐이라는 것이다. 같은 맥락에서 다른 세계로 우리를 인도하는 선행을 하지 않는다면, "마음속에 고통만을 얻으리라. 반면 우리의 영적 존재를 키운다면 명예와 신의 사랑을 얻으리라"라고 말한다.

그의 가르침을 집단서방의 십자군 Crusading Collective West에게 설명하려고 노력할 때다.

2022. 8.

3차 세계대전으로 몽유병자처럼 걸어 들어가는 "파편화된 세계"

7

다보스의 자칭 "엘리트들"은 두려워한다. 너무도 두려워한다. 이번 주 세계경제포럼WEF 회의에서 지휘자 클라우스 슈밥은 트레이드마크인 제임스 본드 영화의 악당 같은 행동을 보이면서 정언명령categorical imperative에 관해 거듭 투덜거렸다. "우리에게는 파편화된 세계Fragmented World에서 협력"이 필요하다는 것이었다.

현재 세계가 "가장 결정적인 파편화"에 빠져서 허우적거리고 있다는 그의 진단은 예측 가능할 만큼 암울하지만, 슈밥 씨는 "다보스의 정신은 긍정적"이며 결국 우리 모두 "녹색의 지속 가능한 경제"에서 행복하게 살 것이라고 주장한다.

다보스는 이번 주에 능숙하게 여론에 새로운 주문呪文 공세를 펼쳤다. 야단법석을 떨었던 '그레이트 리셋'이 비참하게 실패한 것을 감안하면, 이번에 내세운 "새로운 시스템"은 현재 덜컹거리며 굴러가는 시스템을 성급하게 업데이트하는 것처럼 보인다.

다보스에는 새로운 하드웨어와 새로운 프로그래밍 기술, 심지어 새로운 바이러스가 필요하다. 하지만 지금 당장 가용할 수 있는 것은 "다면적 위기"polycrisis 또는 다보스의 언어로 하자면 "복합 효과를 지닌 관련된 글로벌 리스크들의 묶음"뿐이다.

쉬운 말로 바꿔 보자면, 최악의 상황perfect storm이다.

북유럽의 '분할통치의 섬'에 사는 참을 수 없도록 따분한 사람들은 애석하게도 지정학이 "역사의 종말"이라는 싸구려 터널에 들어서지 않았다는 것을 이제 막 발견하고 있다. 그들로서는 참으로 놀랍게도, 지정학은 기록된 역사의 대부분 시기에 그랬던 것처럼, 또다시 심장지대Heartland•를 가로지르는 중심부에 자리하고 있다.

그들은 이란이 연결된 러시아-중국을 겨냥한 암호인 "위협적인" 지정학에 관해 불만을 토로한다. 하지만 알프스 케이크를 덮은 하얀 설탕옷은 실제로 경기를 내주는 오만함과 우둔함이다. 런던 금융가와 그 봉신들은 "다보스가 만든 세계"가 급속하게 붕괴하자 격노하고 있다. 하지만 다보스는 자신의 모조품 외에는 그 어떤 세계도 "만들지" 않았다.

다보스는 어떤 것도 바로잡지 않았다. 이 "엘리트들"은 언제나 '혼돈의 제국'과 제국이 글로벌사우스 전역에

핼퍼드 매킨더로부터 비롯한 개념으로, 세계의 심장에 해당하는 중심지대를 이른다. 유라시아 대륙의 북부에서 중부까지 이어지는 것으로, 시베리아에서 중국을 거쳐 페르시아를 아우른다.

서 벌이는 치명적인 "모험"을 칭송하느라 분주했기 때문이다. 다보스는 최근 벌어진 모든 대규모 경제 위기뿐만 아니라 신자유주의가 낳은 서방 전체의 탈산업화와 연결되어 벌어지는 "최악의 상황"을 예측하는 데 실패했다.

물론 다보스는 다극세계로 나아가는 '진짜 리셋'에 대해서도 감을 잡지 못한다.

자칭 여론 지도층은 토마스 만의 『마의 산』The Magic Mountain이 거의 100년 전, 치명적인 질병과 임박한 세계대전을 배경으로 하여 다보스를 무대로 삼았다는 사실을 "재발견"하느라 분주하다.

글쎄, 요즘은 "질병"(어떤 의미로는 완전히 생물학적 무기가 된)이 그 자체로는 그렇게 치명적이지 않다. 그리고 "임박한 세계대전"은 실은 미국의 스트라우스파 네오콘들*과 신자유주의 보수주의자 도당들이 적극적으로 부추기는 것이다. 선거로 선출되지도 않았고 책임성도 없으며 이데올로기에도 종속되지 않은 양당의 딥스테이트 Deep State 세력이다. 100세의 전범戰犯 헨리 키신저는 아직도 이를 이해하지 못한다.

탈세계화에 관한 다보스의 한 패널 토론에서는 불합리한 추론이 난무했다. 그나마 헝가리 외무장관 씨야르토 페테르가 현실을 조금이나마 드러냈다.

중국의 국무원 부총리 류허劉鶴는 금융과 과학, 기술에 관한 방대한 지식을 갖춘 인물이다. 적어도 그는 제국

86　　네오콘이 사상의 기반을 정치철학자 레오 스트라우스Leo Strauss
　　　에 두고 있다는 것에서 착안한 저자 특유의 표현이다.

의 인습적인 중국 혐오를 넘어서는, 예측 가능한 미래를 위한 베이징의 5대 지침을 정하는 데 큰 역할을 했다. 중국은 앞으로 국내 수요를 확대하고, 산업과 공급의 연쇄를 "순조롭게" 유지하며, "민간부문의 건전한 발전"에 찬성하고, 국영 기업 개혁을 심화하며, "매력적인 해외 투자"를 추구하는 데 초점을 맞출 것이다.

러시아의 저항, 미국의 벼랑

프랑스의 인류학자이자 역사학자, 인구학자, 지정학 분석가인 에마뉘엘 토드는 다보스에 가지 않았다. 하지만 지난 며칠 동안 매혹적인 인류학적 목적의 현실에 바탕을 둔 인터뷰로 서방 전체를 적절하게 괴롭혔다.

토드는 프랑스 기성 체제와 상층 부르주아지가 선택한 신문인『르피가로』에 입을 열었다. 인터뷰는 지난 금요일 자 22면에 실렸는데, 소문난 러시아 혐오적 장광설과 하단의 극히 짧은 기사 사이에 끼어 있었다. 사람들은 인터뷰 기사를 찾는 데 애를 먹었다.

토드는 프랑스에서는 "기성 여론의 반역자"라는 우스꽝스러운 평판을 얻었지만, 일본에서는 존경을 받으며 주류 언론에서도 대서특필되며, 최신작인『제3차 세계대전은 이미 시작되었다』第三次世界大戦はもう始まっている(일본에서 10만 부가 넘게 팔렸다)°를 비롯해 많은 저서가 출간

[한국어판] 에마뉘엘 토드 지음, 김종완·김화영 옮김, 『제3차 세계대전은 이미 시작되었다』, 피플사이언스, 2022.

되어 큰 성공을 거두었다고 농담을 했다. 의미심장하게도, 이 일본의 베스트셀러는 프랑스어판이 존재하지 않는다. 파리를 기반으로 한 출판 산업 전체가 우크라이나에 관해 유럽연합과 나토의 방침에 따르는 걸 감안하면 이상한 일은 아니다.

토드가 몇 가지 중요한 문제를 바르게 이해한다는 사실은 지독하게 근시안적인 오늘날 유럽의 지적 풍경에서 작은 기적이다(이탈리아와 독일에도 분석가들이 있지만, 그들은 토드만큼 비중이 크지 않다).

여기에 토드가 책에서 언급한 최고의 이야기들을 요약해 보자.

- 새로운 세계대전이 벌어지고 있다. "제한된 영토 전쟁에서, 서방 전체를 한편으로 하고 중국와 연결된 러시아를 다른 한편으로 하는 글로벌 경제 전쟁으로 전환함으로써 이는 세계대전이 되었다."
- 토드에 따르면, 크렘린은 해체된 우크라이나 사회가 금세 붕괴할 것으로 계산하는 실수를 저질렀다. 물론 그는 우크라이나가 어떻게 나토에 의해 철저하게 무기화됐는지를 자세히 살펴보지는 않는다.
- 토드는 독일과 프랑스가 어떻게 나토에서 별 볼 일 없는 존재가 됐는지, 그리고 이들이 우크라이나에서 어떤 군사적 음모가 벌어지고 있는지 전혀 알지

못했다는 점을 정확하게 강조한다. "그들은 미국과 영국, 폴란드가 우크라이나에게 확대 전쟁을 벌이도록 허용할 수 있음을 알지 못했다. 나토의 기본축은 워싱턴-런던-바르샤바-키예프다."

- 토드의 폭로는 강렬하다. "러시아 경제의 저항은 미국의 제국 체제를 벼랑으로 이끌고 있다. 어느 누구도 러시아 경제가 나토의 '경제 권력' 앞에서 버틸 것이라고 예측하지 못했다."
- 따라서 "전 세계에서 미국의 화폐·금융 통제가 붕괴하고, 그와 더불어 미국이 막대한 무역 적자를 메우기 위해 헛된 노력을 할 가능성이 있다."
- 그 때문에 "우리는 지금 끝없는 전쟁에, 어느 한쪽이 붕괴하는 결말이 필연적인 충돌에 빠져 있다."
- 중국에 관해서 토드는 다보스에서 류허가 한 말보다 더 호전적으로 말하는 듯하다. "바로 이것이 미국 경제의 기본적인 딜레마다. 미국은 중국의 양질의 노동력을 수입하지 않은 채 중국과의 경쟁에 직면할 수 없다."
- 러시아 경제의 경우에 "시장의 규칙을 받아들이기는 하지만 국가가 중요한 역할을 하며, 산업적·군사적 적응이 가능한 엔지니어들을 형성하는 유연성을 유지하고 있다."
- 그리하여 다보스 라운드테이블은 도저히 이해할

수 없는 방식으로 다시 한번 세계화가 문제가 된다. "우리는 산업 활동의 대부분을 외국으로 이전한 탓에 전시 생산을 유지할 수 있는지 없는지 제대로 알지 못한다."
- 이른바 "문명의 충돌"의 오류를 한층 박식하게 해석하는 토드는 소프트파워에 주목하면서 놀라운 결론을 내놓는다. "지구 인구 75퍼센트의 가족 구조는 부계였고, 이로부터 우리는 러시아의 지위가 왜 탄탄한지 이해할 수 있다. 비서방 전체가 볼 때, 러시아는 도덕적 보수주의를 단언함으로써 불안을 덜어 준다."
- 따라서 모스크바는 지금 "'반식민주의'를 지향할 뿐만 아니라 전통 관습 측면에서도 부계적·보수적 강대국의 원형으로 다시 자리매김"할 수 있었다.

위의 모든 논의에 근거해서 토드는 다보스를 포함하는 유럽연합·나토 "엘리트들"이 내세우는, 러시아가 "고립" 상태라는 신화를 깨부수면서 유엔 표결과 글로벌사우스 전반의 정서가 이 전쟁을 어떻게 규정하는지를 강조한다. "주류 언론에서는 정치적 가치를 둘러싼 충돌이라고 설명하지만 사실 심층적인 차원에서 보면 인류학적 가치를 둘러싼 충돌이다."

빛과 어둠 사이에서

러시아가 (내가 정의한 대로 중국, 인도, 이란과 더불어) 진정한 4두마차real Quad로써 인류학적 승부에서 승리할 수 있을까?

진정한 4두마차는 "파편화된 세계"에서 새로운 다문화적 희망의 중심으로 활짝 피어나는 데 필요한 모든 것을 갖추고 있다.

유교의 중국(이원론적이지 않고 초월적 신이 없으며, 만물을 관통해 흐르는 도道만 있을 뿐이다)을 러시아(신성한 소피아를 숭배하는 정교회), 다신론의 인도(윤회의 수레바퀴와 업業의 법칙), 시아파의 이란(이슬람 전에 빛과 어둠이 영원한 우주적 싸움을 벌이는 조로아스터교가 있었다)과 섞어 보자.

이러한 다양성의 통일은 영구전쟁의 축Forever War axis 보다는 확실히 더 매력적이고 희망적이다. 세계가 이로부터 교훈을 배울 수 있을까? 아니면 헤겔의 말처럼("우리가 역사에서 배우는 것은 누구도 역사에서 배우지 못한다는 것이다"), 어쩔 도리 없이 운명이 다한 것일까?

2023. 1.

달러 패권을 우회하기 위한
글로벌사우스의 경주Race

8

다극세계가 추동하는 상호 연결된 세 가지 사실에서 시작해 보자.

① 다보스에서 나온 핵심 메시지 중 하나는 "사우디아라비아의 대대적 변화"에 관한 패널 토론에서 리야드 당국이 재무장관 무함마드 알자단을 통해 "미국 달러 이외의 통화를 사용하여 무역하는 것을 검토"한다는 의사를 분명히 밝힌 것이다.

이제 마침내 페트로위안°이 시작되는 것일까? 어쩌면 그럴 수도 있지만 알자단은 현명하게도 신중하게 위험 회피를 선택했다. "우리는 중국과 밀접한 전략적 관계를 누리며 미국을 비롯한 다른 나라들과도 똑같이 전략적 관계를 누립니다. 또한 유럽 및 다른 나라들과도 그런 관계를 발전시키기를 바랍니다."

국가간 원유 거래 결제에서 달러 대신 위안을 쓴다는 의미.

② 이란과 러시아 중앙은행은 외국 무역 결제에서 "스테이블 코인"을 도입하는 것을 검토 중이다. 미국 달러, 루블, 리알 대신 사용하겠다는 것이다. 암호 화폐 진영은 무기화된 미국 달러에 휘둘리지 않게 될 앞으로의 무역에서 금을 기반으로 한 중앙은행 디지털화폐Central Bank Digital Currency(CBDC)를 사용하는 것의 장단점을 숙고하면서 단단히 들고 일어날 태세다.

여기서 정말로 매력적인 문제는 금을 기반으로 한 디지털화폐가 특히 카스피해에 자리한 아스트라한의 경제특구SEZ에서 효과적일 것이라는 점이다.

아스트라한은 국제남북운송회랑에 참여하는 러시아의 핵심 항구로, 러시아는 이란을 가로질러 저 멀리 서아시아와 아프리카, 인도양, 남아시아까지 이동하는 상선들의 화물을 처리한다.

국제남북운송회랑의 성공(금을 기반으로 한 중앙은행 디지털화폐에 꾸준히 연결될 것이다)은 주로 아시아와 서아시아, 아프리카의 여러 나라가 미국이 러시아와 이란에 대해 지시하는 제재에 참여하는지 여부에 의해 좌우될 것이다.

현재 상태로는 수출 품목의 대부분이 에너지와 농산물이다. 이란 기업의 러시아 곡물 수입은 세계에서 세 번째로 많다. 터빈과 폴리머, 의료장비, 자동차 부품이 그다음 순위일 것이다. 국제남북운송회랑의 러시아-이란

구역만 따져도 거래 규모가 250억 달러에 달한다.

그리고 국제남북운송회랑에서 결정적으로 중요한 '에너지'가 있다. 주요 거래자는 러시아-이란-인도 3국이다. 인도의 러시아 원유 구매는 해마다 무려 33배씩 증가하고 있다. 인도는 세계 3위의 원유 수입국이다. 12월에 인도는 러시아로부터 120만 배럴을 구입했는데, 지난 수개월 동안 러시아가 이라크와 사우디아라비아를 제치고 델리의 최대 공급국이 되었다.

③ 남아공은 2023년 브릭스 의장국이다(회원국이 교대로 맡는다). 2023년은 브릭스플러스로의 확대가 개시되는 시점이 될 것이다. 알제리, 이란, 아르헨티나에서 튀르키예, 사우디아라비아, 아랍에미리트에 이르기까지 가입 후보국이 여럿 있다.

남아공 외무장관 날레디 판도르는 얼마 전 브릭스가 미국 달러를 우회함으로써 "부국들에 치우치지 않은 공정한 지불 시스템"을 창조하기를 원한다고 확인한 바 있다.

당신은 R5를 맞이할 준비가 되었는가?

야로슬라프 리소볼리크는 스베르방크의 기업·투자사업 분석 책임자로서 수년간 브릭스를 한층 긴밀하게 통합하고 브릭스 준비통화(기축통화)를 도입할 것을 주창하고 있다.

리소볼리크는 "브릭스 나라들의 통화 바스켓을 기반으로 새로운 준비통화를 창조"하자는 첫 번째 제안이 "일찍이 2018년 발다이클럽Valdai Club°에서 **정식화되었다**"고 기억을 상기시킨다. 그는 실질적인 핵심 구상자였다. 2018년 말 모스크바에서 나는 그와 이 제안에 관해 논의했다.

처음 구상은 특별인출권SDR 모델과 비슷하게 브릭스 회원국의 국가 통화로 구성된 통화 바스켓을 중심으로 발전했다. 그 후 논의가 진행되면 확대된 브릭스플러스 진영의 다른 통화들을 포함시킬 예정이었다.

리소볼리크는 브릭스 국가들의 통화를 선택하는 게 합리적이라고 설명한다. "이 통화들이 신흥 시장 전역에서 가장 유동성이 높은 축에 속하기" 때문이다. "새로운 준비통화의 명칭(R5 또는 R5+)은 브릭스의 5개국 통화(헤알real, 루블ruble, 루피rupee, 런민비renminbi, 랜드rand)의 첫 글자를 딴 것이다."

따라서 브릭스는 이미 심층적인 숙고가 가능한 플랫폼을 갖고 있다. 리소볼리크가 지적하는 것처럼, "장기적으로 R5 브릭스 통화는 신흥시장 각국 중앙은행들을 위한 가치·준비금 저장고이자 결제·지불 역할을 개시할 수 있다."

° 2004년 러시아 모스크바에서 창설된 싱크탱크 겸 토론 포럼. 지금까지 매해 10~11월 총회 및 연례회의를 진행하고 있다.

중국 위안*이 처음부터 곧바로 두드러지면서 "이미 앞선 준비금 지위"를 활용할 것이 사실상 확실하다. R5+ 통화 바스켓의 일원이 될 만한 잠재적 후보에는 싱가포르 달러와 아랍에미리트 디르함이 있다. 리소볼리크는 대단히 외교적으로 주장한다. "R5 프로젝트는 따라서 신흥시장 국가들이 한층 안전한 국제 금융 시스템 건설에 가장 중요하게 기여하는 한 부분이 될 수 있다."

R5 또는 R5+ 프로젝트는 세르게이 글라지예프가 주도하는 **유라시아경제연합에서 고안 중인 기획과** 교차한다(그는 통합과 거시경제 담당 장관이다).

최근 논문인 「골든루블 3.0」Golden Ruble 3.0에서 글라지예프는 국제통화기금과 미국 재무부, 뉴욕 연준에서 일한 전력이 있는 크레디트스위스의 전략 담당자 졸탄 포자르가 작성해서 악명을 떨친 두 보고서를 직접 언급한다. 「전쟁과 상품의 부담」War and Commodity Encumbrance(12월 27일)와 「전쟁과 통화 국정 운영술」War and Currency Statecraft(12월 29일)이 그것이다.

포자르는 달러 중심 "3차 브레튼우즈 체제"의 확고한 지지자다. 연준의 회의적인 무리들 사이에서 엄청난 견인력을 발휘하는 구상이다.

아주 흥미로운 사실은 포자르가 글라지예프를 직접 인용하고, 글라지예프도 포자르를 인용한다는 점이다. 두 사람의 구상이 매혹적으로 하나로 수렴된다는 뜻이다.

---

* 중국 통화의 공식 명칭은 인민폐人民幣로, 영문으로는 renminbi(RMB)다. 위안元(Chinese yuan, CNI)은 인민폐의 기본 단위다. 실생활에서는 큰 구분 없이 쓰이는 경우가 많다.

금의 중요성에 관한 글라지예프의 강조에서 시작해 보자. 그는 현재 러시아의 주요 해외 경제 파트너들(유라시아경제연합 국가들, 중국, 인도, 이란, 튀르키예, 아랍에미리트)의 은행에 예치된 "연성" 통화로 러시아 수출업체들의 계좌에 쌓여 있는 수십억 달러 가치의 현금 잔고에 주목한다.

그리고 계속해서 석유와 가스, 식량과 비료, 금속과 광물의 가격을 다시 계산하면서, 금이 어떻게 서방의 제재에 맞서 싸울 수 있는 독보적인 도구가 될 수 있는지 설명한다. "크레디트스위스의 전략 담당자 졸탄 포자르는 석유 가격을 금 기준 그램당 2배럴 수준으로 고정하면 금의 달러 표시 가격이 다시 한번 높아질 것이라고 계산했다. 이는 서방이 도입한 '가격 상한선'에 대한 적절한 대응이 될 것이다. 즉 일종의 '최저한도'로서의 확고한 토대다. 인도와 중국이 글렌코어(스위스 광물기업)나 트라피구라(싱가포르 에너지회사) 대신 글로벌 상품 무역업체의 자리를 차지할 수 있다."

여기서 우리는 글라지예프와 포자르가 하나로 수렴하는 것을 본다. 뉴욕의 많은 주요 인사들이 깜짝 놀랄 것이다.

글라지예프는 계속해서 골든루블 3.0으로 나아가는 길을 펼쳐 보인다. 첫 번째 금본위제는 19세기에 로스차일드 가문이 로비로 만든 것이다. 당시 금본위제 덕분에

"로스차일드 가문은 금 대출을 통해 유럽 대륙을 영국의 금융 시스템에 종속시킬 기회를 얻었다". 글라지예프에 따르면, 골든루블 1.0은 "자본주의 축적 과정을 제공했다".

브레튼우즈 이후 성립된 골든루블 2.0은 "전쟁이 끝난 뒤 급속한 경제 회복을 보장해 주었다." 하지만 이후 "개혁가" 흐루쇼프는 루블 가치의 금 고정을 취소하면서 1961년 화폐 개혁을 시행했다. 사실상 루블의 가치를 2.5배 절하한 것으로, 이후 나라를 "서방 금융 시스템의 원료 부속물"로 변신시키기 위한 조건을 마련한 것이다.

글라지예프가 현재 제안하는 것은 러시아가 금 채굴을 GDP의 3퍼센트 수준까지 증대해야 한다는 것이다. 전체 상품 부문(러시아 GDP의 30퍼센트)이 신속하게 성장하기 위한 토대를 마련하기 위해서다. 러시아가 세계 1위의 금 생산국이 되면, "강한 루블, 강한 예산, 강한 경제"를 갖게 된다.

글로벌사우스의 계란을 전부 한 바구니에 담자

한편 글라지예프는 유라시아경제연합 논의의 중심에서 금에 기반할 뿐만 아니라 참여국들의 석유와 천연가스 보유고에도 일부분 기반하는 새로운 통화를 고안하는 듯 보인다. 포자르는 이를 인플레이션을 유발할 가능성이 있다고 여기는 듯하다. 새로운 통화가 넓은 기반에 연동되는 것을 감안할 때 일정한 과잉으로 귀결된다면 그럴 수도 있다.

뉴욕 금융계 소식통들은 비공식적으로나마 미국 달러가 "쓸려 나갈" 것임을 인정한다. 세르게이 글라지예프 의견처럼 새로운 통화를 금에 연동시키면 미국 달러는 아무 가치가 없는 법정화폐fiat currency에 불과해지기 때문이다. 그 이유는 브레튼우즈 체제에 이제 더는 금 기반이 존재하지 않고, FTX 암호화폐처럼 본원적 가치가 없기 때문이다. 통화를 석유 및 천연가스와도 연동시킨다는 세르게이 글라지예프의 계획이 승리할 것으로 보인다.

따라서 사실상 글라지예프는 포자르가 반쯤 농담으로 말한 "동방의 G7"을 위한 통화 구조 전체를 창설하고 있는 듯하다. 현재의 브릭스 5개국에 브릭스플러스의 첫 번째 신규 회원국이 될 다음 2개국을 더한 것이다.

글라지예프와 포자르 둘 다 브레튼우즈가 창설됐을 때 미국이 각국 중앙은행이 보유한 금의 대부분을 소유하고 전 세계 GDP의 절반을 좌지우지했다는 것을 누구보다 잘 안다. 이는 미국이 글로벌 금융 시스템 전체를 장악하는 기반이었다.

이제 비서방 세계의 광대한 지역이 미국 달러가 아닌 새로운 통화 추진에 세심한 관심을 기울이고 있다. 이는 결국 미국 달러를 완전히 대체하게 될 새로운 금본위제로 완성된다.

포자르는 글라지예프가 어떤 식으로 여러 통화를 한 바스켓에 담는 것(리소볼리크가 제안한 것처럼)을 특징으로 하는 정식화를 추구하는지 완전히 이해한다. 획기적인 페트로위안 추진을 이해하는 것만큼이나.

그리고 또 다른 길이 있다. 바로 산업 전선이다.

"러시아와 이란, 베네수엘라가 전 세계에서 확인된 원유 보유고의 40퍼센트 정도를 차지하고, 세 나라가 현재 중국에 대폭 할인된 가격으로 위안을 받고 석유를 판매한다고 말한 것처럼, BASF가 루트비히스하펜의 주 생산공장의 운영을 영구적으로 축소하고 대신 화학 사업을 중국으로 이전하기로 한 결정은 중국이 (유럽처럼 인상된 게 아니라) 할인된 가격으로 에너지를 확보하고 있다는 사실 때문이다."

또 다른 주요한 교훈이 있다. 에너지 집약적인 주요 산업들이 중국으로 옮겨 가고 있다는 것이다. 베이징이 러시아산 액화천연가스를 유럽으로 대량 수출하는 한편, 인도 또한 러시아산 원유와 디젤유 같은 정제품을 유럽으로 대량 수출한다. 브릭스 회원국인 중국과 인도는 역시 브릭스 회원국인 러시아로부터 시장 가격 이하로 구매해서 막대한 이윤을 남기고 유럽에 되판다. 제재를 받는다고? 어떤 제재?

한편 새로운 화폐 단위를 위해 새로운 통화 바스켓을 구성하기 위한 경쟁이 한참 진행 중이다. 글라지예프는 포자르가 발언한 내용("천연자원을 활용해서 새로운 통화를 창출하면 화폐 공급이 너무 빨리 증가해서 인플레이션을 야기할 수 있다")에 대한 해법을 찾으려고 노력하고 있다. 글라지예프와 포자르의 '장거리 대화'는 한층 더 매혹적으로 바뀔 것이다.

현재 우크라이나에서 벌어지는 모든 현상(유럽을 러시아-중국으로부터 차단하는 신실크로드의 결정적인 교차로에서 나타난 거대한 간극)은 서서히, 그러나 시커먼 공동空洞 속으로 사라질 게 분명하다. 제국은 지금 당장이야 유럽을 먹어치우겠지만, 지경학적으로 정말로 중요한 것은 글로벌사우스의 절대 다수가 러시아와 중국이 주도하는 블록에 건너기로 결정하고 있다는 사실이다.

저 거대한 기능 부전의 핵 깡패국가가 어떤 유독물을 만들어 내든 간에, 브릭스플러스의 경제 지배는 이제 7년쯤 후에는 현실이 될 것이다. 얼마 남지 않았다. 우선, '새로운 통화'부터 추진해 보자.

2023. 1.

달러 패권과 팍스 아메리카나 이후

Pax Americana

II

새로운 국제 화폐newcoin 열차에 탑승하라:
'이동하는 다극세계'를 타고 나눈 대화

9

 와우! 빅서클라인Big Circle Line(키릴 문자로는 BKL)을 타는 즐거움이란. 71킬로미터 길이의 31개 역을 거쳐 모스크바 전역을 일주하는 전철이다.* 오래된 섬유 지구인 텍스틸쉬치키에서 절대주의와 구성주의 갤러리(말레비치는 살아 있다!)의 소콜니키까지. 철제 아치가 멋진 리시스카야에서 130미터 길이의 에스컬레이터가 있는 마리나로슈차까지.

 BKL은 다극세계의 수도를 가리키는 살아 숨 쉬며 달리는 은유 같다. 예술과 건축, 역사와 도시 디자인, 테크 운송. 중국의 신실크로드 친구들의 말을 인용하자면 "사람과 사람의 교류"를 가르치는 단기 특강이다. 시진핑 주석은 3월 21일 모스크바에서 푸틴 대통령과 BKL을 탈 예정이다.

 따라서 수십 년의 경험을 가진 글로벌 금융시장의 정

모스크바 메트로 지하철 11호선으로, 러시아어로는 볼샤야 콜체바야Большая кольцевая линия(대순환)선이다. 세계 최장 지하철 노선으로 2023년 3월에 전체 노선을 완전 개통했다.

상에 있는 어느 정통한 투자자가 글로벌 금융 시스템에 관한 핵심적인 통찰의 일부를 나에게 공유해 주겠다고 했을 때, 내가 BKL을 타자고 제안한 것은 놀랄 일이 아니다. 그는 즉석에서 제안을 받아들였다. 그를 쯔S. Tzu 씨라고 부르도록 하자. 우리가 이동하며 나눈 대화를 최대한 그대로 기록했다.

페페   만나 주셔서 감사합니다. BKL은 대화를 나누기에 참 멋진 장소지요. 자, 그런데 현재 시장 변동이 워낙 심해서 화면에서 눈을 떼기가 어려웠을 텐데요.

쯔   네, 현재 시장이 아주 힘든 상황입니다. 지난 몇 달을 보면 2007~2008년이 떠오르더군요. 다만 머니마켓펀드MMF와 서브프라임 모기지 대신에 요즘은 파이프라인과 국채 시장의 뇌관이 터졌다는 게 다르지요. 지금 우리는 흥미로운 시대에 살고 있습니다.

페페   선생께 연락한 이유는 졸탄 포자르가 소개한 "브레튼우즈 3탄" 개념에 관한 선생의 통찰을 듣기 위해서입니다. 선생은 분명 이를 잘 아실 텐데요.

쯔   단도직입적으로 요점을 말해 주셔서 감사합니다. 새로운 글로벌 금융 질서의 등장을 목도할 수 있는 기회는 무척 드문데, 지금 우리는 그중 하나를 몸소 겪고 있습니다. 1970년대 이래 유례 없는 엄청난 충격이라는 면에서, 아마 15년 전 비트코인이 등장한 것과 같은 놀라운 상황을 우리는 향후 몇 년간 보게 될 것입니다. 비트코인이 등장한 시기가 우연의 일치가 아니었던 것처럼, 세계 금융 시스템에서 지금 벌어지는 지각변동의 조건은 수십 년 동안 태동한 것입니다. "이 전쟁이 끝난 뒤 '화폐'는 전과 완전히 달라질 것"이라는 졸탄의 통찰은 완벽하게 적절한 시기에 나온 것입니다.

"외부 화폐"External Money 이해하기

페페   방금 선생께서는 비트코인을 언급하셨습니다. 비트코인은 당시 어떤 점에서 그렇게 혁명적이었던 것이지요?

쯔   암호화 측면은 일단 제쳐 두지요. 비트코인의 잠재력, 그리고 비트코인이 초기에 성공을 거둘 수 있었던 이유는 중앙은행의 책임에서 벗어난 "외부" 화폐(졸탄 씨의 훌륭한 용어를 사용하자면)를 창조하려는 시도였다는 겁니다. 이 새로운 단위의 핵심 특징 중 하나는 채굴할 수 있는 코인을 2,100만 개로 제한한 것인데, 이는 현 시스템의 문제를 아는 사람들에게 반향을 일으켰습니다. 오늘날에는 사소하게 들리지만, 현대 통화 단위가 중앙집중적 권력의 뒷받침 없이 존재할 수 있으며, 효과적으로 디지털 형태의 "외부" 화폐가 될 수 있다는 생각은 2008년에 혁명적이었지요. 말할 필요도 없이, 유로 국채 위기, 양적 완화, 최근의 글로벌 인플레이션 나선형 상승은 많은 이들이 수십 년간 느낀 부조화를 증폭시켰을 뿐입니다. 현재의 "내부 화폐" 시스템(다시 포자르 씨의 우아한 용어를 사용하자면)의 신뢰성은 우리가 현재 시행되고 있는 중앙은행 보유고 동결 및 파괴적인 경제 제재에 도달하기 훨씬 이전에 파괴됐습니다. 유감스럽게도, 중앙은행 관리 계좌에 보관된 외환 보유고를 동결하고 압수하는 것보다 신뢰에 기반한 시스템의 신뢰성을 파괴하는 더 좋은 방법은 없습니다. 비트코인 창설의 배후에 도사린 인지 부조화는 입증됐습니다. "내부 화폐" 시스템이 2022년에 완전히 무기화된 겁니다. 그 함의는 심대합니다.

페페 바로 문제의 핵심에 다가가고 있군요. 졸탄은 새로운 "브레튼우즈 3" 체제가 다음 단계에 등장할 것이라고 주장합니다. 이 체제는 정확히 무엇입니까?

쯔 포자르 씨가 현재 서방의 "내부 화폐" 시스템을 다른 것으로 전환하는 것을 언급하는 건지, 아니면 "브레튼우즈 3"의 등장을 현 금융 시스템에서 벗어난 하나의 대안으로 암시하는 건지 저는 정확하게 모르겠습니다. 저는 현 단계에서 서방에서 "외부 화폐"를 새롭게 반복하는 게 성공할 가능성이 없다고 확신합니다. 그들은 정치적 의지가 없을뿐더러 한동안 꾸준히 쌓였고 최근 몇 년간 기하급수적으로 증가한 정부 부채가 과도하기 때문이지요.

현재의 서방 금융 질서가 다음의 진화 단계로 넘어가기 전에 이런 미해결된 부채를 일부라도 실질적으로 줄여야 합니다. 역사를 길잡이로 삼을 수 있다면, 이는 대체로 디폴트나 인플레이션, 또는 양자의 조합을 통해 일어나지요. 가능성이 높아 보이는 건 서방 각국 정부가 현재 상태를 유지하고 부채 문제를 해결하기 위해 금융 억압에 의존할 것이라는 점입니다. 점점 인기가 없어질 공산이 큰 "내부 화폐" 시스템에 대한 통제를 증대하기 위한 많은 시도가 있을 겁니다. 가령 CBDC 도입이 이런 시도의 하나가 될 수 있겠지요. 제가 볼 때 우리는 이런 면에서 확실히 다사다난한 시기를 눈앞에 두고 있습니다. 그와 동시에 현 단계에서는 모종의 대안적인 "외부 화폐" 시스템이 등장해서 현재의 "내부 화폐" 글로벌 금융 질서와 경쟁하는 것이 불가피해 보입니다.

페페　　　그래요? 왜 그렇지요?

쯔   글로벌 경제는 무역, 준비금, 투자를 위해 지금처럼 무기화된 상태의 "내부 화폐" 시스템에 이제 더 이상 의존할 수 없습니다. 제재와 준비금 동결이 체제교체regime change의 새로운 도구라면, 현존하는 모든 정부는 무역과 준비금을 위해 다른 나라의 통화를 사용하는 것에 대한 대안을 숙고해야 합니다. 하지만 분명하지 않은 것은 결함 있는 현재의 글로벌 금융 질서의 대안이 무엇인가 하는 점입니다. 역사를 살펴보아도 모종의 금본위제로 환원할 수 없는 성공적인 "외부 화폐" 접근법의 사례는 많지 않아요. 금 또는 금으로 완전히 태환되는 하나의 통화가 현대 화폐 시스템의 토대로 너무 제한적인 이유에는 여러 가지가 있습니다.

그와 동시에, 최근 국내 통화로 이루어지는 무역이 증대하고 있는데, 이 역시 유감스럽게도 잠재력이 제한됩니다. 국내 통화는 "내부 화폐"의 다른 사례에 불과하기 때문이지요. 많은 나라가 수출 거래에서 상대국의 국내 통화(심지어 그들 자신의 통화도)를 받고 싶어 하지 않는 것에는 분명한 이유가 있습니다. 이 점에 관해 저는 마이클 허드슨의 생각에 전적으로 동의합니다. "내부 화폐"는 각국 중앙은행의 부채이기 때문에 해당 국가의 신용 수준이 낮을수록 투자 가능한 자본이 더 많이 필요하고, 다른 당사자들이 그 부채를 보유하려는 의지가 줄어듭니다. 바로 이 때문에 국제통화기금이 요구하는 전형적인 "구조 개혁"이 차입국 정부의 신용도 개선을 목표로 하는 겁니다. 국제통화기금과, 현재와 같은 "내부 화폐" 금융 시스템의 인질 신세라고 느끼는 각국과 정부야말로 "외부 화폐"를 절실하게 필요로 합니다.

"뉴코인" 입장하다

페페   많은 전문가들이 이 문제를 살펴보고 있습니다. 세르게이 글라지예프가 대표적인 예지요.

쯔   네, **최근 출간물들**을 보면 어느 정도 알 수 있지요. 저는 이런 논의들에 관여하지는 않지만, 이런 대안적 시스템이 어떻게 작동할 수 있는지에 관해서 분명히 생각하고 있습니다. 포자르 씨의 "외부" 화폐와 "내부" 화폐 개념은 이 논의에서 아주 중요한 부분입니다. 하지만 용어의 이원성은 오해를 야기하지요. 어느 쪽이든 새로운 화폐 단위가 해결해야 하는 문제들에 완전히 적절하지는 않습니다. 저는 지금부터 편의상 "뉴코인"newcoin이라고 부르겠습니다.

한 번 설명을 해보지요. 현재 미국 달러 중심의 "내부 통화" 시스템이 무기화되고 이와 동시에 제재가 고조되는 상황에서 세계는 사실상 "글로벌사우스"와 "글로벌노스"로 갈라지고 있습니다. 동방과 서방이라는 용어보다는 조금 더 정확한 용어이지요. 여기서 중요한 것, 그리고 포자르 씨가 곧바로 눈치챈 것은 공급 연쇄와 상품 또한 어느 정도 무기화되고 있다는 점입니다. 프렌드쇼어링friend-shoring°이 일반화되고 있지요. 그 함의는 뉴코인의 첫 번째 우선과제가 글로벌노스의 통화에 의지하지 않은 채 글로벌사우스 내의 무역을 촉진해야 할 것이라는 점입니다.

만약 이게 유일한 목표라면, 비교적 간단한 해법을 선택했겠지요. 무역에서 위안을 사용하는 것에서부터 새로운 공동 통화(유로나 ECU, 또는 중앙아프리카의 세파프랑CFA franc을 본딴 통화)를 창설하는 것, 참가국 국내 통화들의 바스켓을 기반으로 새로운 통화를 창설하는 것(국제통화기금의 특별인출권과 비슷한 방식), 가능하면 금에 고정되는 새로운 통화를 창설하는 것, 심지어 기존의 각국 통화를 금에 고정시키는 것 등이 있습니다. 유감스럽게도, 역사에는 이런 방식 각각이 나름의 새로운 문제를 여럿 만들어 내는 사례들이 가득합니다.

물론 이런 가능성들 중 어느 것으로도 완전히 다룰 수 없는, 새로운 통화 단위에 포함되어야 할 다른 목표들도 있습니다. 예를 들어, 저는 모든 참가국이 새로운 통화가 자국의 주권을 희석시키는 게 아니라 강화하기를 기대할 거라고 예상합니다.

다음으로, 유로와 예전의 금본위제가 떠안은 과제는

° 공급망이 교란된 국제 경제 상황에 대처하기 위해 우방국끼리 공급망을 구축하는 시도를 가리킨다. 동맹쇼어링allyshoring이라고도 한다.

특히 초기의 "고정"이 통화 지대의 일부 회원국들에게 최적이 아닌 경우, "고정" 환율에 광범위한 문제가 있음을 보여 주었습니다. 이런 문제들은 시간이 흐르면서 쌓이기만 했고, 결국 대개 폭력적인 가치 절하를 통해 환율을 "재고정"했지요. 참가국들이 자국의 화폐 관련 결정에서 주권을 계속 지키기 위해서는 시간이 흐르면서 글로벌사우스 내의 상대적 경쟁력을 조정하는 유연성을 유지할 필요가 있습니다. 또한 새로운 통화가 상품 같이 변동성이 높은 대상의 가격을 정하는 성공적인 단위가 되려면 그 자체가 "안정적"일 필요가 있습니다.

무엇보다 중요한 점으로, 새로운 통화는 단순한 결제 단위가 아니라 장래에 자본의 저장고이자 준비금인 "외부 화폐"가 될 수 있어야 합니다. 저는 새로운 통화 단위가 제 기능을 하지 못하는 "내부 화폐" 금융 시스템의 바깥에서 주로 준비금과 투자를 위한 실행 가능한 대안의 부재 때문에 생겨날 것이라고 확신합니다.

페페 이 모든 문제들을 감안할 때, 선생은 어떤 해법을 제안하십니까?

쯔 우선 분명한 점을 언급하고 넘어가야겠습니다. 뉴코인 지대에 합류하고자 하는 나라들이 정치적 해법에 도달하는 것보다 이 문제의 기술적 해법을 찾는 게 훨씬 쉽다는 겁니다. 하지만 제가 볼 때, 현재의 요구가 아주 시급한 탓에 적절한 때에 필요한 정치적 타협을 찾을 겁니다.

뉴코인을 위한 기술적 청사진을 하나 소개해 보겠습니다. 일정 부분 금을 기반으로 해야 한다(최소한 가치의 40퍼센트 비중을 제안합니다)는 말로 시작해 보지요. 그 이유는 조만간 분명해질 겁니다. 뉴코인의 나머지(60퍼센트)는 참가국들의 통화 바스켓으로 구성될 겁니다. 금은 "외부 화폐"에 이 구조와 연결되는 고정 장치를 제공할 테고, 통화 바스켓 덕분에 참가국들은 각자의 주권과 유연성을 유지할 겁니다. 분명 뉴코인을 위해 새로운 통화를 발행하는 중앙은행을 창설할 필요가 있을 겁니다. 이 중앙은행은 통화 스와프cross-swap의 한 당사자가 될 뿐만 아니라 시스템을 지탱하는 청산 기능을 제공하고 규제를 시행할 수 있습니다. 모든 나라가 몇 가지 조건에 따라 자유롭게 뉴코인에 참여할 겁니다.

첫째, 후보국은 부채와 상관없는 현물 금을 국내에 보관하고 있음을 증명하고 상응하는 액수의 뉴코인을 받는 대가로 일정한 양을 (앞에서 언급한 40퍼센트 비율을 사용해서) 담보물로 제공해야 합니다. 이 초기 거래의 경제적 대응물은 "금풀"gold pool에 금을 매각하는 겁니다. 이 풀을 기반으로 하는 뉴코인에서 비례하는 액수를 받는 대가로 말입니다. 이 거래의 법적 형식은 크게 중요하지 않습니다. 발행되는 뉴코인이 항상 최소한 40퍼센트의 가치를 금에 기반을 두도록 보장하는 게 필요하니까요. 모든 참가국이 충분한 금 준비금을 항상 갖추고 있음을 충족할 수 있는 한 각국의 금 준비금을 공개할 필요도 없습니다. 연례적인 공동 회계 감사와 모니터링 메커니즘을 갖추면 충분합니다.

둘째, 후보국은 국내 통화에서 금 가격 발견price discovery 메커니즘을 수립할 필요가 있습니다. 필시 참여국의 귀금속 거래소 중 하나는 자국 통화로 현물 금 거래를 시작할 겁니다. 이를 통해 시간이 흐르면서 각국 통화의 환율을 정하고 조정하기 위해 "외부 화폐" 메커니즘을 사용해서 국내 통화의 공정한 교차 환율cross-rate을 설정할 겁니다. 각국 통화의 금 가격은 새롭게 발행되는 뉴코인을 위해 바스켓 내에서 각국 통화의 가치를 움직이겠지요. 각국은 주권을 유지하면서 자유롭게 선택한 자국 통화 수량을 발행할 수 있지만, 이는 궁극적으로 뉴코인의 가치로 자국 통화 비중을 조정하게 됩니다. 그와 동시에 각국은 금을 추가로 내야만 중앙은행으로부터 뉴코인을 추가로 받을 수 있습니다. 결국 뉴코인을 구성하는 각 요소의 금 가치는 투명하고 공정할 테고, 따라서 뉴코인의 가치도 투명할 겁니다.

마지막으로, 중앙은행이 뉴코인 지대 외부자에게 뉴코인을 발행하고 판매하는 것은 금과 교환할 때에만 가능할 겁니다. 다시 말해, 외부자가 뉴코인을 대량으로 입수할 수 있는 경우는 현물 금과 교환하거나 상품과 서비스를 제공하고 대금을 지불받는 방식뿐입니다. 그와 동시에 중앙은행은 금과 교환해서 뉴코인을 구입할 의무가 없을 것이기 때문에 "뱅크런" 사태가 일어날 위험성이 없지요.

페페   이 제안은 뉴코인 지대 내부의 모든 거래와 외부 거래 전부를 금에 고정시키는 것으로 보입니다. 이 경우에 뉴코인의 안정성은 어떨까요? 어쨌든 지금까지 금도 줄곧 변동성이 있었으니까요.

쯔   제 생각에 당신의 질문은 가령 금의 달러 가격이 크게 하락한다면 어떤 영향이 있을 것인가에 관한 건데요. 이 경우에 뉴코인과 달러 사이에는 직접적인 교차 환율이 존재하지 않고, 글로벌사우스의 중앙은행은 뉴코인과 교환해서 금을 사들이기만 하지 판매하지는 않기 때문에 차익 거래가 극히 어려울 것임을 곧바로 알 수 있습니다. 그 결과, 뉴코인(또는 금)으로 표현되는 통화 바스켓의 변동성은 아주 낮을 겁니다. 바로 이것이 이 새로운 통화 단위의 "외부 화폐" 고정이 무역과 투자에 미치도록 의도한 긍정적 영향력이지요. 분명 글로벌사우스는 몇몇 핵심 수출 상품의 가격을 금과 뉴코인으로만 설정하면서 "뱅크런" 사태나 뉴코인에 대한 투기적 공격의 가능성을 한층 줄일 겁니다.

시간이 흐르면서 만약 글로벌노스에서 금의 가치가 절하되면, 금이 점차 또는 어쩌면 급속하게 수출품이나 뉴코인 교환으로 글로벌사우스로 몰릴 겁니다. "외부 화폐" 시스템에서 이는 나쁜 결과가 아닐 테고, 준비 통화로서 뉴코인이 광범위하게 수용되는 속도가 빨라질 겁니다. 무엇보다도, 뉴코인 지대 외부에서는 현물 금 준비금이 유한하기 때문에 이런 불균형이 불가피하게 자기 교정되겠지요. 글로벌사우스가 핵심 상품들의 순純 수출국 지위를 유지할 테니까요.

페페   말씀하신 내용에는 소중한 정보가 가득하군요. 가까운 장래에 이 문제를 다시 다루면서 선생의 구상에 대한 피드백을 논의하고 싶습니다. 이제 마리나로 슈차역에 도착했습니다. 헤어질 시간입니다!

쯔   대화를 계속 이어갈 수 있기를 바랍니다. 다시 당신과 BKL 전철을 타는 날을 기다리겠습니다!

2023. 3.

시진핑과 푸틴,
팍스 아메리카나 철거에 나서다

10

그야말로 모스크바에서 진행된 새로운 얄타 회담이었다. 하지만 1945년 소련이 관리하는 크림 반도에서 모인 루즈벨트와 스탈린, 처칠과 달리, 러시아가 (우크라이나로부터) 크림 반도를 되찾은 지금은 5세기만에 처음으로 서방의 어떤 지도자도 글로벌 어젠다를 정하지 못하고 있다.

현재 다극세계의 무대를 관리하는 이는 다름 아닌 시진핑과 블라디미르 푸틴이다. 예외주의자들은 울보처럼 징징대는 말을 한껏 늘어놓을지 모른다. 하지만 그 어떤 것도 특히 글로벌사우스에 유리한 이 눈부신 장관과 그 밑바탕에 놓인 실체를 바꾸지 못할 것이다.

시진핑과 푸틴의 실행 방향은 양국 정상회담 전에 두 정상이 직접 쓴 논설 2편에서 설명되었다. 중국 『인민일보』에 실린 푸틴의 논설은 "미래로 향하는 동반자 관계"에 초점을 맞추었다. 시진핑의 논설은 『로시스카야가제타』와 『리아노보스티』 웹사이트에 발표됐는데, 협력과 공동 발전의 새로운 장章에 초점을 맞추었다.

정상회담이 시작된 순간 시진핑과 푸틴이 한 연설은 나토스탄 지역을 분노와 질투가 섞인 히스테리컬한 광란으로 몰아넣었다. 러시아 외무부 대변인 마리야 자하로바는 이런 분위기를 완벽하게 포착하면서 서방이 "입에 거품을 물고 있다"고 언급했다.

『로시스카야가제타』 월요일자 1면은 상징적이었다. 푸틴이 네오나치로부터 해방된 마리우폴을 돌아보면서 주민들과 한담을 나누는 모습이 시진핑의 논설과 나란히 실린 것이다. 간단히 말하자면, 바로 이것이 MQ-9 리퍼 무인항공기의 곡예비행과 국제형사재판소ICC의 불법 사기 재판에 대한 모스크바의 간결한 답변이었다. 마음 내키는 대로 "입에 거품을 물어라". 나토는 우크라이나에서 철저하게 굴욕을 당하는 중이니까.

첫 번째 "비공식" 회담에서 시진핑과 푸틴은 자그마치 4시간 반 동안 이야기를 나눴다. 회담이 끝나자 푸틴이 직접 시진핑을 리무진까지 에스코트했다. 이 대화는 진국이었다. 다극세계의 윤곽을 그린 것이다. 그리고 우크라이나 해법을 개시하는 계기였다.

예측 가능하게도, 보좌관들은 회담 내용을 거의 발설하지 않았지만, 우크라이나에 관해 두 정상이 나눈 "심층적인 대화"에 관한 의미심장한 말이 하나 나왔다. 푸틴은 중국의 입장을 존중한다고 정중하게 강조했다. 미국은 중국의 12개조 계획을 완전히 거부했다. 그리고 러시아의 입장은 여전히 굳건하다. 우크라이나의 탈군사화와 중립화, 지금 현지에서 조성된 새로운 사실을 존중하라는 것이다.

이와 나란히 러시아 외무부는 우크라이나 협상에서 미국과 영국, 프랑스, 독일의 역할을 완전히 배제했다. 이 나라들은 중립적 중재자로 간주되지 않는다는 것이다.

다극체제의 조각보

다음 날은 사업 이야기뿐이었다. 에너지와 "군사-기술" 협력에서부터 무역 및 경제 회랑 개선에 이르기까지 온갖 주제의 이야기들이 나왔다.

러시아는 이미 대중국 천연가스 공급자 1위다. 투르크메니스탄과 카타르를 앞질렀는데, 그 대부분은 시베리아의힘1을 통해 이루어진다. 몽골을 관통하는 시베리아의힘2에 관한 교섭이 빠르게 진행되는 중이다.

하이테크 분야의 협력은 급등할 것이다. 1,650억 달러가 넘는 79개 프로젝트가 계획 중이다. 액화천연가스에서 항공기 건조, 공작기계 제작, 우주 연구, 농산업, 경제 회랑 개선에 이르기까지 모든 게 진행되고 있다.

시진핑은 신실크로드 프로젝트를 유라시아경제연합과 연결시키기를 원한다고 공공연하게 말했다. 일대일로-유라시아경제연합의 결합은 자연스러운 발전이다. 중국은 이미 유라시아경제연합과 경제협력 합의를 체결했다. 세르게이 글라지예프의 구상이 마침내 결실을 맺는 중이다.

그리고 중요한 것으로, 각국 통화로 상호 결제하기 위한 새로운 움직임이 진행될 것이다. 아시아와 아프리카와 라틴아메리카 사이에서도. 실제로 푸틴은 선택할 수 있는 새로운 무역 통화로서 위안의 역할을 지지했다. 한편 금 또는 상품에 기반을 둔 새로운 준비통화에 관한 복잡한 논의가 진행되고 있다.

경제뿐만 아니라 전 분야에서의 사업 협력 공세는 서아시아와 아프리카의 광대한 지역을 개조하기 위한 러시아-중국 합심 외교 공세와 병행된다.

중국의 외교는 미묘한 메시지를 전달한다는 면에서 마트로시카 인형처럼 작동한다. 시진핑의 모스크바 방문이 '충격과 공포', 즉 미국의 이라크 불법 침공과 파괴 20주년과 정확히 일치하는 것은 전혀 우연이 아니다.

이와 나란히, 아프리카에서 온 40여 명의 대표단이 시진핑이 "다극세계의 러시아-아프리카" 의원 회의에 참가하기 전날 모스크바에 도착했다. 이 회의는 2023년 7월에 열리는 2차 러시아-아프리카 정상회담의 전초전이다.

두마 주변 지역은 옛날 비동맹운동Non-Aligned Movement (NAM) 시절과 똑같은 모습이었다. 아프리카의 대부분이 소련과 긴밀한 반제국주의적 관계를 유지하던 시절 말이다. 푸틴은 바로 이 순간을 선택해서 200억 달러가 넘는 아프리카의 부채를 탕감했다.

러시아-중국은 서아프리카에서 완전히 박자를 맞춰서 행동하고 있다. 사우디-이란의 관계 회복은 바그다드와 오만에서 러시아가 견인한 것이다. 베이징에서 합의 체결로 이어진 것이 바로 이 교섭이었다. 모스크바는 또한 시리아-튀르키예 관계 개선도 조정하고 있다. 현재 전략적 동반자 관계 지위에 있는 이란과의 외교는 별도의 경로를 밟고 있다.

외교 소식통들은 중국 정보기관이 자체 조사를 통해 현재 푸틴이 러시아 전역에서, 심지어 정치 엘리트 집단 내에서도 엄청난 인기를 누리고 있음을 확신한다고 확인했다. 온갖 체제 교체 음모가 불가능하다는 뜻이다. 시진핑과 중난하이°가 향후 믿음직한 파트너로 푸틴에 "내기 돈"을 걸기로 결정한 밑바탕에는 이런 판단이 있었다. 다음 대통령 선거에서도 푸틴이 출마해서 계속 승리할 것으로 생각한 것이다. 중국은 언제나 연속성을 필요로 한다.

따라서 이번 정상회담을 계기로 확실히 중국과 러시아는 포괄적인 전략적 동반자 관계를 확립했다. 양국은 장기적으로 '약탈의 제국'Empire of Plunder에 맞선 진지한 지

° 중국 국무원과 공산당 중앙위원회 소재지.

정학적·지경학적 대응에 몰두할 것이다.

바로 이것이 이번 주에 모스크바에서 탄생한 새로운 세계다. 푸틴은 이를 새로운 반식민 정책이라고 정의했다. 이 새로운 세계는 다극체제의 조각보로 설계되었다. 팍스 아메리카나의 잔존물을 파괴하는 것을 외면하는 일은 절대로 없다.

"100년 동안 볼 수 없었던 변화"

『유럽 패권 이전』°에서 재닛 아부-루고드는 서양이 "'동양'에 뒤처졌던" 시절에 지배적이었던 다극 질서를 보여주는 꼼꼼하게 구축된 서사를 제시했다. 서양은 오로지 "'동양'이 일시적으로 혼란에 빠진 탓에 앞서 나갈" 수 있었다.

지금 우리는 역사적 시기를 되살리고 있는 것일지도 모른다. 유교의 부흥(권위authority에 대한 존중, 사회적 조화social harmony에 대한 강조)과 도道에 고유한 균형 상태, 동방정교회의 영적인 힘이 '침입'하면서 더욱 강력해진 역사적 시기다. 그야말로 문명의 전쟁이다.

모스크바는 햇볕 좋은 초봄의 날들을 환영하면서 "아무 일도 일어나지 않은 수십 년"과 대비되는 "수십 년에 맞먹는 수 주"였다고 강조했다.

두 정상은 가슴 사무치는 작별인사를 나누었다.

° [한국어판] 재닛 아부-루고드 지음, 박흥식·이은정 옮김, 『유럽 패권 이전: 1250~1350년의 세계 체제』, 까치, 2006.

시진핑	지난 100년 동안 볼 수 없었던 중대한 변화가 일어나고 있습니다. 우리가 하나로 뭉치면 변화를 반드시 현실로 만들 수 있습니다.
푸틴	저도 동의합니다.
시진핑	건강하세요. 친애하는 친구.
푸틴	안전한 여행을 기원합니다.

그러니 떠오르는 태양의 나라들에서부터 유라시아의 평원지대까지, 새날의 여명을 위해 건배를!

2023. 3.

'세상'의 종말을 기다리며

11

지금 우린 세상의 종말을 기다리고 있어.
세상의 종말을 기다리고 있어, 세상의 종말을 기다리고 있어.
오 하느님, 정말로 하느님이 오시기를 바라네.
세상을 처음 만든 것도 하느님이니까.

― 엘비스 코스텔로, 「세상의 종말을 기다리고 있어」
  Waiting for the End of the World(1977)

2023년 세계를 뒤흔든 지정학적 지진에서 생겨나 지금도 멈추지 않는 파급 효과를 우리는 아직 조금도 헤아리지 못하고 있다. 푸틴과 시진핑이 모스크바에서 사실상 팍스 아메리카나의 종언을 암시한 지진의 여파를.

100년이 넘도록 세상과 동떨어져 온 영미의 패권적 엘리트들이 가장 혐오하는 상황이 도래했다. (서방 패권에 대한) 동등한 경쟁자peer competitor인 러시아와 중국이 포괄적인 전략적 동반자 관계에 서명하고 이를 확정 지으면서 대규모 제조업 기지와 천연자원 공급의 지배권을 하나로 엮는 상황 말이다. 여기에 러시아의 **최첨단 무기와 외교적 판단력**이라는 부가가치도 덧붙을 것이다.

로마 제국 분할통치의 저열한 판본을 언제나 플랜 A로 삼는 서방 엘리트들의 관점에서 보면, 절대 일어나지 않아야 하는 상황이었다. 오만에 눈이 먼 그들은 이런 상황이 다가오는 것을 보지 못했다. 역사적으로 보면, 이는 '그림자들의 마상 시합'Tournament of Shadows°의 리믹스에도 미치지 못한다. 그늘에 남겨진 '겉만 번지르르한 제국'이 "입에 거품을 물고"(마리야 자하로바의 표현) 있는 셈이니까 말이다.

시진핑과 푸틴은 손자병법식 전술을 구사하면서 오리엔탈리즘과 유럽중심주의, 예외주의, 그리고 여전히 중요한 '신식민주의'를 꼼짝 못하게 만들었다. 글로벌사우스가 모스크바에서 전개된 상황에 관심을 기울인 것은 놀랄 일은 아니다.

엎친 데 덮친 격으로, 중국은 구매력평가 기준 세계 최대 경제국이고 최대 수출국이다. 러시아는 구매력평가 기준 독일에 맞먹거나 더 거대한 나라다. 게다가 세계 최대의 에너지 수출국으로 탈산업화를 강요받지 않는 이점까지 있다.

두 나라는 보조를 맞추면서 미국 달러를 우회하는 데 필요한 조건을 창출하는 데 집중한다. 푸틴의 의미심장

19세기에 중앙아시아를 놓고 영국과 러시아가 벌인 전략적 경쟁을 일컫는 이른바 '그레이트 게임'의 러시아식 표현.

한 짤막한 '농담'을 들어 보자. "우리는 러시아와 아시아, 아프리카, 라틴아메리카 나라들 사이의 결제에 중국 위안을 사용하는 데 찬성합니다."

지난 몇 년간 세심하게 고안된 이런 지정학적·지경학적 동맹이 지닌 핵심적인 영향력은 이미 작동 중이다. 글로벌 무역 관계, 그리고 '글로벌 무역 전쟁'의 측면에서 잠재적 3두마차가 등장한 것이다. 바야흐로 러시아-중국의 동반자 관계가 '유라시아'Eurasia를 이끌고 있으며, 대체로 조직하고 있다. 또한 중국이 '글로벌사우스'Global South 전역에서 핵심적 역할을 할 테지만, 인도 역시 상당한 영향력을 행사하면서 강력한 비동맹운동을 결속시킬 것이다. 그리고 유럽연합 속국들과 파이브아이즈Five Eyes°로 모인 영어권 국가들을 지배하는 예전의 "필수적 국가"(미국)가 있다.

중국이 진정으로 원하는 것

패권국은 스스로 지어낸 "규칙 기반 국제 질서"에 따라 외교를 벌인 적이 없다. '분할통치'Divide and Rule는 정의상 외교를 필요로 하지 않는다. 지금 그들 버전의 "외교"는 미국과 유럽연합, 영국의 지적으로 지체되어 있고 솔직히 말해 멍청한 공무원들에 의해 노골적인 모욕으로 한층 타락하고 있다.

° 미국, 영국, 캐나다, 오스트레일리아, 뉴질랜드가 1956년 결성한 정보기관 공동체. 2020년대 바이든 정부가 강조하면서 주목받았다.

진정한 신사인 러시아 외무장관 세르게이 라브로프가 다음과 같이 인정할 수밖에 없었던 것은 놀랄 일은 아니다. "러시아는 이제 더 이상 유럽연합의 파트너가 아니다. … 유럽연합은 러시아를 '상실했다'. 하지만 유럽연합 그 자체가 비난받아야 한다. 어쨌든 유럽연합 회원국들은 … 공공연하게 러시아에 전략적 패배를 안겨야 한다고 선언한다. 따라서 우리는 유럽연합을 적국 기관으로 간주한다." 하지만 푸틴이 3월 31일 발표한 러시아의 새로운 외교정책 구상은 "러시아는 자신을 '서방의 적'으로 여기지 않으며 고립을 추구하지도 않는다는 것"을 명확히 했다.

문제는 상대편에 대화를 할 줄 아는 성인이 사실상 없고, 하이에나 떼만 우글거린다는 것이다. 이 때문에 라브로프는 다시 한번 모스크바를 상대로 "적대" 행위를 벌이는 이들에게 "대칭적, 비대칭적" 조치를 취할 수 있다고 강조한다. 예외주의에 관한 한, 이는 자명하다. 모스크바는 미국을 주요한 반러시아 선동자로 지정했고, 집단서방의 전반적인 정책을 "새로운 유형의 하이브리드 전쟁"으로 규정했다.

하지만 모스크바에게 정말로 중요한 것은 미래의 긍정적인 측면들이다. 멈춤 없는 유라시아 통합, "우호적인 글로벌 중심국"인 중국 및 인도와의 긴밀한 유대, 아프리카에 대한 지원 증대, 라틴아메리카와 카리브해, 이슬람

땅들(튀르키예, 이란, 사우디아라비아, 시리아, 이집트), 아세안과의 전략적 협력 강화 등이 바로 그것이다.

그리하여 우리는 서방 언론이 집단적으로 무시한 본질적인 측면에 다다른다. 러시아의 새로운 외교정책 구상 발표와 거의 동시에 진행된 아시아 보아오포럼Boao Forum for Asia이 그것이다.

아직 9-11 이전 시대이던 2001년 초 시작된 보아오포럼은 다보스를 본보기로 삼았지만, 베이징에 사무국을 두고 처음부터 끝까지 중국이 주도한다. 보아오는 통킹만에 있는 섬이다. 오늘날 여행자의 천국인 하이난성에 속한다. 올해 열린 포럼의 핵심 세션 중 하나에서는 발전과 안보를 다뤘는데, 보아오 의장인 전 유엔 사무총장 반기문이 회의를 주재했다.

시진핑이 주창한 글로벌 발전 구상Global Development Initiative(全球发展倡议)뿐만 아니라 글로벌 안보 구상Global Security Initiative(全球安全倡议)에 관해서도 많은 언급이 나왔다.[*] 글로벌 안보 구상은 2022년 보아오에서 처음 제안된 것이다.

문제는 이 두 구상이 유엔의 평화와 안보 구상, 그리고 부실하기 짝이 없는 "지속 가능한 발전"에 관한 〈아젠다 2030〉과 직접 연결된다는 것이다. 〈아젠다 2030〉은 엄밀히 말해 발전과 관련이 없고 "지속 가능"과는 더더욱 관련이 없다. 다보스의 초기업적 조합일 뿐이다. 유엔

---

[*] 이후 중국은 글로벌 문명 이니셔티브GCI, 글로벌 거버넌스 이니셔티브GGI로 신세계질서에 대한 자신들의 구상을 제시했다. 특히 2025년 9월 SCO플러스 회의에서 발표된 GGI는 주권 평등, 국제법 준수, 다자주의, 인간 중심, 실제 행동 등 5대 원칙으로 구성되었다. 유엔

은 기본적으로 워싱턴의 변덕에 휘둘리는 인질이다.

리창 중국 총리는 더욱 분명하게 이야기했다. 리창은 "인류가 공유하는 미래 공동체"라는 트레이드마크와 같은 개념을 강조하면서 "일방적 제재의 무차별적 사용과 멀리까지 세력을 미치는 관할권"에 반대하는 평화공존과, "신냉전" 거부를 "반둥 정신"과 연결했다. 상호 존중과 합의 구축의 "아시아의 길"을 1955년 비동맹운동의 등장과 직접 연결했다.

그리하여 리창은 동아시아 무역 합의인 역내포괄적경제동반자협정RCEP을 심화하고 중국과 아세안의 자유무역협정 교섭을 진전시키기 위한 중국의 노력을 강조했다. 그리고 이 모든 것이 무역 보호주의와 대조적으로 일대일로의 새로운 확장과 통합되었다. 따라서 중국에 중요한 것은 무역과 뒤얽힌 문화적 상호작용, 포용성, 상호 신뢰, 그리고 "문명의 충돌"과 이데올로기 대결에 대한 단호한 거부다.

모스크바가 위의 모든 것에 쉽게 동의하고 실제로 외교적 수완으로 이를 실행하는 만큼, 워싱턴은 중국의 서사가 글로벌사우스 전체에 갖는 강한 설득력을 알아채고 겁을 먹는다. 어쨌든 익셉셔널리스탄Exceptionalistan(예외주의 국가)이 사상의 시장에 내놓을 수 있는 물건은 일방적 지배와 분할통치, "우리 편이 아니면 적이다"라는 으름장뿐이다. 마지막 으름장은 '제재', '괴롭힘', '폭격' 그리고 '체제 교체'다.

1848년이 다시 오는가?

한편 속국들의 영토에서는 1848년이 재연될 가능성이 생겨난다. 거대한 혁명의 파고가 유럽 전역을 휩쓰는 것이다. 1848년에는 자유주의 혁명이 일어났다. 반면 오늘날에는 대중적인 반자유주의(와 반전) 혁명이 벌어진다. 네덜란드와 벨기에 농민들에서부터 이탈리아의 바뀌지 않은 포퓰리스트들, 프랑스에서 하나로 뭉친 좌우파 포퓰리스트들에 이르기까지.

이를 "유럽의 봄"이라고 간주하는 것은 너무 섣부를 것이다. 하지만 몇몇 지역에서 확실한 것은 유럽의 보통 시민들이 점차 '신자유주의 테크노크라시'와 '자본과 감시' 독재의 멍에를 벗어던지려고 한다는 사실이다. '전쟁광 나토'에 대해서는 더 말할 것도 없다.

사실상 유럽의 모든 미디어가 테크노크라트의 통제를 받기 때문에 주류 언론에서는 이런 논의를 볼 수 없다. 하지만 이런 상황야말로 '중국식 봉건 왕조'의 종말을 예고한다는 분위기가 느껴진다. 중국의 역사적·사회적 시계바늘은 언제나 왕조당 200~400년의 시기로 움직였다. (중국 역법은 언제나 이런 식이다.) 실제로 진정한 유럽의 부활을 목도할 수 있다는 암시들이 존재한다.

격변의 시기는 서방 과두 지배층에게 대단히 유용한 멍청이들인 아나코자유주의자 무리들 때문에 길고 지루할 수도 있고, 단 하루만에 정점에 달할 수도 있다. 표적은 매우 분명하다. '신자유주의 테크노크라시'의 죽음이다.

시진핑-푸틴의 시각은 서방을 충분히 잠식해 들어갈 수 있다. 가짜 "근대성"(과격한 캔슬컬처를 포함하는)은 전통적이고 뿌리 깊은 문화적 가치(유교든, 도교든, 동방정교회든)와 비교하면 사실상 공허한 것이다. 중국과 러시아의 문명국가 개념은 겉으로 보이는 것보다 훨씬 호소력이 강하다. (문화)혁명은 텔레비전에 나오지 않지만, 무수히 많은 텔레그램 채널을 통해 매력을 작동시킬 수 있다. 역사 전체에 걸쳐 반란에 심취한 프랑스가 다시 전위로 뛰어나갈 것이다.

하지만 글로벌 금융 카지노를 뒤집어엎지 않으면 결국 아무것도 바뀌지 않을 것이다. 숨을 죽인 채 장기적인 '총력전'을 준비한 러시아는 세계에 교훈을 가르쳐 주었다. 얼마나 조용히 준비했는지 정교한 카운터펀치를 날리자 '금융 전쟁'이 완전히 뒤집히면서 카지노 자체가 뒤흔들렸다. 중국은 다시 균형을 맞추고 있으며, 역시 하이브리드 전쟁이든 다른 방식의 전쟁이든 '총력전'을 대비하는 중이다.

더없이 소중한 학자 마이클 허드슨은 최근작인 『고대의 붕괴』The Collapse of Antiquity에서 서방 문명의 뿌리인 그리스와 로마에서 부채가 어떤 역할을 했는지를 능숙하게 분석하면서 현재 우리가 처한 상황을 간결하게 설명한다.

"미국은 독일과 네덜란드, 영국, 프랑스 꼭대기에서 색깔 혁명을 끌어당기고 있다. 사실상 유럽의 외교정책은 유럽 각국의 경제적 이해를 대표하지 않는다. … 미국은 간단히 말했다. '우리는 전제정에 맞선 이른바 민주주의(이는 우크라이나 나치즘을 비롯한 과두 지배층을 의미한다)의 전쟁을 지지하는 데 전념한다.' … 미국이 말하는 전제정이란 중국처럼 채권자 과두 지배층의 등장을 막을 만큼 강한 모든 나라다."

"채권자 과두 지배층"은, 결국 전면적 통제라는 글로벌주의자의 몽정wet dream과 군사화된 '전체 지배'Full Spectrum Dominance의 유독한 교차라고 설명할 수 있다.

하지만 지금, 시대는 달라졌다. 러시아와 중국은 글로벌사우스에게, 미국의 전략가들이 그들을 위해 준비해 놓은 계획(우리가 말하는 방침에서 엇나가면 "어둠 속에서 얼어붙을" 것이다)을 이제 더는 적용할 수 없음을 보여주고 있기 때문이다.

글로벌주의적 신자유주의 전체주의는 물론 모래폭풍 아래에서 사라지지 않을 것이다. 적어도 아직까지는. 여전히 우리 앞에는 유독성의 소용돌이가 몰아치고 있다. 입헌적 권리의 유예, 오웰식 프로파간다, 깡패 집단, 검열, 캔슬컬처, 이데올로기적 순응, 이동의 자유에 대한 불합리한 구속, 슬라브족 등 열등인간Untermenschen에 대한 혐오와 (심지어) 박해, 차별, 반정부 인사의 범죄화, 분서焚書, 공개 재판, 불법을 일삼는 국제형사재판소의 가짜 체포 명령, ISIS식 테러 등.

하지만 가장 중요한 벡터는, 나름의 복잡한 특수성을 보여 주는(그리고 서방에 의해 동화할 수 없는 '타자'로 무시당하는) 중국과 러시아가 서방의 금융 카지노 및 공급 연쇄 네트워크와 연결되지 않는 실행 가능한 경제 모델을 세우는 데 대대적으로 투자하고 있다는 것이다. 예외주의자들이 지금까지 미쳐 날뛰었던 것보다 훨씬 더 길길이 설치는 것도 이 때문이다.

2023. 3.

다극세계의 수도:
모스크바 다이어리

12

으뜸가는 모더니스트인 레닌이 읊조린 말은 얼마나 예리한가. "아무 일도 일어나지 않고 수십 년이 지나기도 하고, 몇 주 만에 수십 년의 사건이 벌어지기도 한다." 지금 당신에게 말을 거는 이 글로벌 유목민은 역사적 교차로의 심장부에 자리한 모스크바에서 믿기 힘든 4주를 보내는 특권을 누리고 있다. 그것은 푸틴과 시진핑이 크렘린에서 만나 지정학적 판도를 뒤집은 정상회담에서 정점에 달했다.

시진핑의 말을 빌리자면, "100년 동안 볼 수 없었던 변화"는 많은 방식으로 우리 모두에게 영향을 미치는 재주가 있다.

근대의 또 다른 아이콘 제임스 조이스는 우리는 인생을 보내면서 평범하거나 이례적인 사람을 거듭 만나지만, 결국 언제나 '우리 자신'과 만난다고 말했다. 나는 모스크바에서 믿음직한 친구들의 안내와 상서로운 우연의 일치로 이례적인 사람들을 줄줄이 만나는 특권을 누리고 있다. 결국 영혼이 말해 주는 것처럼, 그 사람들은 이루 헤아리기 어려운 방식으로 나 그리고 무엇보다도 중요한 역사적 순간을 풍요롭게 해준다.

여기 몇 명의 사례가 있다. 보리스 파스테르나크의 손자는 재능 있는 젊은이로, 모스크바 국립대학교에서 고대 그리스어를 가르친다. 러시아 역사와 문화에 관해 타의 추종을 불허하는 지식을 갖춘 역사학자가 있는가 하면, 두샨베 특유의 분위기를 풍기는 어느 찻집chaikhana에 옹기종기 모여 있던 타지크 노동계급도 있다.

빅서클라인을 타고 돌며 경외의 눈으로 바깥을 바라보던 체첸인과 투바인들. 공동의 관심사를 논의하기 위해 보안 문제에 극도로 주의를 기울이는 친구들이 보낸 어느 사랑스러운 배달원. 마야콥스카야 지하철역에서 연주하던 엄청난 실력의 음악가들. 무한한 에너지로 생기 넘치는 놀라운 시베리아의 여걸은 에너지 산업에 적용되던 모토 "시베리아의 힘"을 완전히 새로운 차원으로 올려놓았다.

소중한 친구 하나는 표트르 대제가 가장 좋아했던 키지쿠스의아홉순교자Devyati Muchenikov Kizicheskikh교회에서 열린 일요 미사에 나를 데려갔다. 동방정교회의 전형적인 순수함을 보여 주는 곳이다. 그 후 사제들은 우리를 공동

식탁에 차린 점심에 초대해서 타고난 지혜만이 아니라 배꼽을 잡게 하는 유머감각까지 보여 주었다.

1만 권의 장서가 빼곡하고 국방부가 보이는 고전적인 러시아 아파트에서 경건하고 문화적인 대화와 많은 농담을 나누며 잊을 수 없는 밤을 보낸 뒤, 크렘린과 정교회의 관계를 책임지는 미카엘 신부는 러시아 제국 시절의 성가를 불렀다.

나는 특히 제국이 운영하는 거짓말 기관들의 표적이 된 사람들을 몇 명 만나는 영예를 누렸다. "추운 나라에서 온 스파이"라는 유명한 농담으로 비난을 받은 마리야 부티나는 현재 두마 의원이다. 빅토르 보우트는 대중문화에서 "전쟁의 제왕"으로 승격된 인물로, 닉 케이지의 영화가 화룡점정이었다.° 미국에서 최고 보안의 교도소에 갇혀 있을 때 친구가 보내준 플래시 드라이브로 내 글을 읽었다고 말해 줬을 때 나는 놀라서 말을 할 수 없었다(당연히 인터넷에 접속하지 못하는 곳이었다). 포기를 모르는 강철 같은 의지의 미라 테라다는 미국 교도소에 수감됐을 때 고문을 당했는데, 지금은 어려운 시절을 보내는 어린이들을 보호하는 재단을 이끌고 있다.

나는 알렉산드르 두긴과 더없이 소중한 시간을 보내면서 값진 대화를 나누었다. 온갖 포스트의 시대에 대단히 중요한 러시아인이자 순수한 내면의 아름다움을 지닌 그는 딸 다리야 두기나가 테러로 암살당한 뒤 상상하기

° 2005년 할리우드 영화로 만들어진 니컬러스 케이지 주연의 〈로드 오브 워〉를 가리킨다.

도 힘든 고통을 겪었지만; 철학과 역사학, 문명 스펙트럼의 역사를 가로지르는 연결선을 긋는 데 서방 그 누구도 견줄 수 없는 깊이와 폭넓은 능력을 보여준다.

러시아 혐오에 맞서 공세를 취하며

외교, 경제, 학술 회의도 여럿 있었다. 유라시아경제연합의 세르게이 글라지예프와 그의 최고 경제 보좌관인 드미트리 미타예프는 물론이고, 노릴스크니켈(러시아의 비철금속 생산 기업)의 국제 투자자 관계 책임자부터 로스네프트(러시아 반국영 통합 에너지 기업) 중역들에 이르기까지 많은 이들이 내게 심각한 문제들을 포함하는 현재 러시아 경제에 관한 벼락치기 알파 오메가 집중 강좌를 해주었다.

발다이클럽에서 정말로 중요했던 것은 (실제 패널 토론보다도) 곁가지로 열린 회의였다. 이란인, 파키스탄인, 튀르키예인, 시리아인, 쿠르드인, 팔레스타인인, 중국인 등은 이런 회의에서 가슴속과 머릿속에 있는 이야기를 들려준다.

러시아연대국제운동International Movement of Russophiles의 공식 출범은 특별한 하이라이트였다. 외무장관 라브로프가 푸틴 대통령이 쓴 특별 메시지를 낭독한 뒤 연설을 했다. 나중에 외무부 영빈관에서 열린 비공개 만남에서 라브로프가 우리 일행 4명을 맞이했다. 우리는 장래의 문화 프로젝트를 논의했다. 라브로프는 아주 느긋하게 타의 추종을 불허하는 유머감각을 과시했다.

러시아연대국제운동은 정치적인 만큼이나 문화적인 단체다. 러시아 혐오Russophobia에 맞서 싸우면서 특히 글로벌사우스에 엄청나게 풍부한 러시아의 이야기를 들려주기 위해 고안된 단체다.

나는 창립 회원이며, 내 이름은 헌장에 올라 있다. 나는 40년 가까이 해외 통신원으로 일하면서 단 한 번도 정치적·문화적 운동에 직접 가담한 적이 없었다. 이 유목민 독립 통신원은 사나운 종자다. 하지만 지금은 대단히 상황이 심각하다. 집단서방의 열등하기 짝이 없는 자칭 "엘리트들"이 모든 스펙트럼에 걸쳐서 러시아를 무효화하기를 원하기 때문이다. 그러나 누구도 이 지점을 통과할 수 없으리라No pasarán.•

영성과 동정심과 자비심

불과 4주 만에 수십 년의 사건이 진행된다. 전체적인 시각에서 이 모든 것을 종합하는 데 필요한 아주 소중한 시간이다.

처음 도착한 날 흩날리는 눈발 아래 7시간을 걸은 뒤 느낀 직감은 확인되었다. 이 도시는 다극세계의 수도라

스페인내전 당시 공화파의 반파시스트 슬로건으로 유명한 말. 적에 맞서 방어 위치를 고수한다는 뜻이다.

는 것. 나는 발다이에 모인 서아시아인들 사이에서 이를 목격했다. 회의에 참석한 이란인과 튀르키예인, 중국인들과 이야기를 나누며 이를 목격했다. 40명이 넘는 아프리카 대표단이 두마 주변 지역 전체를 장악했을 때 이를 목격했다(시진핑이 도시에 도착한 날이었다). 시진핑과 푸틴이 지구의 압도적 다수에게 제안하는 내용에 글로벌 사우스 전역에서 환호성이 울리는 것을 목격했다.

모스크바에서는 어떤 위기도 느껴지지 않는다. 제재 효과 따윈 없다. 실업도 없다. 길거리에 홈리스가 보이지 않는다. 인플레이션은 미미하다. 모든 영역, 특히 농업에서 수입 대체가 굉장한 성공을 거두고 있다. 서방과 비교하자면, 마트에 없는 게 없다. 일류 레스토랑도 넘쳐난다. 벤틀리를 살 수 있고, 이탈리아에서도 찾기 힘든 로로피아나 캐시미어 코트를 살 수 있다. 센트럴유니버설 TSUM 백화점에서 매니저들과 잡담을 나누면서 이런 상황에 웃음을 터뜨렸다. 비블리오글로부스 서점에서는 어떤 이가 내게 말했다. "우리는 레지스탕스예요."

그런데 나는 모스크바에서 가장 세련된 서점인 벙커에서 우크라이나 전쟁에 관해 강연을 하는 영광을 누렸다. 엄청나게 박학다식한 소중한 친구 디마 바비치가 중재해서 마련한 자리였다. 막중한 책임감에 짓눌렸다. 무엇보다도 블라디미르가 청중석에 앉아 있었기 때문이다. 우크라이나인인 그는 2014년부터 2022년까지 8년 동안 자신이 우크라이나에서 겪은 사실 그대로를 러시아 라디오에 말했다가 총부리로 위협당하며 구금된 뒤, 가까스로 탈출할 수 있었다. 나중에 우리는 체코식 맥줏집에 가서 그의 기이한 이야기를 들었다.

모스크바에는 언제나 유독한 유령들이 어슬렁거렸다. 하지만 오늘날 즈비그뉴 "거대한 체스판" 브레진스키의 보잘것없는 고아들 같은, 자격도 없는 사이코 스트라우스파 네오콘들과 신자유주의 보수주의자들에 대해서는 특히 유감을 느낄 수밖에 없다.

1990년대 말, 브레진스키는 거들먹거리며 말했다. "유라시아 체스판의 새로운 중요한 공간인 우크라이나는 독립 국가로서 존재한다는 사실 자체로 러시아를 바꾸는 데 도움이 되기 때문에 지정학적 중심부다. 우크라이나가 없으면 러시아는 유라시아 제국이 되지 못한다."

탈군사화, 탈나치화된 우크라이나가 있든 없든 간에, 러시아는 이미 이런 서사를 바꾸고 있다. 다시 유라시아 제국이 되려는 것이 아니다. 유라시아 통합이라는 이미 진행 중인 길고 복잡한 과정을 이끄는 동시에 글로벌사우스 전역에서 진정한 주권과 독립을 지지하려는 것이다.

나는 러시아 연방안보회의 서기 니콜라이 파트루셰프가 『로시스카야가제타』와 충격적인 인터뷰를 하면서 나토-러시아 전쟁의 고유한 본질을 다시 한번 개략적으로 설명하기 전, 모스크바(제3의 로마)를 떠나 콘스탄티노플(제2의 로마)로 향했다.

인터뷰에서 특히 인상적인 내용은 다음과 같다. "수백 년에 걸친 우리의 문화는 영성과 동정심과 자비심에 바탕을 둡니다. 러시아는 역사적으로 자신에게 도움을 호소한 모든 사람들의 주권과 국가를 옹호한 나라입니다. 러시아는 최소한 두 차례, 혁명전쟁과 남북전쟁에서 미국을 구원했습니다. 하지만 이번에는 미국의 통합성 유지를 돕는 게 터무니없다고 봅니다."

마지막 날 밤, 흠잡을 데 없는 동반자의 안내를 받으면서 피아트니츠카야 거리에서 벗어나 모스크바강을 따라 난 산책로를 걷다가 조지아 레스토랑을 마주쳤다. 아름다운 로코코풍 건물들이 눈부시게 불을 밝히는, 마침내 봄의 향기가 풍기는 밤이었다. 우리 영혼의 밑바닥을 건드리는 베리만의 걸작에서 튀어나온 듯한 "산딸기" 같은 순간이었다. 실제로 도道를 익히는 것 같았다. 히말라야산맥이나 파미르고원, 힌두쿠시산맥 꼭대기에서 완벽한 참선에 든 것 같았다.

따라서 결론은 불가피하다. 나는 이 도시에 다시 돌아올 것이다. 조만간.

2023. 4.

일대일로 열차가 샹그릴라로 향한다

13

미국과 나토가 우크라이나에서 러시아를 상대로 벌이는 대리전쟁은 중국 일대일로의 진전을 방해하기 위해 고안된 것이기도 하다.

2023년 하반기에 베이징에서 열리는 3차 일대일로 포럼에서는 일대일로 10주년을 기념한다. 2013년 9월 카자흐스탄 아스타나에서 시진핑 주석이 최초로 발표한 이 실크로드 경제벨트는 지금까지 먼 길을 걸었다.

2023년 1월까지 151개국이 이미 일대일로에 참가했다. 세계 인구의 75퍼센트와 글로벌 GDP의 절반 이상이 참여한 것이다. 런던에 본부를 둔 경제비즈니스연구센터Center for Business and Economic Research 같은 대서양주의 집단도 일대일로 덕분에 글로벌 GDP가 2040년까지 매년 7조 1,000억 달러 증가하면서 "광범위한" 혜택이 생길 것이라고 인정한다.

2018년 이래 중국 헌법에 포함된 일대일로는 중화인민공화국 건국 100주년인 2049년까지 줄곧 중국의 원대한 대외정책 틀을 이룰 것이다.

일대일로는 시베리아 횡단 철도에서부터 이란과 튀르키예, 중국-파키스탄 경제 회랑으로 이어지는 "중간 회랑"을 거쳐 아라비아해까지 수 개의 육상 연결 회랑을 따라 나아간다. 해상 실크로드는 중국 남동부에서 페르시아만, 홍해, 스와힐리해안°과 지중해까지 이어지는 유사한 연결망이다.

이 모든 것은 러시아가 추진하는 '북해 루트'에 반영되면서 북극의 동부와 서부를 연결해서 유럽에서 아시아를 오가는 항해 시간을 1개월에서 2주 미만으로 줄인다.

대규모 반전통상反戰通商(전쟁이 아니라 무역을 하자) 프로젝트는 연결성과 기반시설 건설, 지속 가능한 발전과 외교 감각을 중심으로 하면서 글로벌사우스에 초점을 맞추는데, 패권국 엘리트들은 이를 지정학적·지경학적인 최대의 위협으로 해석할 수밖에 없다.

체스판 전체에 걸친 모든 지정학적 격동이 일대일로와 직간접적으로 연결되는 것은 이 때문이다.

"완전히 새로운 선택지"

지난달 상하이에서 열린 란팅藍廳(blue hall)포럼에서 중국

° 아프리카 동부 해안과 인도양 서부 해안.

외무장관 친강은 엄선된 외국 청중을 앞에 두고 "중국식 현대화"의 핵심 개요를 밝히고 글로벌사우스 전역에서 이를 어떻게 적용할 수 있는지 편안하게 소개했다.

글로벌사우스의 전문가들은 집단서방의 "위협" 과대망상 이면에 도사린 동기를 숙고할 기회를 가졌다. 패권국과 그 속국들은 베이징이 자국의 성공을 기반으로 삼아 1945년 이래 시장에서 파는 유일한 '제품'과 비교되는 대안적 발전 모델을 제시하고 있다는 사실을 진저리나게 싫어한다.

브라질 전 대통령으로, 브릭스 은행인 상하이 소재 신개발은행New Development Bank(NDB) 신임 총재인 지우마 호세프는 포럼에서 신자유주의가 라틴아메리카에 '그릇된' 경제 성공 경로로 어떻게 강요되어 왔는지를 설명했다. 반면 중국 모델은 현재 "완전히 새로운 선택지"를 제공하면서 각국의 특수성을 존중한다고 강조했다.

신개발은행의 중국 부총재인 저우창우는 국제통화기금과 세계은행이 새로운 "거버넌스 해법"의 일환으로 글로벌사우스의 의사결정에 더 많은 발언권을 줄 것으로 예상했다.

하지만 그런 일은 없을 것이다. 패권국과 그 속국들이 수백 년 묵은 편견의 짐을 내려놓고 글로벌사우스 대표들과 같은 테이블에 앉아 그들을 자격 있는 이해당사자이자 동등한 상대로 받아들일 정신적 준비가 되지 않앉기 때문이다.

글로벌사우스는 그들을 기다려 주지 않는다. 이미 아찔한 속도로 원탁 회담이 속속 열리고 있다. 핵심적 사례는 5월 18~19일 제국의 옛 수도 시안에서 열린 중국-중앙아시아 정상회담인데, 시진핑 주석이 심장지대의 옛 소련 공화국들인 카자흐스탄, 키르기스스탄, 타지키스탄, 투르크메니스탄, 우즈베키스탄 대통령과 회담했다.

그에 앞서 대단히 중요한 2차 세계대전 승전기념일인 5월 9일, 모스크바에서 푸틴 대통령이 앞의 5개 "스탄" 국가들과 회담을 가졌다.

외교적으로 이는 일대일로와 상하이협력기구, 유라시아경제연합과는 약간 다른 방식으로 독자적인 사무국을 통해 러시아, 중국과 5개 스탄 국가들을 통합하는 5+2 축이 이미 발전 중임을 시사한다.

왜 이런 축이 필요한 걸까? 글로벌사우스가 주도하는 새로운 다자간 기구들 전체를 괴롭히는, 내부 알력이라는 문제가 있기 때문이다. 우리는 모든 결정에서 만장일치에 특전을 주는 기구인 상하이협력기구 속 인도라는 존재를 상기하게 된다.

쉽게 해소되지 않는 인도-파키스탄 분쟁보다도 이는 더 엄청난 문제이며, 쿼드Quad나 오커스AUKUS와 관련해서 뉴델리의 입장이 동요하는 가운데 아주 예민한 문제다. 어쨌든 인도는 러시아-중국을 겨냥한 하이브리드 전

쟁과 인도-태평양에서 자신들이 규칙을 정한다는 나토의 몽정에 완전히 종속되지는 않았다.°

"대규모 유라시아 동반자 관계"

시진핑과 푸틴은 전략적 에너지의 이해관계를 충분히 이해하고 있다. 러시아산 원유와 가스의 대중국 수출 증가는 심장지대를 가로지르는 운송이 대폭 증가하는 것과 마찬가지다. 따라서 완전히 통합된 전략이 필수적이다. 상하이협력기구 내에서 "간극"이 있을지라도 이는 일대일로와 유라시아경제연합의 상호작용을 통해 통합되어야 할 것이다.

현실적 사례들 가운데는 몇 년째 지연되고 있는 초ultra전략적인 사안, 신장-키르기스스탄-우즈베키스탄 철도 부설의 가속화가 있다. 이 철도가 부설되면 아프가니스탄과 파키스탄, 이란과의 연결이 한층 개선될 것이다.

그와 동시에 중국-파키스탄 경제 회랑CPEC도 아프가니스탄까지 연장될 것이다. 5월 5일 이슬라마바드에서 열린 아프파크AfPak-중국 각료회담에서 마침내 결정되었다. 골치 아픈 서류 작업이 여전히 남아 있다. 결국 카불의 탈레반 지도부와 어떻게 거래를 해서 회유하고 만족시킬 수 있는지의 문제일 것이다.

시안에 모인 시진핑과 심장지대 지도자들은 "외국의

° 쿼드는 미국 주도로 일본, 오스트레일리아, 인도가 결합한 정상급 회담인 4자 안보 대화Quadrilateral Security Dialogue, 오커스는 오스트레일리아, 영국, 미국이 체결한 3자 방위 파트너십이다.

간섭"과 소문이 자자한 색깔 혁명 시도를 막겠다고 단호하게 약속했다. 두 가지 시도는 모두 일대일로를 교란하기 위해 획책되고 있다.

이제 히로시마에 모인 G7과 이를 비교해 보자. G7은 중국을 "봉쇄"하려는, 제대로 위장되지도 않은 훈련을 했다. 시진핑과 중앙아시아가 시안에서 회동하고 하루 뒤인 5월 20일 발표된 히로시마 공동선언은 "리스크 제거"derisking에 집중했다. "디커플링(탈동조화)"을 대체하는 서방의 새로운 주문呪文이다.

유럽연합은 이미 악명 높은 여성지배자dominatrix인 우르줄라 폰 데어 라이엔을 통해 이런 움직임을 드러낸 바 있었다. 정말로 중요한 개념인 중국의 "경제적 강제"가 지속되기 때문에, 기만이 지배한다는 것이다. 허나 글로벌사우스의 진지한 주체는 누구도 자신이 일대일로 참여를 "강제"받고 있다고 생각하지 않는다.

G7은 이른바 '글로벌인프라투자파트너십'Partnership for Global Infrastructure Investment(PGII)을 통해 "양질의 기반시설"을 건설하기 위한 자금으로 무려 6,000억 달러를 모으기로 약속하면서 잠시나마 희극적인 순간을 연출했다. 일대일로에 대한 답으로 백인의 짐white man's burden을 내놓은 셈이다.

그럼에도 (패권국에 의해 새로운 명칭이 붙은) "인도-태평양"에서부터 아세안, 태평양도서포럼Pacific Islands

Forum(PIF)에 이르기까지 어느 나라도 풍부한 무역과 연결 전망을 버리고 중국을 적대시하거나 중국으로부터 "강제"받는다는 말에 관심을 보이고 있지 않는 게 현실이다.

5월 말 모스크바에서 열린 유라시아경제연합 정상회담에서 사소한 문제를 제쳐 두고 중요한 점에만 집중한 것은 푸틴이었다. 브릭스, 상하이협력기구, 아세안, 걸프협력회의GCC, 아프리카와 라틴아메리카의 다자간 기구 등과 러시아가 적극적으로 협력해야 한다고 강조한 것이다.

푸틴은 "새로운 지속 가능한 물류 연쇄"와, 유라시아경제연합과 국제남북운송회랑 사이의 핵심 연계 발전을 공공연하게 언급했다.

상황은 점점 좋아진다. 푸틴은 또한 중국과 협력해서 유라시아경제연합과 일대일로의 "통합 과정을 연결"함으로써 "대규모 유라시아 동반자 관계를 구축한다는 대규모 구상을 실행"할 것을 강조했다.

여기 모든 게 다 있다. 대서양주의 엘리트들이 절망에 빠져 울부짖게 만드는 모든 것이. 벨라루스의 늙은 여우 루카셴코는 옛 소련 시절부터 모든 상황을 목격한 인물인데, 이 모든 걸 간단히 요약했다. 여러 통합 시도(유라시아경제연합, 상하이협력기구, 브릭스)를 결합하면 "가장 거대한 국가 연합을 창설하는 데 기여할 것"이라고 말이다.

그리고 그는 글로벌사우스 전체에 반향을 미칠 수 있는 소중한 명언을 내놓았다. "잃어버린 시간은 절대 벌충할 수 없습니다. 지금 빠르게 달리는 사람이 수십 년 뒤에 선두에 서 있을 겁니다."

옥범jade tiger이 내려온다

이 모든 상황은 샹그릴라로 이어진다. 지난 주말 싱가포르에서 열린 동아시아의 주요 대화 플랫폼이다.

진짜 하이라이트는 중국 국무원 국무위원이자 국방장관인 리샹푸 장군이 중국의 "새로운 안보 구상"New Security Initiative을 자세히 설명한 순간이었다.

리샹푸는 "공동의 종합적이고 협력적이며 지속 가능한 안보" 개념을 강조했다(기억하시라! 모스크바가 2021년 12월 워싱턴에 제안했다가 무반응이라는 반응을 받은 내용과 동일하다).

그는 중국이 "공동의 미래를 지닌 아시아-태평양 공동체"의 인식을 강화하기 위해 "모든 당사자들과 협력할 준비"가 되어 있다고 언급했다(중요한 지적을 하나 하자면, 아시아-태평양은 해당 지역의 모든 사람이 이해하는 명칭이지만, "인도-태평양"은 그렇지 않다).

그다음 그는 핵심을 꺼냈다. 대만은 '중국의 대만'이라는 것이다. "대만 문제를 어떻게 해결할 것인가는 중국인이 알아서 할 일이다. 따라서 외국이 간섭해서는 안 된다." 더없이 간단한 메시지였다.

"누구든 중국에서 대만을 분할하려 한다면, 중국군은 주저 없이 단호하게 중국의 국가 주권과 영토 보전을 지킬 것이다. 어떤 대가를 치르든 간에, 어떤 적도 두려워하지 않고서."

샹그릴라 대화(아시아안보회의)에 참여한 중국 대표단은 "이른바 인도-태평양 전략"을 저속한 패권국의 야단법석으로 치부했다.

샹그릴라에서 밝혀진 것은 일대일로에 대한 모든 묵살, "부채 함정"과 "경제적 강제"에 관한 모든 트집 잡기, "리스크 제거" 어쩌고저쩌고 하는 모든 말, (미국 대외정책을 떠맡은 네오콘 사이코들이 꿈꾸는) "진짜" 전쟁으로 이어지는 대만의 온갖 가짜 깃발과 늘어나는 모조품들에 대한 베이징의 분명하고 간결한 대응이었다.

분명 지적으로 천박한 사이코들은 메시지를 이해하지 못하리라. 리샹푸는 산더미 같이 쌓인 거짓말을 우아하게 덮치면서 옥범처럼 반짝거렸다. '우리를 방해할 작정인가? 우리는 준비가 돼 있다.' 예상대로 야만인들은 계속 문 앞에서 잡소리를 낼 것이다. 그리고, 옥범이 내려온다.

2023. 6.

푸틴 그리고 '체스판'에서 정말로 중요한 것

14

푸틴 대통령이 러시아의 전쟁 통신원과 텔레그램 블로거들(필라토프, 포두브니, 워곤조 War Gonzo의 페고프, 유리 포돌랴카, RT의 가즈디예프 등)을 만난 것은 언론의 자유를 위한 특별한 행동이었다.

그들 가운데는 크렘린과 국방부가 특별군사작전 SMO이나 대테러작전 CTO, 또는 "준전쟁"(모스크바의 몇몇 영향력 있는 기업계에 따르면)이라고 부르는 행동 방식에 매우 비판적이라고 할 수 있는 진지한 독립 언론인들도 있었다.

이 애국적·독립적 언론인들이 소련의 옛 정치인민위원(장관)들과 비슷한 역할을 하는 모습을 지켜보는 것은 흥미롭다. 이들은 각자 나름의 방식으로 느리지만 확실하게 오물을 청소하는 방향으로 러시아 사회를 이끄는 데 깊이 몰두하고 있다.

분명 푸틴은 그들의 그러한 역할뿐만 아니라, 때로는 그가 주도하는 "통치 방식에 대한 충격"까지도 감수하면서, 실제로 언론인들의 제안을 실천한다. 세계 각지에서 활동한 지 40년이 되어가는 해외 통신원인 나는 러시아 언론인들이 집단서방 대부분 지역에서 상상조차 할 수 없는 정도의 자유를 누리는 모습을 보면서 깊은 인상을 받았다.

크렘린에서 작성한 회담 속기록을 보면 푸틴이 빙빙 돌려 말하지 않으려는 모습이 역력하다. 푸틴은 군대에 "오페레타 장군들"이 존재한다고 인정했다. 드론과 정밀 유도탄, 통신 장비가 부족한 상황을 고심하고 있다고도 토로했다.

그는 용병 집단의 합법성, 키예프 정권의 조직적인 포격으로부터 러시아 시민들을 보호하기 위해 조만간 "완충 지대"를 설치할 필요성 등을 이야기했고, 러시아가 반데라주의 테러리즘에 테러리즘으로 대응하지는 않을 것임을 강조했다.

대화를 검토한 뒤 나오는 결론은 분명하다. 러시아 전쟁 보도의 방향은, 서방이 하루가 멀다 하며 NGO·소프트파워 언론 기구를 대대적으로 동원해 러시아를 공격함에도 불구하고, 공세를 취하지 않을 것이다. 아직 모스크바는 정보전의 참호 속에서 전면전을 벌이지 않는다. 현 상황에서 러시아 언론은 수비에 치중할 뿐이다.

키예프까지 곧바로?

현장 언론인들과의 회동에서 푸틴이 남긴 간결하면서도 으스스한 평가는, 체스판에서 지금 우리가 어디에 서 있는지에 관한 의심의 여지를 남기지 않았다는 점에서 매우 소중하다.

"우리는 2014년에 서방이 무력으로 시작한 전쟁을 끝내려고 노력해야 했습니다. 그리고 이제 러시아는 무력으로 이 전쟁을 끝내고 미국과 우크라이나 나치에게서 옛 우크라이나 영토 전체를 해방시킬 것입니다. 다른 선택지는 없습니다. 미국과 나토의 우크라이나 군대가 서방으로부터 어떤 신형 무기를 받더라도 결국 그들은 패배할 것입니다. 무기가 많을수록 우크라이나인과 한때의 우크라이나 땅은 더 적게 남을 겁니다. 나토의 유럽 각국 군대가 직접 개입한다고 해도 결과는 바뀌지 않을 것입니다. 하지만 이 경우 전쟁의 불길이 유럽 전체를 집어삼킬 것입니다. 미국도 이에 대한 준비가 되어 있는 것 같습니다."

한마디로 요약해 보자. 이 전쟁은 러시아의 조건에 따라서만, 그리고 모스크바가 모든 목표가 충족되었다고 평가할 때에만 끝날 것이다. 다른 어떤 예상도 소망적 사고에 불과하다.

대체 불가능한 논평가 안드레이 마르티야노프가 지적한 것처럼, 다시 전선에 복귀한 일류 전쟁 통신원 마라트 칼리닌은 우크라이나가 현재 커다란 인명 손실을 무릅쓰고 무차별적인 반격을 가하고 있지만, 러시아의 1차 방어선까지도 도달하지 못하는 상황임을 확실하게 보도했다("그들은 저 멀리 지옥행 고속도로 10킬로미터 거리에 있다"). 나토의 대리군은 모든 자원을 한껏 끌어모았지만, 지금까지 산업 차원의 무자비한 파괴를 경험했을 뿐이다.

활약 중인 아마게돈 장군을 만나다

수로비킨은 우크라이나에 8개월간 발자국을 남겼는데, 처음부터 우크라이나에서의 전투를 어떻게 완전히 새로운 게임으로 전환할 수 있는지를 정확히 이해했다. 그 전략은 1차 방어선(그들의 침범을 예상한)과 매우 견고한 2차 방어선 사이에서 의심의 여지없이 우크라이나 군대를 궤멸시키는 것이다. 우크라이나 군대의 3차 방어선 출입은 불가능할 것이다.

서방 주류 언론 전체가 잔뜩 흥분할 테고, 결국에는 우크라이나의 충격적인 손실을 보여 주면서 키예프 깡패들과 나토군의 조련사들이 얼마나 무력화됐는지에 관한 증거를 내보일 것이다.

그리고 만에 하나 상황이 어려워지는 경우(가능성은 낮다)를 대비해 푸틴 자신이 로드맵을 제시해 놓았다. 아주 조심스럽게 움직이라는 것이다. "키예프로 진군할 필요가 있는가? 만약 그렇다면 새로운 동원령이 필요하고, 그렇지 않다면 필요하지 않다. 지금 당장은 동원령이 필요하지 않다."

결정적으로 중요한 문구는 "지금 당장은"이라는 말이다.

모든 정교한 계획의 종말

전장에서 멀리 떨어진 러시아인들도 미친 듯이 질주하는 지정학적 양상을 아주 잘 알고 있다.

모스크바와 베이징은 점차 위안과 루블로 거래하고 있다. 아세안 10개국은 지역 통화에 전력투구하면서 미국 달러를 우회하는 중이다. 인도네시아와 한국은 루피아와 원 무역을 급가속하고 있다. 파키스탄은 러시아 석유를 위안으로 결제한다. 아랍에미리트와 인도는 점차 석유 이외의 무역을 루피로 진행하고 있다.

모든 나라가 앞을 다퉈 브릭스플러스에 가입하려고 직행하는 중이다. 절망적인 패권국은 일련의 하이브리드 전쟁 기술을 전개할 수밖에 없다.

푸틴은 2000년대 초에 체스판을 검토한 뒤 방어용 및 공격용 미사일을 개발하기 위한 초강력 프로그램을 개시한 이래 먼 길을 달려 왔다.

이후 23년 동안 러시아는 극초음속 미사일과 첨단 대륙간 탄도 미사일ICBM, 지구상 최첨단 수준의 미사일 방어망을 개발했다. 러시아는 미사일 경쟁에서 승리했다. 패권국은 스스로 만들어 낸 대이슬람 전쟁에 집착하면서 완전히 기습당했다. 미국은 거의 25년간 실질적인 미사일 발전에 실패했다.

이제 미국이 구사하는 "전략"은 아무 근거도 없이 대만 문제를 날조하는 것이다. 모든 수단을 동원해 러시아-중국을 겨냥하는 하이브리드 전쟁 대기실로 체스판을 배열하고 있다.

미국 대외정책을 책임지는 네오콘 사이코들이 부추긴, 러시아어권 돈바스를 겨냥해 키예프의 하이에나들을 동원한 대리 공격으로 2014년에서 2022년 사이에 최소한 1만 4,000명의 남녀노소가 살해당했다. 이는 또한 중국을 겨냥한 공격이기도 했다. 이런 분할통치 책략의 궁극적 목표는 심장지대의 중국 동맹국에 패배를 안기면서 베이징을 고립시키는 것이었다.

네오콘의 몽상에 따르면, 앞의 모든 책동 덕분에 패권국이 힘을 얻어 미국 항공모함 11척으로 구성된 기동부대에 수많은 잠수함을 동원하면서 중국을 러시아의 천연자원으로부터 봉쇄할 것이었다. 옐친 시절에 그랬던 것처럼 러시아를 장악하기만 하면 되는 것이었다.

군사과학의 문외한인 네오콘들은 현재 러시아가 지구상에서 가장 힘센 군사 강국이라는 사실을 깜빡한 게 분명하다.

우크라이나에서 네오콘들은 모스크바를 도발해서 극초음속 미사일 이외의 비밀 무기를 배치하도록 유도하려고 했다. 그렇게 되면 워싱턴이 수월하게 전면전을 준비할 수 있었기 때문이다.

이 모든 정교한 계획들은 비참하게 실패했다. 하지만 필연적인 결과는 여전히 남는다. 스트라우스파 네오콘들은 1차, 2차 세계대전에서 그런 것처럼 유럽인 수백만 명을 총알받이로 활용할 수 있다고 굳게 믿고 있다. 다음은 누구 차례일까? 폴란드인? 에스토니아인? 라트비아인? 리투아니아인? 독일인을 빼도 될까? 저 오래된 매킨더식 앵글로색슨의 권력 장악에 희생되는 유럽인(러시아인 포함)의 주검을 딛고 싸우려는 것이다.

유럽의 제5열 무리들은 미국이 자신들을 보호해 준다고 너무도 쉽게 "신뢰"하는 한편, 평상시 온도 정도의 IQ를 지닌 소수만이 부아가 치민 독일 총리의 묵인 아래 노르트스트림1과 2를 폭파한 게 누구인지 이해하고 있다.

결국 핵심은 패권국이 주권을 가지고 자급자족하는 유럽을 용납할 수 없다는 것이다. 의존적인 속국, 미국이 통제하는 바다의 인질만 원할 뿐이다.

푸틴은 체스판이 어떻게 펼쳐져 있는지를 분명하게 파악하고 있다. 또한 "우크라이나"가 이제 더는 존재하지 않게 된 상황도 직시한다.

누구도 관심을 기울이지 않았지만, 지난달 키예프 갱단은 우크라이나를 8조 5,000억 상당의 자산을 보유한 블랙록BlackRock에 팔아 치웠다. 결국 다 이런 식이다. 우크라이나 정부와 블랙록 부회장 필립 힐더브랜드가 거래를 체결했다.

양쪽은 에너지와 기반시설, 농업, 제조업, IT에 초점을 맞춘, "재건"을 위한 우크라이나발전기금Ukrainian Development Fund(UDF)을 창설했다. 메틴베스트(철강), DTEK(에너지), MJP(농업)에서부터 나프토가스, 우크라이나철도, 우크라브토도르(교통), 우크레네르고(전력)에 이르기까지 우크라이나가 통제하는 지역의 값나가는 자산은 전부 블랙록이 집어삼킬 것이다.

일급 유독성의 신자유주의가 이미 우크라이나 현장에서 잔치판을 벌이고 있는데, 키예프에 간들 대체 무슨 소용이 있을까?

2023. 6.

거대한 체스판이
The Grand Chessboard

뒤집힌다

III

미국, 브릭스플러스와의
하이브리드 전면 전쟁을 준비하다

15

'싱크탱크랜드'라는 미국의 글쟁이들은 몽테뉴를 잘 알지 못한다. "세상에서 가장 높은 왕좌에 앉아 있는 사람도 결국 자기 엉덩이 위에 앉아 있을 뿐이다."

오만에 젖은 이 별종들은 축 늘어진 자기 엉덩이가 그 누구보다도 높이 있다고 착각한다. 교만과 무지의 독특한 혼합은 결국 그들이 예측 불가능한 것을 예측했다고 착각했다는 사실을 가려 버린다.

미국의 '싱크탱크랜드'는 스스로 창조한 권력의 아우라에 취해 언제나 자신들이 할 일을 미리 드러낸다. 프로젝트 9-11이 바로 그런 경우였다("우리에게는 새로운 진주만이 필요하다"). 러시아가 과도하게 팽창하면서 균형을 깨뜨린다는 랜드연구소의 보고서도 마찬가지였다. 뉴욕에 소재한 기업 컨설팅사 유라시아그룹Eurasia Group 회장이 개요를 설명한 미국의 대브릭스 전쟁도 이런 경우에 해당한다.

"분석"을 가장하는 지적으로 천박한 '싱크탱크랜드'의 헛소리를 견디는 것은 언제나 고통스럽지만, 글로벌 사우스의 주역들은 이 특수한 경우에서 야기될 수 있는 향후의 상황을 확고하게 인식할 필요가 있다.

예측하건대 "분석" 전체가 패권국과 그 속국들에 금방이라도 닥칠 듯한 파괴적인 굴욕을 중심으로 돌아갈 것이다. 아직은 우크라이나라고도 표현되는 404 국가 country 404°에게 향후에 벌어질 일이다.

미국과 나토의 대러시아 대리전에 관한 한, 브라질, 인도, 인도네시아, 사우디아라비아는 "형세를 관망하는 4개국"이라며 무시당한다. "우리 편 아니면 우리의 적"이라는 오래된 제국의 레퍼토리에 의해서 말이다.

하지만 글로벌사우스의 6개국은 또한 주범으로 제시된다. 브라질, 인도, 인도네시아, 사우디아라비아, 남아공, 튀르키예. 미국 선거를 참조하는 노골적이고 편협한 또 다른 캐치프레이즈 리믹스에서 6개국은 패권국이 유혹하고 구워삶고 협박하고 을러대서 "규칙 기반 국제 질서"의 지배권을 확인해야 하는 핵심 경합국가 swing states 자격을 얻는다. "형세를 관망하는 주요 4개국"에 초점을 맞춘 앞의 보고서에 튀르키예와 남아공이 추가된 일종의 '경합국가 선언'이다.

경합국가 선언은 이 나라들이 모두 G20 회원국이며

° "404 Not Found"라는 인터넷 오류 메시지에 빗댄 표현으로 우크라이나는 정상적인 국가가 아니라는 저자의 뜻이 담겨 있다.

"지정학과 지경학에서 적극적으로 활동한다"고 언급한다(아, 정말? 이거야말로 속보 아닌가!). 보고서에서 말하지 않는 것은 그중 세 나라가 브릭스 회원국(브라질, 인도, 남아공)이며 다른 세 나라는 브릭스플러스 가입을 진지하게 고려한다는 사실이다. 8월 남아공에서 열리는 브릭스 정상회담에서 숙의가 빠른 속도로 진행될 것이다.

경합국가 선언이 향하는 방향이 무엇인지는 분명하다. 브릭스를 상대로 미국을 위해 전쟁을 벌여야 한다는 봉신 동원령이다.

브릭스는 주먹을 휘두르지 않는다

경합국가 선언은 중국에서 벗어나는 니어쇼어링near-shoring°이나 프렌드쇼어링을 꿈꾼다. 말도 안 되는 소리다. 이제부터는 브릭스플러스 내부의 증대된 무역이 대세가 될 것이다. 특히 국가 통화(브라질-중국 무역이나 아세안 내부 무역을 보라)로 이루어지는 무역 관행이 확대될 텐데, 이는 탈달러화 확산을 위한 첫 단계다.

경합국가들은 비동맹운동의 "새롭지 않은 환생", 또는 "G77이나 브릭스 같이 글로벌사우스가 지배하는 다른 그룹"으로 묘사됐다.

기하급수적으로 늘어나는 헛소리들은 결국 전부 브릭스플러스에 관한 것이다. 브릭스플러스는 현재 비동맹

° 자국과 지리적으로 가까운 나라로 생산기반을 옮기는 것.

운동이 냉전 시기에 결코 이룰 수 없었던 일을 할 수 있는 수단을 갖고 있다. 신개발은행을 포함해서 말이다. 이는 브레튼우즈와 서로 맞물리는 패권국의 강제 메커니즘을 우회해서 새로운 시스템의 틀을 세우는 일이다.

브릭스가 지금까지 "주먹을 많이 날리지 않았다"는 언급에 관해 말하자면, 이는 브릭스플러스의 전모에 관한 미국 '싱크탱크랜드'의 거대한 무지를 드러낼 뿐이다.

인도의 입장은 쿼드 회원국이라는 측면에서 "미국 주도 아래 중국과 균형을 맞추기 위한 시도"로만 고려된다. 그렇다. 중국 봉쇄가 목적이다.

경합국가들이 반도체, AI, 양자 기술, 5G, 바이오기술에서 미국과 중국 중 하나를 고르는 "선택"을 해야 한다면, 이는 사실 "선택"이 아니라 어느 수준까지 중국 기술을 악마화하려는 패권국의 압박을 견딜 수 있는가의 문제다. 가령 미국이 브라질에 가하는 압박은 사우디아라비아나 인도네시아에 가하는 것보다 훨씬 크다.

하지만 결국 이 모든 것은 우크라이나에 관한 스트라우스파 네오콘의 강박으로 귀결된다. 경합국가들은 각각 정도는 달라도 제재를 반대하거나 훼손한 죄가 있다. 가령 튀르키예는 "민군 겸용" 제품을 러시아에 보낸다고 비난받고 있다. 미국 금융 시스템이 튀르키예 은행들에 러시아 미르 지불 카드를 받아 주는 걸 멈추라고 악랄하게 강요하는 것에 대해서는 한마디도 없다.

소망적 사고의 전선에서는 자신들의 성과가 커 보이는 듯하다. "크렘린은 무역을 남쪽과 동쪽으로 전환하는 식으로 생계를 꾸릴 수 있다고 믿는 듯하다." 글쎄, 러시아는 이미 유라시아 전역과 광대한 글로벌사우스에서 잘 먹고 잘살고 있다. 경제가 재개되고 있고(주요 추진력은 국내 여행과 기계 건조, 금속 산업), 물가상승률은 2.5퍼센트에 불과하며(유럽연합의 어느 나라보다도 낮다), 실업률은 겨우 3.5퍼센트다. 러시아 중앙은행 총재 엘비라 나비울리는 2024년에 이르면 특별군사작전 이전 수준으로 성장이 회복될 것이라고 말했다.

미국의 '싱크탱크랜드' 녀석들은 브릭스플러스 나라들이 비록 해결해야 하는 심각한 무역 신용 문제가 일부 있다 하더라도, 모스크바가 암시(이미 통화 하나를 열심히 지원한다)만으로도 곧바로 판을 뒤바꿀 수 있음을 선천적으로 이해할 능력이 없다. 러시아는 루블만이 아니라 동시에 위안까지 지탱할 수 있다.

한편 대리전의 하이에나들이 어둠 속에서 계속 울부짖는 만큼이나 글로벌사우스의 탈달러화 행렬은 가차 없이 움직이고 있다. 한여름쯤 분명히 드러날 텐데, 우크라이나에서 나토가 겪는 굴욕의 압도적인 전체 규모가 우리 눈앞에 펼쳐질 때면, 탈달러화 고속열차는 예약이 꽉 찬 채로 멈추지 않고 달릴 것이다.

"거절하지 못할 제안"의 재등장

앞의 모든 내용이 이미 충분히 어리석은데도, 경합국가 선언은 핵전선에 몰두하면서 '그들'이 "미래의 (핵)확산 리스크"라고 비난한다. 특히 이란이 주된 표적이다(달리 어느 나라겠는가?).

그런데 러시아는 "중견국가지만 쇠퇴하는 나라"라고 정의된다. 그것도 "초수정주의적"인 국가다. 이거 참, 이런 "전문가들"이 있으니 미국은 적도 필요하지 않을 것 같다.

지금쯤이면 독자 여러분은 폭소를 터뜨려도 괜찮다. 중국은 브릭스를 지휘하고 흡수하려 한다고 비난받는다. 경합국가들에게 내놓는 제국의 "제안"(마피아식으로 말하자면, "거절하지 못할 제안")은 "중국이 지휘하고 러시아가 조력하는, 미국에 적극적으로 반대하는 기구"에 가담해서는 안 된다는 것이다.

여기 담긴 메시지는 오해의 여지가 없다. "확대된 브릭스, 그리고 이를 통해 글로벌사우스를 중국-러시아가 흡수할 위협은 현실적이며, 이에 대처해야 한다."

그리고 여기 이 위협에 대처하는 처방이 있다. 경합국가 대다수를 G7에 초청하라(비참한 실패로 끝났다). "미국 핵심 외교관들의 고위급 방문을 늘려라"(쿠키를 나눠주는 비키 눌런드•에게 오신 걸 환영한다). 그리고 마지

• 나토 주재 미국 대사 등을 역임한 빅토리아(비키) 눌런드는 CIA '유로마이단' 사태 직접 개입설의 핵심인물로, "미국이 우크라이나에 '열망 달성'을 위해 50억 달러 이상을 투자했다"는 발언이 유명하다. 키예프 '시위' 현장에 쿠키를 나눠주며 직접 등장했다.

막으로 어느 것보다 중요한, 마피아 전술이 있다. "미국 시장 접근성이라는 어려운 과제를 해결하기 시작하는 날렵한 무역 전략"이다.

경합국가 선언은 최고 비밀을 누설했다. 그리고 "미국-중국의 긴장이 극적으로 고조되어 냉전식 대결로 비화하기"를 '기도'하기보다는 '예상'한다. '냉전식' 대결은 이미 벌어졌다. 물론 패권국이 촉발한 대결이다.

그렇다면 후속편은 어떻게 될까? 숱하게 추구하고 질리도록 선전하는 "디커플링"이다. 경합국가들에게 "어느 한쪽 편과 더 긴밀하게 제휴하라"고 강요하는 것이다. "우리 편 아니면 우리의 적"이라는 선언이 다시 등장한다.

다시 시작이다. 날것 그대로의, 제국 특유의 은근한 위협이다. 글로벌사우스를 상대로 한 하이브리드 전쟁 2.0은 아직 시작되지 않았다. 경합국가들이여, 당신들은 모두 경고를 받았다.

2023. 6.

미래는 대유라시아 Greater Eurasia에서 등장한다

16

2023년 7월 4일, 뉴델리에서 이란이 마침내 상하이협력기구 정회원국이 된다.

화상 회의로 열리는 이번 정상회담에서의 이란 가입은 회원국 후보인 벨라루스의 각서 체결과 함께 가장 핵심적인 결정 사항이 될 것이다.*

이와 동시에 러시아 부총리 알렉세이 오베르추크는 이란과 러시아가 주도하는 유라시아경제연합이 2023년 말까지 자유무역협정FTA을 체결할 것임을 확인한 바 있다. 자유무역협정이 체결되면 이미 시행 중인 수백 종류의 상품에 대한 관세를 인하하는 잠정 합의가 확대될 것이다.

2022년 2월 특별군사작전이 시작된 이래 서방 전체의 제재 쓰나미가 진행됨에 따라 유라시아 통합의 핵심을 이루는 두 기둥인 러시아와 이란은 지경학적으로 점

* 2024년 7월에 벨라루스도 정회원국이 되었다.

점 가까워지고 있다.

유라시아경제연합은 상하이협력기구와 브릭스만큼이나 순조롭게 굴러간다. 이집트, 인도, 인도네시아, 아랍에미리트 등과 중기 협정에서 장기 협정에 이르기까지 여러 건의 자유무역협정이 성사될 것으로 예상된다.

오베르추크는 "유라시아경제연합 전체 5개 회원국의 이해관계와 기업, 소비자"를 고려하면 교섭이 "아주 어렵고" "수 년이 걸릴 수 있다"고 인정한다. 하지만 비록 "복잡한 과정"일지라도, 이 지경학 고속열차는 이미 출발역을 떠났다.

스위프트를 탈출하는 길

비슷한 경로로 아시아결제동맹Asian Clearing Union(ACU) 회원국들은 최근 이란에서 열린 정상회담에서 스위프트와 경쟁하는 국경을 가로지르는 새로운 메시지 시스템을 출범시키기로 결정했다.

아시아결제동맹은 방글라데시, 부탄, 인도, 몰디브, 네팔, 파키스탄, 스리랑카, 미얀마, 이란의 중앙은행으로 구성된다. 서아시아, 동남아시아, 남아시아가 건전하게 뒤섞여 있다.

새로운 시스템을 개발한 주역은 여전히 가혹한 제재를 받고 있는 이란의 중앙은행이다. 새로운 시스템이라

아직 고유한 약어를 알 수 없다.

무엇보다도 의미심장하게, 2주 전에 아시아결제동맹 회원 가입 신청을 한 벨라루스 관리들과 나란히 러시아 중앙은행 총재가 아시아결제동맹 정상회담에 옵서버로 참여했다.

이란 중앙은행 총재 모하마드 레자 파르진은 아시아결제동맹에 참여할 잠재적 회원국들의 관심을 확인했다. 뿐만 아니라 양자간 무역 거래에서 지불을 위한 통화 바스켓을 준비하려는 움직임이 있음을 확인했다. 이를 탈달러화 패스트트랙이라고 하자.

이란의 제1부통령 모하마드 모호베르가 요약한 것처럼, "탈달러화는 이제 각국이 자발적으로 선택하는 게 아니다. 달러의 무기화에 대한 불가피한 대응이다".

이란은 현재 다극세계의 심장부를 차지하고 있다. 최근 전 세계 매장량의 약 10퍼센트를 차지하는 대규모 리튬 매장 지대가 발견된 데다가 이란이 브릭스플러스에 가입할 가능성이 높아짐에 따라 상품(금, 석유, 가스 그리고 불가피하게 리튬)에 기반을 둔 브릭스 통화가 등장하는 시나리오가 탄탄해지고 있다.

정신없이 전개되는 이 모든 글로벌사우스 주도의 활동은 '제재의 제국'과 극명한 대조를 이룬다. 글로벌사우스는 제국이 모호하고 자의적인 "규칙 기반 국제 질서"를 방어하기 위해 닥치는 대로 '언제나 누구나 무엇이든'

제재하고 금지하는 것에 이제 질렸다.

하지만 패권국이 가령 중국산 희토류와 전기차 배터리를 절실하게 구매할 필요가 있을 때는 이런 제재와 금지가 적용되지 않는다. 한편 중국은 끊임없이 괴롭힘을 당하면서도 디커플링하지 말라는(미국산 옥수수와 마이크론의 저가 칩을 계속 구입하라는) 말을 듣는다. 이것이 이른바 미국식의 "자유롭고 공정한" 무역이다.

브릭스는 이런 악순환에서 벗어나기 위한 다른 구상이 있다. 많은 것이 신개발은행을 위한 브릭스의 역할 증대에 좌우될 것이다. 신개발은행은 브릭스 5개 회원국뿐만 아니라 방글라데시와 아랍에미리트, 이집트로 구성된다. 우루과이도 조만간 합류할 테고, 아르헨티나, 이집트, 사우디아라비아, 짐바브웨 등 4개 신규 회원국의 가입 요청이 이미 승인되었다.

신개발은행 총재인 브라질 전 대통령 지우마 호세프에 따르면, 8월 남아공에서 열리는 브릭스 정상회담에서 신규 회원국 승인 결정이 공식 발표될 것이다.

한편 카자흐스탄 아스타나에서는 20차 시리아 평화 프로세스 회의가 진행되어 러시아, 시리아, 튀르키예, 이란의 외무차관들이 회합했다(끝이 보이진 않는다). 이는 지난달 마침내 튀르키예군의 역할을 규제하기 위해 모스크바가 제안한 "정상화 로드맵"의 결정적인 한 단계가 되어야 한다. 러시아 외무차관 미하일 보그다노프가 시리아 북부에서 석유를 훔치는 쿠르드 민병대를 지원하는 식으로 다마스쿠스와 앙카라의 관계 정상화를 막기 위해 모든 수단을 동원하는 것이 바로 패권국임을 다시 한번 확인한 것은 놀랄 일이 아니다.

"폭넓은 통합의 윤곽"

상하이협력기구, 브릭스, 유라시아경제연합, 그 외 수많은 다자간 기구와 관련한 상호 연결된 아찔한 속도의 모든 발전은 러시아가 2018년에 이미 정식화한 개념으로 사실상 수렴되는 중이다. "대유라시아파트너십"the Greater Eurasia Partnership이 그것이다.

러시아 외무장관 세르게이 라브로프가 누구보다 훌륭하게 이를 정의한다. "우리의 주요한 대외정치 프로젝트는 대유라시아파트너십 개념에 대한 지원을 구축하는 것이다. 우리가 이야기하는 것은 우리의 광대한 대륙 전체에 속하는 모든 나라와 조직에 열려 있는 폭넓은 통합의 윤곽을 결성하는 객관적인 과정을 촉진하자는 것이다."

라브로프가 중요한 회담이 열릴 때마다 설명하는 것처럼, 여기에는 유라시아경제연합과 중국 일대일로의 "보완적 발전 계획을 상호 연결"하고, "상하이협력기구의 틀 안에서 참관국과 대화 파트너들의 참여"와 상호작용을 확대하고, 러시아와 아세안의 "전략적 동반자 관계를 강화"하고, 유라시아경제연합, 상하이협력기구, 아세안 등의 집행 기구 사이의 "실질적 접촉을 확립"하는 것이 포함된다.

여기에 곧 발생할 브릭스플러스와 앞의 모든 움직임 사이의 결정적 상호작용을 더해 보라. 말 그대로 글로벌사우스 전역의 모든 이들과 이웃이 '브릭스 클럽'에 가입하려고 줄을 서 있다.

라브로프는 "상호 이익이 되는, 상호 연결된 기반시설"과 "대유라시아 전역에서 대륙 차원으로 건설되는 평화와 발전, 협력의 구조물"을 상상한다. 이는 글로벌사우스 전체로 확대되어야 한다.

다른 새로운 기구들에도 참여하는 게 도움이 될 것이다. 오스트리아의 전 외무장관 카린 크나이슬이 이끄는 곳으로, 서아시아 연구와 에너지 문제에 초점을 맞추는 상트페테르부르크 국립대학교의 부문 기관으로 설립된 러시아의 새로운 싱크탱크 '러시아 핵심 쟁점을 위한 지정학 관측소'Geopolitical Observatory for Russia's Key Issues(GORKI)가 좋은 예다.

이 모든 것이 지난주 상트페테르부르크 포럼 기간에 자세히 논의되었다.

눈부신 성공을 거둔 글로벌사우스 지향 포럼에서 핵

심 주제로 다뤄진 것 중 하나는 물론 러시아의 수출입 통로를 재산업화하고 유럽에서 벗어나 아시아와 아프리카, 라틴아메리카로 방향을 전환하는 것이었다.

아랍에미리트는 상트페테르부르크에 탄탄하게 진출해 있는데, 이는 서아시아에서 러시아의 지경학적 미래가 점차 발전하고 있음을 가리킨다. 글로벌사우스가 주도하는 토론의 범위와 폭을 보면, 스스로를 주변화한 집단서방이 '글로벌 다수'Global Majority를 어떻게 소외시켰는지가 두드러진다. 이 소외는 회복 불가능할 것이다.

러시아 영화감독 카렌 샤흐나자로프는 엄청난 인기를 끄는 블라디미르 솔로비요프의 정치 토크쇼에서 이 복잡한 과정을 대유라시아파트너십으로 간결하게 정식화하는 최선의 방법을 찾아냈다.

그의 말에 따르면, 러시아는 현재 소련이 1920년대 초에 맡았던 새로운 세계질서의 글로벌 옹호자 역할을 다시 떠맡고 있다. 이런 맥락에서 서방 전체가 느끼는 분노와 걷잡을 수 없는 러시아 혐오는 그저 무력감의 발로일 뿐이다. 러시아를 자기들 편에 두는 게 당연한 일이었던 시기가 끝나고, 이제는 러시아를 "상실"했다는 좌절감에 그들이 울부짖는 것일 뿐이다.

2023. 6.

시칠리아 산꼭대기에서
새로운 야만인들을 지켜보며

17

시칠리아 해변의 서쪽 가장자리에서 보는 일몰은 언제나 장관인데, 지금 나는 베르길리우스가 『아이네이스』에서 "별들에 가깝다"고 노래한 수천 년 된 "산"인 에리체의 레알두오모 바로 앞에 있다. 이 땅에 정착한 고대 부족 엘리미족의 왕이 된 부테와 비너스 사이에서 태어난 신화 속 동명의 아들(에리체)이 세운 산이다.

신과 반신, 영웅과 님프, 성자와 은자, 신앙과 예술의 영역에 온 당신을 환영한다. 이들은 사실상 옛 모습 그대로인 장엄한 중세 마을에 여전히 살아 있다.

영광과 비참함과 전쟁을 수백 년 겪은 뒤, 투퀴디데스가 "패주하는 트로이아인들"이 배를 끌고 시칠리아에 도착한 다음 시카니족, 엘리미족과 대화한 때를 묘사한 것에서 우리는 깨달음을 얻는다. "두 부족이 사는 도시는 그때 에리체와 세제스타라는 이름을 얻었다."

투퀴디데스의 말처럼, 한참 뒤 세제스타인들은 아테네에서 에리체의 아프로디테 신전을 찾아온 사절들을 맞았다. 에리체는 당시의 '쿨한' 친구들이 모여드는 곳이었다.

11세기 말 체팔루의 노르만 왕 로제 2세가 살던 궁전의 방에서 짙푸른 티레니아의 해변을 긁어낸 후미와 작은 만에 이르기까지, 에리체에서 숭배하던 비너스에서 세제스타에서 숭배하던 비너스에 이르기까지, 역사와 신화에 흠뻑 젖은 이 영역에서 나는 안전한 거리를 유지한 채 포스트모던이 다소 평범하고 편협하게 나타나는 광경을 우연히 좇게 되었다. 나토 정상회담으로 홍보되는 빌뉴스의 광대 쇼가 바로 그것이다.

1세기 초 그리스의 역사가인 (할리카르나소스의) 디오니시우스의 한 후손이 아이네이아스와 트로이아인들이 시칠리아에 도착한 것을 추적하면서, 에리체 언덕의 비너스 제단이 아이네이아스가 어머니를 기리기 위해 직접 세운 것이라고 언급하는 걸 상상해 보라. 세계의 교차로인 시칠리아를 단순히 "미국 정부 점령 지역"American Government Occupied Territory으로 취급하는 쇠퇴하는 초강대국이 이끄는 북대서양의 벼락부자 한 무리가 벌이는 "의식"에 반응하면서.

굳이 1세기 로마의 세네카가 되지 않더라도 시칠리

아가 세계 어느 곳과도 달리 인간을 초월하는 듯 보이는 숱하게 많은 미의 완벽한 원형들을 구현하는 걸 쉽게 알아볼 수 있다.

그처럼 나토가 벌이는 광대 쇼의 실체를 목격하지 않기란 불가능한 일이었다. 저속하고 쓰레기 같은 숨겨진 아리스토파네스의 도용에 불과한 이 쇼는 자기비하 유머의 흔적조차 찾아 보기 어려웠다.

실패로 끝난 광대 쇼

2류 출연진 가운데 특히 능숙했던 건 땀에 젖은 스웨터를 걸친 꼬마 전쟁광°이었는데, 그는 이른바 1류 명단에서 무자비하게 탈락했다.

그의 무기력한 장관들 중 하나가 다음과 같이 딜레마를 규정했다. 우리가 클럽의 일원이 되려면 어떤 조건을 충족시켜야 하는가? 누가 규칙을 정하는가?

유감스럽게도, 신들의 사자인 메르쿠리우스의 현대판 반여신demi-goddness 마리야 자하로바는 (의구심을 진정시키기 위해 직접 만나 줄 수는 없었지만, 어쨌든) 멀리서 응답했다. "만약 당신이 게임의 규칙을 알지 못한다면, '규칙 기반 국제 질서'에 관해 아무것도 모른다는 뜻이다."

다시 말하지만, 이런 일이 어떻게 작동하는지를 알기

° 전시 상황임을 강조하기 위해 자주 스웨터를 입고 방송에 나오는 젤렌스키 우크라이나 대통령을 가리킨다.

위해 타키투스(에리체의 비너스 신전의 또 다른 광팬)에 관한 박사학위가 필요한 건 아니다.

"규칙" 어쩌고저쩌고는 쇠퇴하는 초강대국이 발명한 것이다. 사실 아무 규칙도 존재하지 않는다. 끊임없이 규칙을 지어낼 뿐이다. 그리고 결과가 기대에 미치지 못하면 규칙을 바꾼다. 티베리우스(타키투스가 연대기를 쓴 인물)라면 깊은 인상을 받았을 것이다.

"규칙" 마피아 단원의 '삥뜯기'에 대한 대안은 "국제법"이다. 글로벌사우스 또는 '글로벌 다수'가 당연히 지지하는 개념이다.

이제 광대 쇼의 본 줄거리로 들어가자. 나토는 러시아와의 전쟁을 "원하지 않는다"고 공공연하게 정식화했다. 번역해 보자. 그들은 잔뜩 겁에 질렸다. 제우스가 진짜 나타나서 100만 개의 벼락(또는 포스트모던 시대의 후손인 극초음속 킨잘 씨)으로 위협하는 것보다 더욱 겁을 먹었다.

나토가 진짜 지배자인 미국인들, 또는 책임자 행세를 하는 노르웨이산 가구 쪼가리*를 통해 공개적으로 인정할 수 없는 사실은 그들이 진짜 전쟁을 벌이기 위한 자원이 전무하다는 것이다. 반면 러시아는 자원을 보유하고 있다. 그것도 대규모로.

이미 아프가니스탄에서 처절한 굴욕을 겪은 나토는 현재 가차 없이 체계적으로 탈군사화되는 중이다. 이 과

---

* 나토 사무총장 옌스 스톨텐베르그를 비틀스 노래 〈노르웨이의 숲〉 Norwegian Wood에 빗대 표현한 것이다.

정은 모든 나토스탄 회원국들을 압도하는 최악의 경제 상황과 나란히 진행된다.

전쟁이라고? 핵을 보유한 극초음속 초강대국을 상대로? 투퀴디데스에게 기회를 주는 게 좋지 않을까?

새로운 야만인들을 지켜보며

뒤이어 결국 큰 성공을 거둔 주인공의 이야기가 펼쳐진다. 술탄이 그 주인공이다. 그는 새로운 오스만의 강력한 군주이거나 그저 세상 물정에 밝은 평범한 사기꾼인 듯하지만, 결국 필요한 것을 얻었다. 두둑하게 돈을 챙긴 것이나.

음, 아직 주머니에 넣을 건 아니다. 이게 국제통화기금의 갈취인 걸 감안하면 이 돈에는 엄청난 조건이 붙을 것이다.

항상 이런 식이다. 술탄은 파산했다. 튀르키예는 파산했다. 외환 준비금은 보스포루스의 배수관으로 줄줄 흘러나가고 있다. 그렇다면 술탄은 어떻게 해야 할까? 비참하게 디폴트를 선언하나? 궁전에 남은 금을 팔아 치우나? 아니면 거꾸로 국제통화기금에 허리를 숙이나?

거래를 성사시키기 위해 누가 누구에게 먼저 연락했는지에 관한 확실한 증거는 없다. 앙카라 당국은 최대 130억 달러의 구명줄(사실상 푼돈)을 약속받았을 것이다.

술탄은 중국인들과 훨씬 더 좋은 "윈윈" 거래를 체결할 수 있었다. 일련의 일대일로 투자 프로젝트가 완비된 거래를.

하지만 술탄은 유라시아가 아니라 나토와 일을 처리하기로 결정했다. 현실이 자기 조건을 받아쓰게 하는 데 많은 시간이 걸리지 않을 것이다. 버둥거리는 튀르키예는 유럽연합 가입 허가를 절대 받지 못할 것이다. 미국인들이 브뤼셀에 이를 강요할지 몰라도(그놈의 "규칙"을 기억하시라!), 그것도 어느 정도까지다.

키예프에 다수의 바이락타르 드론을 판다고 해도(그렇다! 그게 술탄 일가의 돈벌이 방식이다) 전장의 상황은 바뀌지 않는다. 러시아-중국의 전략적 동반자 관계와 유라시아 통합 추진을 동시에 적대시한다고 해도 체스판이 바뀌지는 않는다. 술탄은 '유라시아의 세기'라는 정말로 중요한 서사에서 거의 출연 시간이 제로인 엑스트라 역할을 튀르키예에 부여하고 있는 것일지 모른다.

모스크바 외무부는 빌뉴스에서 벌어진 광대 쇼를 곱씹으면서 세계가 "나토글로브"NATO globe로 바뀌는 일은 없을 것이라고 언급했다. 지당한 말이다. 우리 앞에 놓인 미래는 민스크의 신탁인 올드맨 루카°가 정의한 대로 "글로벌글로브"Global Globe다.

"규칙"의 이름으로 벌이는 사기극에는 정말이지 질

° 벨라루스 대통령 루카셴코를 가리킨다.

린다. 눈부시게 쨍쨍한 어느 날 아침, 티레니아해를 따라 육상으로 차를 몰았다. 나는 그리스인들이 당도하기 전 시칠리아 원주민 중 하나인 엘리미족에게 가장 중요한 중심지였던 세제스타의 신전 바로 앞에 섰다.

세제스타는 수백 년 동안 카르타고와 동맹을 맺었고 그 후에는 아테네와 동맹이었다. 신전은 도리아 양식의 완전무결한 구현이다. 신전 건설은 기원전 430년에 시작됐다. 20년 뒤에 카르타고가 세제스타를 함락하면서 버려졌던 것 같다.

변덕으로 점철된 역사는 오늘날 몬테 바르바로Monte Barbaro라고 명명되는 장소로 이어졌다. 아랍인들이 세제스타에 붙인 명칭(칼라타바르바로Calatabarbaro)에서 유래한 이름이다. 시적 정의poetic justice가 다시 등장한다. 그리하여 나는 작열하는 태양 아래 수천 년 묵은 야만인의 산꼭대기에서 전쟁에 중독된 새로운 야만인들the New Barbarian Warmongers이 유독한 "규칙 기반 질서"를 엮어대는 것을 지켜보고 서 있었다.

2023. 7.

21세기의 결정적인 전쟁은
'중국과의 전쟁'이 아니다

18

오랫동안 기억에 남을 만한 장면이었다. 눈에 띄게 호의적으로 시진핑 주석이 베이징에서 "중국의 오랜 벗"인 100세가 넘은 헨리 키신저를 환영했다.

중국이 의전을 꼼꼼히 챙기는 것을 반영하듯, 두 사람은 댜오위타이 국빈관의 5호각에서 회동했다. 1971년에 키신저가 1972년에 진행될 닉슨의 중국 방문을 준비하면서 처음으로 저우언라이를 직접 만난 바로 그곳이었다.

"키신저 씨 베이징에 가다"라는 사건은 점점 어그러지는 중미 관계를 해결하려는 "비공식적인" 개인적 시도였다. 그는 현 미국 행정부를 대표하지 않았다.

여기에 문제가 있다. 지정학에 관심 있는 사람이라면 누구나 키신저의 전설적인 공식을 안다. "미국의 적이 되는 것은 위험하고, 미국의 친구가 되는 것은 치명적이다." 일본과 한국에서부터 독일과 프랑스, 우크라이나에 이르기까지 역사에 풍부한 사례가 있다.

상당히 많은 중국 학자들이 개인적으로 주장하는 것처럼, 이성을 지탱하고 "100세 외교관의 지혜를 존중한다면", 시진핑과 정치국은 중미 관계를 이대로 "싸늘하게" 유지해야 한다.

그들은 미국의 적인 상황은 위험하지만, 중국 같은 '주권적 문명국가'는 이런 위험을 관리할 수 있다고 추론한다. 따라서 베이징은 미국의 적이라는 "영예롭고 덜 위태로운 지위"를 유지해야 한다.

"중국은 존재하지 않는다. 시진핑만 존재할 뿐이다"

현재 미국 행정부의 막후에서 벌어지는 상황은 평화 구상으로 세간의 이목을 끄는 키신저가 아니라 극도로 호전적인 에드워드 러트왁Edward Luttwak이 잘 보여 준다.

80세의 러트왁은 언뜻 보기에 키신저만큼 영향력이 크지 않다. 하지만 막후의 전략가로서 그는 50여 년 동안 모든 스펙트럼에 걸쳐 펜타곤에 조언을 하고 있다. 이탈리아와 영국의 훌륭한 자료에 크게 의지해서 그가 쓴 비잔티움 제국의 전략에 관한 책은 고전으로 평가받는다.

기만의 대가인 러트왁은 현재 워싱턴의 움직임을 맥락 속에서 바라볼 수 있는 소중한 정보를 드러낸다. 이는 바이든의 미국이 러시아와 합의를 하려고 안달이 나 있다는 그의 주장에서 시작된다.

실제로 유능한 외교관인 중앙정보국장 윌리엄 번스가 상대인 러시아 해외정보국장 세르게이 나리슈킨에게 "당신네도 한층 무제한적인 다른 문제를 걱정해야 하니" 상황을 정리할 것을 요청한 게 이 때문이다.

러트왁이 슈펭글러식의 비관적 시각에서 묘사한 "무제한적인" 문제는 "전쟁을 준비하려는" 시진핑의 충동이다. 그러면서 러트왁은 만약 전쟁이 일어난다면 "물론" 중국이 패배할 것이라고 덧붙인다. 이는 워싱턴 순환도로 곳곳에 도사린 네오콘 사이코들이 꿈꾸는 최고의 환상과도 딱 들어맞는다.

러트왁은 중국의 식량 자급자족 추진을 이해하지 못하는 듯하다. 그저 위협으로 규정한다. 시진핑이 "매우 위험한" 개념인 "중국 인민의 부흥"을 사용하는 것도 마찬가지다. 러트왁은 이를 "무솔리니식 개념"이라고 말한다. "중국을 부흥시키려면 전쟁을 벌여야 한다."

"부흥"rejuvenation 개념(실은 "revival"이라고 번역하는 게 낫다)은 적어도 1911년 청나라가 전복된 이래 줄곧 중국에서 울려 퍼졌다. 시진핑이 새롭게 만들어 낸 게 아니다. 중국 학자들은 미국 군대가 대만에 "고문단"으로 도착하는 것을 보게 된다면, 아마 중국도 싸움을 준비해야 할 것이라고 지적한다.

하지만 러트왁은 사명을 향해 내달린다. "이 나라는 미국, 유럽, 우크라이나, 러시아가 아니다. 이것은 '유일 독재자'의 문제다. 중국이란 존재하지 않는다. 시진핑만 존재할 뿐이다."

러트왁은 유럽연합의 주제프 "정원 대 정글" 보렐°과 유럽연합 집행위원회의 광녀 우르줄라 폰 데어 라이엔이 자신의 비전을 전폭 지지한다고 확인한다.

러트왁은 불과 몇 마디 말로 게임 구상 전체를 폭로한다. "현재의 러시아연방은 우리가 바라는 만큼 중국을 봉쇄할 정도로 강하지 않다."

그리하여 바이든은 돈바스 전쟁을 "동결"하고 주제를 바꾸는 쪽으로 돌아선다. 어쨌든 "만약 중국이 위협이라면, 러시아가 결딴나는 걸 원하지는 않기" 때문이다.

러시아의 실제 군사력과 미사일, 극초음속 전력을 분명히 무시하는 것 외에도, "안보 불가분성"(워싱턴이 거부했다) 제안은 말할 것도 없이, 사명을 띤 러트왁에게 오직 두드러지는 것은 (히틀러가 아닌) 무솔리니에 불과한 시진핑이다. "전부 허세일 뿐이다." 문제가 있냐고? "중국이 개자식을 죽이지 못하는 것"이 문제다.

키신저식 "외교"에 대해서는 더 언급할 게 없다.

° 2022년 10월 보렐은 유럽외교아카데미 개관식 연설에서 유럽을 나머지 세계인 "정글"로부터 지켜야 하는 "정원"이라고 발언해서 물의를 일으켰다.

"도덕적 승리"를 선언하고 도망치자

러시아에 관한 키신저와 러트왁의 대결을 보면, '제국'이 최근에 전혀 접해 보지 못했던 실존적 충돌에 직면하면서 발생한 결정적인 균열이 드러난다.

점진적인 대대적 유턴이 이미 진행되는 중이다. 또는 적어도 유턴과 비슷한 모습이 나타난다. 미국의 주류 언론은 유턴을 전적으로 지지할 것이다. 그리고 순진한 대중은 그 뒤를 따를 것이다. 러트왁은 이미 가장 심층적인 의제를 표명하고 있다. 진짜 전쟁은 중국을 상대로 한 것이며, 중국은 "패배할 것이다".

적어도 바이든 주변의 일부 비네오콘 주자들(중앙정보국장 번스 등)은 하이브리드 전쟁이든 다른 전쟁이든 간에 키예프를 위해 공개적으로 영구전쟁을 다짐한 제국의 커다란 전략적 실수를 깨달은 것 같다.

원칙적으로 워싱턴은 베트남과 아프가니스탄의 경우처럼 그냥 걸어 나올 수는 없는 상황이다. 하지만 패권국들은 결국 그냥 철수하는 특권을 누린다. 어쨌든 패권국은 속국들과 달리 주권을 행사한다. 유럽의 속국들은 버려진 채 썩을 것이다. 발트해의 치와와들이 스스로 나서서 러시아-중국에 선전포고를 하는 것을 상상해 보라.

러트왁이 확인한 출구는 워싱턴이 우크라이나(어쨌든 이미 블랙록이 통제하고 있다)에서 일종의 "도덕적 승리"를 선언한 뒤 중국에 총부리를 돌리는 것을 포함한다.

하지만 이제 그것도 식은 죽 먹기는 아닐 것이다. 중국과 팽창 일로를 걷는 브릭스플러스가 이미 제국을 토대, 즉 달러 패권에서부터 공격하고 있기 때문이다. 달러 패권을 잃으면 미국은 중국과의 전쟁 자금을 스스로 조달해야 한다.

비공개를 전제로, 중국 학자들은 천 년도 넘는 분석 범위를 활용해서 미제국이 그 짧은 역사에서 저지르는 최후의 실수가 이번에 발생할 수 있다고 말한다.

그중 한 명은 이렇게 요약한다. "제국은 실존적 전쟁, 따라서 제국 최후의 전쟁을 벌이는 실수를 저지르고 있다. 종말이 오면 제국은 늘 그렇듯 승리를 선언하겠지만, 다른 모든 이들, 특히 속국들은 진실을 알게 될 것이다."

그리하여 우리는 전 국가안보보좌관 즈비그뉴 "거대한 체스판" 브레진스키가 죽기 직전 180도 방향전환을 하면서 러트왁이 아니라 키신저의 편에 선 것을 떠올리게 된다.

9-11 시대 전인 1997년 출간된 『거대한 체스판』에서 브레진스키는 미국이 유라시아에서 발흥하는 그 어떤 동등한 경쟁자도 지배해야 한다고 주장했다. 하지만 이미 7년 전에(키예프의 마이단 사태 2년 뒤에), 적어도 그는 "글로벌 권력 구조를 재편"하는 것이 절대적 과제임을 깨달았다. 그는 러시아-중국의 전략적 동반자 관계라는 자신

의 궁극적 악몽이 현실로 살아나는 것을 보지는 못하고 죽었다.

"규칙 기반 국제 질서" 파괴하기

7년 전과 오늘날의 결정적인 차이점은 미국이 "글로벌 질서를 파괴하지 않은 채 폭력을 … 봉쇄할 수 있는 방식으로 글로벌 권력 구조를 재편하는 데 앞장설" 수 없다는 것이다. 브레진스키의 논리를 적용한다면 말이다.

현재 패권적인 "규칙 기반 국제 질서"를 봉쇄하고 결국 파괴하는 데 앞장서는 것은 다름 아닌 러시아-중국의 전략적 동반자 관계다. 그리고 '글로벌 다수'가 그 뒤를 따른다.

더없이 소중한 학자 마이클 허드슨이 요약한 것처럼, 이글이글 타오르는 현 국면에서 궁극적인 질문은 "경제적 이익과 효율에 따라 세계 무역의 양상과 투자가 결정될 것인가, 아니면 미국·나토의 탈산업 경제가 결국 급속하게 인구가 줄고 탈산업화하는 포스트소비에트 우크라이나와 발트 3국 또는 영국과 같은 모습이 되는 쪽을 선택할 것인가"이다.

이런 지정학적·지경학적 절대 과제를 바꾸기 위해 중국을 상대로 전쟁을 벌인다는 망상도 마찬가지다. 잠깐 투퀴디데스처럼 숨을 고를 때다.

진짜 전쟁이 이미 진행 중이다. 하지만 키신저나 브레진스키, 하물며 러트왁이나 잡다한 미국 네오콘들이 생각하는 그런 전쟁은 아니다. 마이클 허드슨은 다시 한 번 이를 요약한다. 경제에 관한 한, 미국과 유럽연합이 "세계의 나머지로부터 스스로 고립되기로 한 전략적 오류가 워낙 거대하고 전면적인 탓에 그 효과가 세계대전에 맞먹을 정도다".

2023. 7.

시리아:
약탈과 부활의 이야기

19

대시리아 전쟁이 집단서방의 정신에서 사라졌다. 하지만 전쟁은 전혀 끝나지 않았다. '글로벌 다수'의 군중은 시리아인들에 대해 가슴속 깊이 공감한다. 한편, 무대에서 내려가는 걸 거부하는 '약탈의 제국'은 그다지 많은 걸 할 수 없음을 인식하고 있다.

현재 신개발은행(브릭스 은행)이 다마스쿠스에 시리아 재건을 위한 차관을 쏟아부을 가능성은 희박하다. 적어도 아직은 아니다. 러시아와 중국이 돕겠다고 많은 약속을 하긴 했지만.

"ISIS의 입지를 떨어뜨린다"는 믿기 힘든 구실 아래 미국 국무부는 사실상 시리아의 3분의 1에 대한 제국의 불법 점령이 무한정 지속될 것임을 인정한다. 현재 이 지역의 풍부한 석유와 광물 자원이 도난당하고 밀수되고 있다.

시리아민주군SDF 민병대 픽업트럭의 호위를 받으며 알왈리드 국경이나 알마흐무디야를 통해 이라크 북부로 건너가는 석유 수송차 수십 대의 행렬에서 알 수 있듯이, 북동부 하사카주에서는 사실상 끊임없는 석유 약탈의 신호가 보인다.

내가 다시 상기시킬 필요가 없을 정도로, '글로벌 다수'는 ISIS가 사실상 미국의 비밀 작전임을, 즉 이라크-쿠웨이트 국경의 수용소에서 탄생한 이라크 알카에다의 분파 조직임을 잘 안다. 시리아"민주"군은 민주주의와 거리가 먼 미국의 대리인으로, 주로 쿠르드족이 관리하지만 아랍인과 투르크멘인, 살라피파 지하드 세력인 체첸인까지 통합한 종족 민병대들의 "연합"으로 모인 세력이다.

끊임없는 석유 약탈로는 충분하지 않은 듯, 펜타곤은 하사카에 탄약과 병참 장비를 트럭에 가득 채워 계속 급파하고 있다. 수송대가 하사카 농촌의 불법적인 미군 기지들을 오가는데, 특히 알샤다디시 근처 알지브사 유전에 있는 기지와 관련이 있다. 최근 미군 석유 수송차 39대가 도둑질한 시리아 석유를 가득 싣고 불법적으로 알마흐무디야 국경을 넘어 이라크 쿠르디스탄으로 향했다.

러시아는 노골적인 사실에 직면한 가운데서도 여전히 지나치게 외교적 태도를 유지한다. 푸틴의 중동·아프리카 담당 특별대표인 미하일 보그다노프는 최근 알아라비아 방송에 이렇게 말했다. "워싱턴은 테러리즘과 싸운다는 구실을 내걸고 유프라테스강 동쪽의 경제적으로 중요한 지역들에 진출해 있다. 원유와 전략적 천연자원이 풍부한 곳이다."

그는 시리아 남부 알탄프에 미군이 배치돼 있고, 시리아 북부에서 미국이 시리아민주군을 "지원"하는 사실을 부각시켰다. 하지만 이는 처음 밝혀진 획기적인 사실은 아니다.

당신네 석유를 훔치는 것은 그래도 되기 때문이다

다마스쿠스 당국에 따르면, 시리아의 에너지 부문 전체가 미국의 점령, "연합" 세력의 폭격, 테러리스트·분리주의 패거리의 절도와 약탈이 유독하게 혼재된 가운데, 2011년에서 2022년 사이에 무려 1,070억 달러 상당의 피해(도둑질)를 당했다.

시리아에는 자그마치 10여 개의 미군 기지가 존재한다. 일부는 저 유명한 소규모 임시 기지 lily pad(10에이커 이하 규모로 1,000만 달러에 못 미치는 가치)보다 크며, 모든 기지가 사실상 불법이고 다마스쿠스의 인정을 전혀 받지 않았다. 시리아 석유와 가스의 90퍼센트가 미국과 쿠르드족 대리 세력이 장악한 지역인 유프라테스강 동쪽에 집중돼 있는 탓에 '약탈의 제국'은 한결 쉽게 도둑질을 한다.

사실상의 점령은 에너지가 풍부한 지역들만이 아니

라 시리아에서 가장 비옥한 일부 농업 지대까지 뻗어 있다. 그 결과, 시리아는 에너지와 식량의 순수입국으로 바뀌었다. 시리아의 동지중해 연안으로 시급히 필요한 석유를 운송하는 이란 유조선들은 걸핏하면 이스라엘의 방해 행위에 직면한다.

불만을 토로해도 패권국은 아랑곳하지 않는다. 올해 초 중국 외무부는 '약탈의 제국'이 시리아 국민과 "국제사회"에 석유 절도 사태를 제대로 해명해야 한다고 촉구했다. 2023년 초 시리아에서 훔친 석유를 이라크 쿠르디스탄에 있는 미군 기지로 운송한 53대의 석유 수송차 행렬과 관련된 것이었다. 당시 다마스쿠스 당국은 이미 2022년 전반기에만 시리아의 1일 석유 생산량의 80퍼센트 이상이 미국인들과 "민주" 세력에 의해 절도 및 밀수된다고 통보한 바 있다.

시리아의 유엔 상임 대표인 바삼 사바그 대사는 '약탈의 제국'이 벌이는 "자원, 석유, 가스, 밀 도둑질" 때문에 수백만 시리아인이 불안정한 상태에 빠졌고, 상당수가 난민이나 망명자, 그리고 식량 불안정의 희생자로 전락했다고 거듭 비난하고 있다.

제국을 몰아내지 않고서 시리아를 재건할 가능성은 거의 없다. 러시아군과 시리아아랍군SAA(시리아 정규군), 이란 이슬람혁명수비대의 쿠드스군Quds Force 부대들이 합심해서 치밀하게 협력을 해야만 가능한 일이다. 다마스쿠스 혼자서는 해내기 어렵다. 이란이 민병대를 통해 미군을 꾸준히 공격하고 있지만, 성과는 미미하다. 제국을 몰아내기 위해서는 시리아 석유 도둑질에 대해 감당하기 힘든 인적 대가the-human-price를 떠안게 하는 것 말고 다른 방법은 없을 것이다. 제국은 그런 메시지만 이해할 수 있기 때문이다.

앙카라의 술탄 에르도안은 모스크바와의 관계가 언제나 발전하고 있다는 통념을 각인시키기 위해 최선을 다하고 있으며, 8월에 푸틴이 튀르키예를 방문하기를 기대한다. 하지만 가능성은 낮다. 시리아에 관해 에르도안은 입도 뻥긋하지 않는다.

한편 러시아 공군은 앙카라에 계속 압박을 가하면서 이들리브에 있는 살라피파 지하드 대리 세력인 테러 패거리에 폭격을 가하지만, 2015~2020년만큼 대대적인 것은 아니다.

팔미라의 부활

너무도 암울한 전망에 대응하겠다는 듯, 7월 23일 거의 마법 같은 일이 벌어졌다. 전설적인 실크로드의 오아시스 팔미라 해방 6년 뒤, 온갖 관료적 난관을 극복하고 이 사막의 진주가 마침내 복구되기 시작했다.

러시아 외무부 대변인 마리야 자하로바는 우크라이

나와 적절하게 비교하면서 이 순간을 축하하는 길을 찾아냈다. "기념물이나 추락한 소련 전투기와 싸우는 건 우크라이나 파시스트들이 최고다. 현 키예프 정권의 양심이나 역사적 기억에 호소하는 것은 소용없다. 그런 게 전혀 없기 때문이다. 특별군사작전의 목표가 달성되면 우크라이나의 파괴된 기념물이 모두 복구될 것이다. 러시아에는 전후 복구 전문가들이 있다. 이들의 사심 없는 활동과 전문성을 보여주는 한 사례가 시리아 팔미라 복구 사업이다."

러시아 전문가들은 에프카의 오래된 수원을 파내서 복구했다. 청동기 시대 이래 팔미라의 정원에 물을 대는 데 사용된 곳이다. 그들은 또한 도시에서 12킬로미터 떨어진 곳에서 한때 팔미라에 식수를 공급했던 로마 수로를 발견했다. 로마인들은 거의 사람 키만 한 크기의 터널을 파고 돌로 덮은 다음 전부 땅에 묻었다. 수로는 거의 온전한 형태로 발견되었다.

20세기에 프랑스인들이 팔미라에 메리디앙호텔을 지을 때, 수로를 막아서 더 이상 물이 흐르지 않았다. 러시아 고고학자들이 작업을 시작해서 수로를 깨끗하게 청소했다. 문제는 프랑스인들이 이 식수원을 망쳐 놓았다는 것이다. 수로가 완전히 말라 있었다.

팔미라 계획에는 2023년이 끝나기 전에 한 전설적인 극장을 복구하는 것도 포함된다. ISIS가 다이너마이트로

폭파한 아치를 복원하는 데 2년이 소요될 예정이다. 서기 1세기의 벨 신전을 비롯한 역사적 기반시설도 모두 복원될 예정이다. 고고학자들은 이미 재원을 찾는 중이다. 누군가 상하이에 있는 신개발은행에 전화를 걸어야 할 때다.

물론 시리아 전체를 복구하는 것은 엄청난 도전이다. 시리아 기업들이 쉽게 복구할 수 있는 여건을 마련하고 국내 세금을 폐지하는 것에서부터 시작할 수 있을 것이다.

러시아와 중국은 통일된 품질 관리를 통해 시리아 제품을 구매해서 자국 시장에서 판매하는 구조를 만드는 것으로 도움을 줄 수 있다. 이런 식으로 시리아의 일반 농민과 상인의 어깨를 짓누르는 관료적 부담을 덜어줄 수 있다. 러시아는 또한 시리아 제품을 밀과 농기계로 교환할 수 있다.

가능한 해결책이 있다. 복구가 눈앞에 있다. 시리아에서 '글로벌 다수'의 연대로 '혼돈과 약탈과 거짓말의 제국'을 철저히 물리칠 수 있어야만 한다.

2023. 8.

러시아, 아프리카, 중국, 조선:
체스판을 가로지르는 결정적인 움직임들

20

지정학적 체스판은 언제나 움직인다. 이글이글 타오르는 현재의 국면에서는 어느 때보다 움직임이 격렬하다.

아시아와 아메리카 디아스포라의 일부를 포함하는 중국 학자들 사이에서 벌어진 토론에서의 매혹적인 합의는 이렇다. "독일과 유럽연합이 돌이킬 수 없이 러시아를 잃었을 뿐만 아니라 중국이 러시아를 얻음으로써 중국 경제에 커다란 도움(보완)을 받을 것이며, 글로벌사우스('글로벌 다수')와 탄탄한 유대를 이루어 베이징은 또한 이익을 얻을 수 있다."

한편 대서양주의 대외정책 분석가들은 피상적 지식으로 '나토 대 러시아'에 관한 서사를 바꾸려고 분주하게 현실정치의 기본 상식을 적용하고 있다. 하지만 최근의 새로운 견해는 워싱턴이 모스크바를 물리치기를 기대하는 것은 "전략적 정신이상"이며, 키예프의 땀에 젖은 스웨터 차림의 전쟁광이 "신뢰를 잃음"에 따라 나토가 "기부 피로증"donor fatigue°에 시달리고 있다는 것이다.

해석해 보자. 완전히 신뢰를 잃은 것은 나토 전체다. 우크라이나 전장에서 나토가 겪은 굴욕이 고통스러울 정도로 생생해서 이제 '글로벌 다수' 전체가 뚜렷이 알 정도이기 때문이다.

"기부 피로증"은 대규모 전쟁에서 심각하게 패배하고 있음을 뜻한다. 탁월한 군사분석가 안드레이 마르티야노프가 가차 없이 강조한 것처럼, "나토의 '계획'이란 우스갯소리다. 그들은 시기하고 고통스럽게 질투하며 시샘할 뿐이다."

신뢰할 만한 향후 경로는 모스크바가 나토(펜타곤의 부속물에 불과하다는 것이 명확해졌다)와 협상하는 게 아니라 개별 유럽 국가들에 러시아와의 안보조약을 제안하는 것이다. 이 조약을 맺으면 그들은 더 이상 나토에 소속될 필요가 없어진다. 안보조약을 맺은 참여국은 안전을 보장받을 수 있고, 워싱턴으로부터 받는 압력도 줄어들 것이다. 유럽의 대다수 관련 국가들은 이를 수용할 가능성이 있지만, 유럽의 하이에나 폴란드와 발트의 치와와들은 그렇지 않을 것이다.

이와 동시에, 중국은 일본과 한국, 필리핀에 평화조약을 제시할 수 있다. 그 결과로 '기지 제국' 미국의 상당 부분이 사라질지 모른다.

° 기부 경력이 있는 사람에게 기부 요청이 쇄도하는 탓에 피로를 느끼는 현상.

이번에도 역시 문제는 속국들이 평화를 보장하는 협정을 준수할 권한이나 힘이 없다는 것이다. 독일 기업가들은 비공개를 전제로 한 발언에서 조만간 베를린이 워싱턴에 거역하고 러시아-중국의 전략적 동반자 관계와 거래를 할 것이라고 확언한다. 그게 독일에 이득이 되기 때문이다.

하지만 황금률은 아직 충족되지 않았다. 주권국가 대접을 받고자 하는 속국이 우선 할 일은 '기지 제국'의 핵심 지부들을 폐쇄하고 미군을 쫓아내는 것이다.

이라크는 수년째 이를 시도하고 있지만 성과는 전무하다. 시리아의 3분의 1은 여전히 미국이 점령 중이다. 미국이 러시아의 개입으로 인해 다마스쿠스를 상대로 벌인 대리전에서 패배했음에도 불구하고.

실존적 충돌, 우크라이나 프로젝트

러시아는 이웃이자 친족인 나라를 상대로 잔인한 전쟁을 벌일 수밖에 없었다. 이 전쟁에서 패배하는 것은 불가능하다. 핵강국이자 극초음속 무기 강국은 패배하지 않는다.

중국 학자들이 볼 때, 만약 모스크바가 다소 약해진다고 해도, 미국이 제국 수립 이래 최대의 전략적 실수를 저질렀다는 점에는 변화가 없다. 우크라이나 프로젝트를 실존적 충돌로 뒤바꾸면서 제국 전체와 모든 속국을 러시아를 상대로 한 총력전으로 내몰았기 때문이다.

"따라서 우리에게는 이제 평화 협상이란 없으며, 휴전도 거부한다." 미국 대외정책을 관리하는 네오콘들이 고안할 수 있는 유일한 결과는 러시아의 무조건 항복뿐이다.

워싱턴은 베트남과 아프가니스탄을 상대로 선택한 전쟁에서 패배할 여력이 있었다. 하지만 러시아를 상대로 한 전쟁에서는 패배할 여력이 없다. 그런 일이 벌어지면, 속국들의 반란이 원대하게 벌어질 것이다.

지금부터 중국과 브릭스플러스가 미증유의 속도로 미국 달러를 잠식할 것이 분명하다. 인도의 참여는 중요하지 않다. 브릭스 통화가 당장 등장하지는 않을 것이다. 몇몇 훌륭한 논자가 언급한 것처럼. 그들의 논의 범위는 거대하다. 보좌관들은 이제 막 토론을 시작했다. 폭넓은 윤곽은 아직 정해지지 않았다.

브릭스플러스의 접근법은 국경을 가로지르는 향상된 결제 메커니즘(푸틴부터 중앙은행 총재 엘비라 나비울리나에 이르기까지 모든 이들이 강조한 내용)에서부터 결국에는 새로운 통화의 창출에 이르도록 발전할 것이다.

이는 유로 같은 주권 통화보다는 무역 결제 수단에 가까울 것이다. 처음에는 브릭스플러스 나라들 사이 무역에서 미국 달러와 경쟁하기 위해 고안될 것이다. 미국 달러가 패권을 쥔 생태계를 우회할 수 있을 것이다.

　핵심적인 문제는 제국의 가짜 경제(진짜 학자 마이클 허드슨이 냉정하게 분석해냈다)가 이처럼 광범위한 스펙트럼의 지경학적 전쟁에서 얼마나 오래 버틸 수 있는가 하는 점이다.[*]

모든 게 "국가안보 위협"

전자기술 전선에서 제국은 아무 제약도 없이 글로벌 경제 의존을 강요하면서 지적 재산권을 독점하고, 마이클 허드슨이 지적하는 것처럼, "하이테크 컴퓨터 반도체, 통신, 무기 생산에 대해 높은 가격을 매기는 식으로 경제지대^{rent}를 추출"하고 있다.

　실제로 대만이 중국에 값비싼 칩을 공급하는 것을 금지하고 TSMC에 최대한 신속하게 애리조나 반도체 제조 시설을 건설하라는 제국의 요청이 있었다. 하지만 TSMC 회장 마크 리우는 이 공장에 "반도체급 시설에서 장비를 설치하는 데 필요한 전문성"을 갖춘 노동력이 부족한 상황이라고 언급한 바 있다. 따라서 많은 칭송을 받은 애리조나의 TSMC 반도체 공장은 2025년 전까지 생산을 개시하지 못할 것이다.

　제국과 그의 봉신인 나토의 첫 번째 요구는 독일과 유럽연합이 러시아-중국의 전략적 동반자 관계와 그 동

---

[*] 이러한 내용을 직접 다룬 마이클 허드슨의 『문명의 운명』 The Destiny of Civilization: Finance Capitalism, Industrial Capitalism or Socialism이 한국어판으로 출간되어 있다(조행복 옮김, 아카넷, 2023).

맹국들에 '무역의 철의 장막'을 강제함으로써 무역 "리스크를 제거"해야 한다는 것이다.

예측 가능하게도, 미국의 '싱크탱크랜드'는 미쳐 날뛰고 있다. 미국기업연구소American Enterprise Institute는 과격한 난도질과 함께 경제적 리스크 제거로는 충분하지 않다고 말한다. 미국에 필요한 것은 중국과 단호하게 단절하는 것이라는 주장이다.

이는 국제적 자유무역 규칙과 국제법을 박살내고, 모든 형태의 무역과 금융 거래를 미국의 경제적·군사적 통제에 대한 "국가안보 위협"으로 간주하는 워싱턴의 태도와 맞아떨어진다.

따라서 예상되는 양상은 중국이 여전히 베이징의 으뜸가는 무역 파트너인 유럽연합에 무역 제재를 부과하는 게 아니다. 워싱턴이 미국 주도의 무역 보이콧을 깨뜨리는 나라들에 제재의 쓰나미를 부과하는 것을 예상하는 게 합당하다.

러시아-조선이 러시아-아프리카를 만나다

이번 주에 체스판의 판도를 바꾸는 강수가 두 차례 나왔다. 러시아 국방장관 세르게이 쇼이구가 조선을 방문하고 상트페테르부르크에서 러시아-아프리카 정상회담이 이루어져 세간의 이목을 끌었다.

쇼이구는 평양에서 록스타처럼 환대를 받았다. 조선의 국무위원회 위원장 김정은과 직접 회담을 갖기도 했다. 이런 상호 친선은 조선이 마침내 다극세계로 나아가는 길을 닦고, 다자간 기구에 합류하는 가능성이 커지는 결과로 이어질 것이다.

나는 그 기구가 유라시아경제연합의 확대판이 될 것이라고 확신한다. 이는 베트남 및 쿠바의 경우처럼 유라시아경제연합-조선의 자유무역협정으로 시작될 수도 있다.

러시아는 유라시아경제연합의 최고 강대국으로서 이른바 대북 제재를 무시할 수 있다. 한편으로, 브릭스플러스나 상하이협력기구, 아세안은 재고해야 할 게 너무 많다. 모스크바의 핵심 우선 과제는 극동의 발전과 한반도의 두 국가both Koreas와의 통합 증대, 북극해 항로, 즉 북극 실크로드다. 따라서 조선은 자연스러운 파트너다.

조선과 유라시아경제연합이 연결되면 일대일로 투자에 큰 효과가 생길 것이다. 조선이 가입하면 베이징이 현재 상황에서 조선에 투자할 때 누리지 못하는 것들에 대한 보호물이 생기는 셈이다. 이는 일대일로-유라시아경제연합 통합의 고전적인 사례가 될 수 있다.

러시아의 최고 수준의 외교력은 조선에 대한 압력을 완화하기 위해 전력을 기울이는 중이다. 전략적으로 이는 진정한 게임체인저다. 상당히 정교하고 거대한 조선의 산업-군사 복합체에 러시아-중국의 전략적 동반자 관계가 더해지면서 아시아-태평양의 패러다임 전체가 뒤집히는 상황을 상상해 보라.

상트페테르부르크에서의 러시아-아프리카 정상회담은 그 자체로 또 다른 게임체인저로서, 서방 전체의 주류 언론은 현재 졸도할 지경에 이르렀다. 서방 전체가 아프리카-유라시아를 상대로 반러 프로파간다 하이브리드 전쟁을 벌이는 가운데, 러시아가 말과 행동으로 아프리카 전체와 포괄적인 전략적 동반자 관계를 선언한 것이다.

푸틴은 러시아가 어떻게 글로벌 밀 시장의 20퍼센트를 점유하고 있는지를 보여 주었다. 2023년 1~6월에 러시아는 이미 1,000만 톤의 곡물을 아프리카로 수출했다. 러시아는 짐바브웨와 부르키나파소, 소말리아, 에리트레아에 향후 3~4개월 동안 각각 2만 5,000~5만 톤의 곡물을 무상으로 제공할 예정이다.

푸틴은 아프리카 전역에서 대략 30건의 에너지 개발 프로젝트를 진행하는 계획에서부터 석유 및 가스 수출을 확대하고 "핵기술을 의약품을 비롯한 독보적인 비에너지 분야에 적용하는 계획", 수에즈운하 근처에 러시아 산업지대를 개설해서 아프리카 전역에 제품을 수출하는 계획, 러시아 결제 시스템과 연결하는 등 아프리카의 금융 인프라를 발전시키는 계획에 이르기까지 모든 것을 자세히 설명했다.

무엇보다도 푸틴은 유라시아경제연합과 아프리카의 유대 강화를 극찬했다. "유라시아경제연합-아프리카: 협력의 지평들"이라는 포럼 패널 토론에서는 브릭스 및 아시아와의 대륙적 연계 강화 가능성을 검토했다. 자유무역협정의 물결이 한창 진행 중이다.

포럼의 범위는 아주 인상적이었다. "산업 협력을 통한 기술 주권 달성"이나 "신세계질서: 식민주의의 유산에서 주권과 발전까지" 같은 "탈신식민화" 패널 토론이 열렸다. 물론 국제남북운송회랑 또한 논의되어 주요 참여국인 러시아, 이란, 인도가 나토 연안 지역을 피해 아프리카까지 도달하는 결정적으로 중요한 확대를 촉진하기 시작했다.

상트페테르부르크의 굉장한 행동과 맞물리면서 군사 '쿠데타'가 니제르에서 발생했다. 신식민주의자인 친프랑스 대통령 모하메드 바주마가 전복되었다.

프랑스 군대가 말리에서 쫓겨났을 때 니제르로 철수한 사실, 미국이 니제르에 드론 기지를 보유하고 있다는 사실을 기억하는 게 중요하다. 서방 전체의 주류 언론은 격분해서 고함쳤다. 꼬마 왕 에마뉘엘 마크롱은 몇 주 뒤에야 니제르를 방문할 수 있었다.

니제르는 프랑스의 핵 프로그램에 절대적으로 필요한 전략적인 우라늄 광산을 보유하고 있다. 일부 쿠데타

지도자들은 공교롭게도 공공연하게 친러시아를 표방하는 말리의 군사정권과 연결되어 있다. 말리는 프랑스어권 아프리카에서 공식 철수했다.

프랑스의 영향력은 또한 중앙아프리카공화국CAR과 부르키나파소에서도 최소한 "재설정"되는 중이다. 해석해 보자. 프랑스와 서방은 사헬 지대 전역에서 차근차근 쫓겨나는 중이다. 바야흐로 돌이킬 수 없는 탈식민화 과정이 진행되고 있다.

파괴를 초래하는 죽음의 사자들을 조심하라

조선에서 시작해 아프리카를 거쳐 대중국 반도체 전쟁에 이르기까지 체스판 전역에서 벌어지는 이런 움직임은 우크라이나에서 나토가 겪게 될 충격적인 굴욕만큼이나 결정적으로 중요하다. 그리고 중국을 최우선적으로 겨냥한 총력전을 준비하는 워싱턴의 입장에서 러시아가 사실상 전술적인 적이라는 점을, 전략적 동반자 관계인 러시아와 중국뿐만 아니라 글로벌사우스·'글로벌 다수' 전역의 주요국들도 잘 알고 있다.

현재 상황에서 베이징은 아직 해결되지 않은 돈바스의 비극에서 이득을 보는 것일 수도 있다. 제국이 전쟁을 치르느라 분주한 나머지 아시아-태평양을 멀리하기 때문이다. 하지만 스트라우스파 네오콘 사이코들이 지배하는 워싱턴은 점차 "절망의 행렬"Desperation Row의 수렁에 빠지면서 세계를 한층 더 위험에 빠뜨리고 있다.

한편으로는 브릭스플러스라는 "정글"이 단극적인 서방의 "정원"을 배제할 필수적인 메커니즘을 가속화하는 가운데 이 모든 일이 벌어진다. 그 와중에 무기력한 유럽은 심연으로 내몰리면서 중국과 브릭스플러스, 그리고 사실상의 '글로벌 다수'로부터 어쩔 수 없이 떨어져 나간다.

노련한 일기예보관이 아니더라도 초원의 바람이 어느 방향으로 부는지 알 수 있다. '파괴를 초래하는 죽음의 사자들'이 체스판을 짓밟는 음모를 꾸미고, 바람이 울부짖기 시작했기 때문이다.

2023. 7.

다극세계   vs   미제국

IV

부하라에서 브릭스까지:
광기의 어둠 속에서 빛을 찾는 여정

21

고귀한 부하라Bukhara The Noble. "이슬람의 돔"은 2,500년을 거슬러 올라가는 역사를 지닌 도시로, 수많은 경이로운 유적들을 일일이 언급하기 어려울 정도다. 도시 발전의 터전이 된 2,000년 묵은 요새Ark에서부터 1127년에 건축된 48미터 높이의 칼론Kalon 첨탑에 이르기까지 사방 어디를 둘러보아도 유적이 눈에 들어온다. 칼론 첨탑에 깊은 인상을 받은 칭기즈칸은 첨탑을 파괴하지 말라고 특별히 지시를 내렸다.

첨탑 꼭대기 가까이에 둘러진 우아한 청록색 띠는 심장지대 전역에서 최초로 등장한 반짝이는 타일 작품의 사례다.

페르시아 서사시 『샤나메』Shanameh에 따르면, 주인공 시야바쉬가 이웃 나라 아프라시아브의 딸과 결혼한 뒤 도시를 창건했다. 고대 실크로드가 개통되기 전에도 부하라는 대상의 교차로로 번성했다. 성문은 메르브(오늘날의 투르크메니스탄에 있는 도시)와 헤라트(아프가니스탄 서부), 히바와 사마르칸트(둘 다 현재 우즈베키스탄에 속한다)로 통했다.

부하라의 전성기는 페르시아 문화와 과학의 메카로 변모한 사만왕조 시절의 9~10세기였다. 알비루니와 시인 루다키, 그리고 물론 아비센나(이븐 시나)의 시대였다. 그들 모두 전설적인 '지혜의 보고'인 도서관을 들락거렸다. 바그다드의 '지혜의 집'에 필적할 만한 거대한 도서관이었다.

부하라는 1220년 칭기즈칸과 몽골인들에 의해 대부분 파괴되었다(첨탑은 화를 면했다). 1333년 모로코의 위대한 여행가 이븐 바투타가 이곳을 찾았을 때 도시 대부분은 여전히 폐허 상태였다.

하지만 1318년 아주 특별한 한 사람이 부하라 외곽 마을 카스리 오리폰에서 태어났다. 처음 그는 무함마드라는 이름으로만 알려졌다. 하즈라트 알리°의 후손인 아버지와 할아버지의 이름을 물려받은 것이었다. 하지만 역사의 결정에 따라 무함마드는 결국 이슬람 땅 전역에서 수피 성자 바하우딘 나크슈반디 Bahauddin Naqshbandi로 유명세를 떨치게 되었다.

이름에 무엇이 담겨 있을까? 모든 것이 있다. 바하우딘은 "종교의 빛"을 뜻하며 나크슈반디는 "쫓는 사람"을

° 예언자 무함마드의 사위.

의미한다. 그는 성장 과정에서 부하라 시내와 주변에 사는 몇몇 성자^{pir}와 셰이크를 만나 삶이 풍부해졌다. 거의 생애 전부를 이 오아시스들에서 보냈고, 노예나 하인을 거느리지 않고 스스로 육체노동을 했으며 아주 가난한 생활을 했다.

바하우딘 나크슈반디는 결국 지극히 단순한 발상에 바탕을 두었지만 후세에 큰 영향을 미친 타리카^{tariqa}(이슬람 교단)를 세웠다. "알라로 가슴을 채우고 노동으로 손을 채우라"는 그의 발상은 11개 규칙^{rasha}(방울)으로 발전했다.

"다섯 손가락"에서 무엇이 나오는가

도시의 영적 수호자인 14세기 수피 성자의 무덤 주변에 세워진, 부하라 외곽에 있는 바하우딘 나크슈반디 단지를 방문하면 깨달음을 얻는 경험을 한다. 신성한 돌들과 "소원을 비는 나무들", 기묘한 희생 공물로 이루어진 연결망을 둘러싼 그토록 평화로운 분위기가 마음을 달랜다.

이곳은 지난날의 애니미즘과 이슬람의 공식적 가르침을 결합하는, 심장지대 전역의 수많은 지역에 스며든 또 다른 이슬람으로 정의될 수 있는 것들의 정수다. 단지를 찾은 사람들은 온갖 지역에서 온, 예를 들면 색색의 사랑스러운 옷을 입은 우즈베크 여성들, 중앙아시아뿐만 아니라 서아시아와 남아시아 전역에서 온 순례자들을 숱하게 만난다. 선풍적 인기를 끄는 우즈베키스탄 대통령 미르지요예프도 지난주에 여기를 찾았다. 인근에 새로 생긴 공항에서 곧바로 달려왔다.

이 평화와 묵상의 오아시스는 시대의 유독한 격변과 뚜렷한 대조를 이룰 뿐만 아니라 광기 속에서 제정신을 찾도록 기운을 북돋아 준다. 어쨌든 나크슈반디가 가르쳐준 규칙 중 하나는 이렇다. "우리의 길은 대화이고, 선행은 은둔이 아니라 상호 소통에서만 발견된다."

그러니 수피의 지혜를 다가오는 획기적인 순간에 적용해 보자. '글로벌 다수'가 더 공평하고 덜 비정상적인 국제 관계 양상으로 나아가는 길을 굳혀 줄 게 분명한 순간이 온다. 바로 다음 주에 남아공에서 열리는 제15차 브릭스 정상회담이다.

중국 외무장관 왕이는 유교와 수피즘을 매혹적으로 혼합하는 축약된 정의를 새롭게 만들어 낸 바 있다. "브릭스 회원국들은 다섯 손가락과 같다. 펼치면 짧은 것도 있고 긴 것도 있지만, 함께 꽉 쥐면 강력한 주먹이 된다."

다섯 손가락을 강력한 주먹으로 꽉 쥘 수 있도록 정상회담을 준비하는 상당히 많은 보좌관들이 노력했다. 하지만 조만간 이는 주먹 하나가 아니라 여러 주먹과 팔과 다리, 그리고 몸 전체에 관한 이야기가 될 것이다. 바로 브릭스플러스가 등장하는 것이다.

국제 관계의 새로운 시스템을 준비하고 실행하는 데 관여하는 새로운 다자간 기구들의 네트워크 가운데 브릭스는 현재 글로벌사우스, '글로벌 다수', "글로벌글로브"(저작권자는 루카셴코) 플랫폼의 으뜸으로 여겨진다.

우리는 아직 새로운 "세계체제"(월러스틴의 말을 인용하자면)로 나아가는 이행과는 거리가 멀지만, 브릭스 없이는 작은 발걸음도 불가능할 것이다.

남아공은 브릭스플러스 확대를 위한 첫 번째 좌표를 확정할 것이다. 그리고 이 과정은 무한정 계속될 수 있다. 어쨌든 "글로벌글로브"의 광대한 지역들이 이미 자신들도 참여하고 싶다는 뜻을 공식적(23개국)으로, 그리고 비공식적으로(남아공 외무부에 따르면 무수히 많은 "관심 표현"이 있었다) 밝혔다.

가급적 빨리 브릭스플러스의 일원이 되기를 원하는 나라들의 공식 명단(앞으로 바뀔 수도 있다)은 글로벌사우스 그 자체다. **알제리**, 아르헨티나, 바레인, 방글라데시, 벨라루스, 볼리비아, 쿠바, **이집트**, **에티오피아**, 온두라스, 인도네시아, 이란, 카자흐스탄, 쿠웨이트, **모로코**, **나이지리아**, 팔레스타인, 사우디아라비아, **세네갈**, 태국, 아랍에미리트, 베네수엘라, 베트남.

그리고 아프리카가 있다. "다섯 손가락"은 남아공 대통령 시릴 라마포사를 통해 아프리카와 글로벌사우스의 자그마치 67개국 지도자를 브릭스-아프리카 아웃리치BRICS-Africa Outreach와 브릭스플러스 대화BRICS+ Dialogues에 초청했다.

나크슈반디를 환기시키자면, 이 모든 것이 브릭스의 핵심 규칙이 무엇이 될지 자세히 보여 준다. 아프리카와 글로벌사우스 전체를 아우르는 것이 목표다. 모든 나라가 수익성 좋은 대화에 참여하고 주권을 확인하는 데서 동등하게 존중받을 것이다.

페르시아인들의 반격

이란이 브릭스플러스의 첫 번째 회원국이 될 특권적 지위에 있다는 주장이 나올 수 있다. 테헤란이 이미 러시아, 중국 양국과 전략적 동반자 관계를 누리고 있으며, 국제남북운송회랑에서 인도의 핵심 파트너라는 점이 유리하게 작용한다.

이란 외무장관 호세인 아미르-압돌라히안은 이미 공식적으로 발언한 바 있다. "이란과 브릭스의 동반자 관계는 실제로 몇몇 분야에서 시작되었다. 이란을 통해 인도와 러시아를 연결하는 남북운송회랑은 브릭스 운송 프로젝트의 일부다."

브릭스플러스에서 돌파구가 열리는 것과 나란히, "다섯 손가락"은 탈달러화 전선에서 비교적 신중을 기할 것이다. 보좌관들은 새로운 통화를 공식적으로 발표하는 일은 없을 테지만 회원국들의 자국 통화를, 지금 당장은 저 유명한 R5(런민비, 루블, 헤알, 루피, 랜드)를 사용하는 양자간 무역과 다자간 무역의 확대에 대해 발표할 예정임을 비공식적으로 확인했다.

글로벌사우스보다 한층 매혹적이지는 않더라도 아주 강력한 모토인 신조어 "글로벌글로브"를 만든 벨라루스 지도자 루카셴코는 브릭스플러스가 실현되면 장래에 일어날 수 있는 결정적인 정책 '쿠데타'를 처음으로 환기시켰다. 그것은 브릭스와 상하이협력기구의 통합이다.

남아공 전 대사 킹슬리 마쿠벨라는 공개적으로 루카셴코의 발언을 되풀이했다. 그뿐만 아니라 "글로벌글로브"의 수많은 외교관과 분석가들이 비공식적으로 그리하고 있다. "장래에 브릭스와 상하이협력기구는 똘똘 뭉쳐서 하나의 실체를 구성할 것이다. … 회원국이 똑같이 겹치는데 브릭스와 상하이협력기구를 따로 유지하는 것은 적절치 않기 때문이다."

여기에는 의문의 여지가 없다. 브릭스를 움직이는 핵심 국가는 러시아와 중국이며, 인도는 여러 복잡한 이유로 약간 영향력이 떨어진다. 상하이협력기구에서는 러시아와 중국, 인도, 이란, 파키스탄이 같은 테이블에 앉아 있다. 상하이협력기구의 유라시아 중심성은 브릭스플러스로 쉽게 이식될 수 있다. 두 기구 모두 "글로벌글로브" 중심으로 구성되었고, 다극체제를 향해 움직이며, 무엇보다도 모든 전선에서 탈달러화에 전념한다.

사실 이 모든 지정학적·지경학적 지각판의 움직임을 수피즘으로 독해할 수 있다. 분할통치 주창자들과 잡다한 전쟁의 '개'들이 우즈베키스탄 부하라 외곽의 나크슈반디 단지를 찾고서 어리둥절한 만큼, "글로벌글로브"는 대화와 상호 존중의 과정에 참여하면서 원하는 모든 답을 찾을 수 있다.

글로벌 영혼들에 축복을! 마치 10세기 부하라의 지혜의 보고를 다시 찾은 것처럼 그들이 앎을 발견하기를!

2023. 8.

중앙아시아:
새로운 그레이트 게임의 주전장

22

이른바 역사적 심장지대, 즉 중앙유라시아는 이미 미국과 (전략적 동반자 관계인) 중국-러시아가 벌이는 '새로운 그레이트 게임'의 주전장이며 앞으로도 줄곧 그러할 것이다.

우리 모두 기억하는 것처럼, 19세기 말의 그레이트 게임은 영제국과 러시아제국이 맞붙은 대결이었고, 아직도 끝나지 않았다. 미-영 연합국과 소련, 그리고 미국(과 유럽연합 속국들)과 러시아의 대결로 전이되었을 뿐이다.

심장지대(중앙유라시아)는, 일찍이 1904년 영제국이 개념화하고 맥킨더가 설계한 지정학 게임에 따르면, 저 유명한 "역사의 축"pivot of History이다. 21세기에 다시 에너지를 얻은 심장지대의 역사적 역할은 수백 년 전과 마찬가지로 유효하다. 새롭게 등장하는 다극체제의 핵심 추동자인 것이다.

따라서 모든 주요 강대국이 중앙유라시아에서 활동하고 있는 것은 놀랄 일은 아니다. 중국, 러시아, 미국, 유럽연합, 인도, 이란, 튀르키예, 그리고 정도는 덜하지만 일본까지. 중앙아시아 "스탄국" 5개 중 4개(카자흐스탄, 우즈베키스탄, 키르기스스탄, 타지키스탄)가 상하이협력기구 정식 회원국이다. 그리고 카자흐스탄 같은 몇몇 나라는 조만간 브릭스플러스 회원국이 될 것이다.

심장지대 전역에 대한 영향력을 놓고 벌어지는 핵심적인 지정학적·전략적 충돌에서 미국과 러시아-중국이 맞붙는다. 수많은 정치, 경제, 금융 전선에서.

제국의 행동 방식은 위협과 최후통첩(달리 무엇이 있겠는가?)에 특권을 부여하는 것이다. 불과 4개월 전, 제국의 사절들(국무부, 재무부, 해외자산통제국OFAC)이 노골적으로 위장도 별로 하지 않은 채 위협적인 분위기를 풍기며 "선물" 보따리를 잔뜩 안고서 심장지대를 광범위하게 돌아다녔다. 핵심적인 메시지는 이런 것이다. "당신들이 어떤 식으로든 러시아를 '돕거나' 심지어 거래를 하면, 2차 제재의 채찍을 맞을 것이다."

우즈베키스탄의 사마르칸트와 부하라에서 기업들과 진행된 비공식적 대화와 카자흐스탄에서 이뤄진 접촉을 보면 양상이 드러난다. 미국이 모든 수단을 동원해 심장지대에 총구를 들이댈 것임을 모두가 알 수 있다.

고대 실크로드의 왕들

심장지대 지역 중 현재 벌어지는 파워게임을 가장 잘 관찰할 수 있는 곳은 전설적인 "동방의 로마" 사마르칸트다. 이곳은 고대 소그디아(중국, 인도, 파르티아, 페르시아 사이의 역사적인 무역 교차로로서 동방-서방의 문화적 추세와 조로아스터교, 이슬람 형성 전후 역사의 굉장히 중요한 마디)의 심장부에 자리한다.

지중해의 페니키아인들만큼이나 소그드인들도 고대 실크로드(실제로는 여러 개가 있었다)를 사실상 식민지로 삼았다. 심장지대부터 멀리 중국에 이르기까지 이 길들을 따라 시장 정착촌을 건설했다.

중국 둔황의 실크로드 랜드마크 근처에서 발견된 고대 소그드인들의 편지를 통해 사마르칸트의 부유층 가족들이 멀리 떨어진 식민지들의 무역에 보조금을 준 사실이 확인되었다. 실크로드의 지배적 언어가 소그드어였다는 점은 매우 중요하다. 불교도, 기독교도, 마니교도가 자신들의 종교 문서를 소그드어로 번역했다.

4세기부터 8세기까지 동아시아와 중앙아시아, 서아시아 사이의 대상隊商 무역을 독점한 것은 바로 소그드인들이었다. 비단, 목화, 금, 은, 구리, 무기, 향료, 모피, 자기, 장신구, 준보석, 거울 등이 주요 거래품이었다. 교활한 소그드 상인들은 유목 왕조들의 보호를 등에 업고 중국과 비잔티움의 무역을 확고히 했다.

중국의 능력주의 엘리트들은 아주 오랜 역사적 순환을 기준으로 추론하며, 앞에서 이야기한 내용을 모두 잘 안다. 공식적으로 일대일로라 불리는 신실크로드 개념을 배후에서 추동하는 핵심 세력이 바로 그들이다. 베이징 당국은 범유라시아 무역과 연결성 증대로 나아가는 필수적 경로로 서방 이웃들과 다시 이어져야 할 필요성을 느끼고 있다.

심장지대와의 관계에 관한 한 베이징과 모스크바는 상호 보완적인 부분에 초점을 맞춘다. 언제나 전략적 협력의 원칙을 따른다. 양국 모두 1998년 이래 중앙아시아의 지역 안보와 경제 협력에 관여하고 있다. 2001년 9-11을 불과 몇 달 앞두고 창설된 상하이협력기구는 러시아-중국의 공동 전략의 산물일 뿐만 아니라 심장지대와의 중단 없는 대화 플랫폼이다.

중앙아시아의 각기 다른 "스탄 국가들"이 이에 어떻게 대응하는지는 다차원적인 문제다. 가령 경제적으로 허약하고 값싼 노동력의 공급자로 러시아 시장에 크게 의존하는 타지키스탄은 서방과의 협력을 비롯해서 모든 종류의 협력에 "문호를 개방"하는 정책을 공식적으로 유지한다.

카자흐스탄과 미국은 전략적동반자관계협의회Strategic Partnership Council를 만들었다(가장 최근 회담은 2022년 말에 진행). 우즈베키스탄과 미국은 2021년 말 '전략적 동반자 관계 대화'라는 것을 마련했다. 우즈베키스탄의 모든 마을의 길모퉁이 가게에서 코카콜라와 펩시콜라를 파는 것과 타슈켄트에 우뚝 선 무역센터를 통해 미국 기업의 존재감이 대단히 두드러진다.

유럽연합은 특히 대외무역(390억 달러)과 투자(123억 달러)의 30퍼센트 이상이 유럽에서 나오는 카자흐스탄에서 뒤처지지 않으려고 노력한다. 우즈베키스탄 대통령 미르지요예프(5년 전 나라를 개방한 인물인 까닭에 인기가 무척 많다)는 3개월 전 독일을 방문해서 90억 달러에 달하는 무역 거래를 챙겼다.

10년 전 중국 일대일로가 시작된 이래 유럽연합은 심장지대 전역에 1,200억 달러를 투자했다. 크게 초라하지는 않지만(전체 해외투자의 40퍼센트) 중국의 대대적인 투자에는 미치지 못한다.

튀르키예의 꿍꿍이

예상할 수 있듯이, 심장지대에서 제국이 초점을 맞추는 곳은 카자흐스탄이다. 석유·가스 때문이다. 미국-카자흐스탄 무역은 미국의 중앙아시아 무역 전체의 86퍼센트를 차지한다(그다지 큰 규모는 아니어서 지난해 38억 달러에 불과했다). 미국의 우즈베키스탄 무역은 7퍼센트에 불과하다.

상하이협력기구의 일원인 중앙아시아 "스탄" 4개국이 대체로 이른바 "다면적 외교"를 실천한다고 주장하는 게 공정할 것이다. 제국의 분노를 사지 않으려고 노력하는 것이다. 카자흐스탄은 "균형 외교"에 찬성한다. 이는 '대외정책 구상 2014-2020'Concept of Foreign Policy 2014-2020의 일환이기도 하다.

어떻게 보면, 아스타나가 새롭게 내세우는 모토는 앞서 나자르바예프 시절에 확립된 "다중 벡터 외교"와 일정한 연속성을 표명한다. 토카예프 대통령이 지휘하는 카자흐스탄은 상하이협력기구와 유라시아경제연합, 일대일로 회원국이다. 하지만 동시에 1년 내내 제국의 책략에 대비하는 적색경보 상태다. 2022년 초 색깔 혁명의 위협으로부터 토카예프를 구해준 것은 러시아와 집단안보조약기구CSTO의 신속한 개입이었다.

한편 중국은 가령 '중국-중앙아시아 5+1 정상회담' 같이 세간의 이목을 끄는 회담으로 공고해진 집단적 접근법에 투자한다. 이 회담은 불과 3개월 전에 열렸다.

그리고 과거의 튀르크회의Turkic Council로 튀르키예와 아제르바이잔, 중앙아시아 3개 "스탄국", 즉 카자흐스탄, 우즈베키스탄, 키르기스스탄이 단합하는 튀르크어사용국기구Organization of Turkic States(OTS) 같이 대단히 흥미로운 사례가 있다.

이 기구의 원대한 목표는 "튀르크어 사용국들 사이의 포괄적 협력을 증진하는" 것이다. 튀르키예 제품을 홍보하는 기묘한 광고판을 제외하면 심장지대 전역에서 실제로 가시적인 성과는 많지 않다. 2022년 봄 이스탄불 사무국을 찾았지만, "경제, 문화, 교육, 교통" 그리고 무엇보다도 관세에 관한 여러 프로젝트에 대한 모호한 언급을 들었을 뿐 확실한 답은 얻지 못했다.

지난 11월 사마르칸트에서 튀르크어사용국기구는 "간소한 관세 회랑 수립에 관한" 협정에 서명했다. 이 협정으로 심장지대를 가로지르는 일종의 축소판 튀르키예 실크로드가 조성될 수 있을지 여부를 말하기에는 너무 이르다.

하지만 이 기구가 다음에 무엇을 찾아낼지 주시한다면 큰 도움이 될 것이다. 기구 헌장은 "대외정책 문제에 관한 공동의 입장을 발전시키고", "국제 테러리즘과 분리주의, 극단주의, 국경을 가로지르는 범죄에 맞서기 위한 행동을 조정하고", "무역과 투자에 우호적인 조건"을 창출하는 것에 특권을 부여한다.

애초에 튀르크회의 또는 튀르크어사용국기구를 만든다는 발상은 앙카라에서 나온 게 아니다. 2006년 나자르바예프가 아스타나에서 내놓은 것이다. 창립 사무총장 할릴 아큰즈Halil Akinci는 당시 튀르크회의가 역사상 최초로 튀르크어권 국가들이 자발적으로 뭉친 조직이라고 강조했다.

투르크메니스탄(절대적인 지정학적 중립을 열렬하게 고집하는 특이한 중앙아시아 "스탄국")은 공교롭게도 튀르크어사용국기구의 참관국이다. 유목문명연구소 Center of Nomadic Civilizations가 키르기스스탄 수도 비슈케크에 자리한 것 또한 눈길을 끈다.

러시아-심장지대의 수수께끼 풀기

집단서방의 대러시아 제재는 결국 심장지대의 많은 나라들이 이익을 얻는 결과로 이어졌다. 중앙아시아 각국 경제가 러시아에 밀접하게 연결된 탓에 수출이 급증했다(그만큼 유럽산 제품 수입도 늘었다).

상당히 많은 유럽연합 기업들이 러시아에서 빠져나온 뒤 심장지대에 자리를 잡았다. 그와 나란히 중앙아시아의 일부 재벌들이 러시아 자산을 매입하는 과정이 있었다. 러시아의 동원령을 피해 상대적으로 부유한 러시아인 수만 명이 심장지대로 이주하는 한편, 중앙아시아의 많은 노동자들이 특히 모스크바와 상트페테르부르크에서 새로운 일자리를 찾았다.

2022년에 러시아에서의 대우즈베키스탄 송금이 무려 169억 달러로 크게 증가했다. 85퍼센트(약 145억 달러)가 러시아로 간 노동자들이 보낸 것이다. 유럽부흥개발은행

EBRD에 따르면, 심장지대 각국의 경제는 2023년 5.2퍼센트, 2024년 5.4퍼센트씩 건전하게 성장할 것이다.

이런 전망은 사마르칸트에서 한결 가시적이다. 이 도시는 거대한 건설과 복원의 현장이다. 완벽하게 새로운 널찍한 대로들이 곳곳에서 생겨나는데, 짙푸른 초록 조경과 꽃, 분수, 넓은 인도까지 완벽하다. 전부 반짝인다고 할 정도로 깨끗하다. 부랑자나 노숙자, 코카인 중독자가 전혀 없다. 서방의 쇠퇴하는 대도시에서 온 방문객들은 그야말로 깜짝 놀란다.

우즈베크 정부는 타슈켄트에 거대하고 압도적인 이슬람문명센터Center of Islamic Civilization를 건설 중이다. 범유라시아 사업에 중점을 둔 기획이다.

심장지대 전역의 핵심적인 지정학적 벡터가 옛 소련의 지배자인 러시아와의 관계임은 의문의 여지가 없다. 러시아어는 삶의 모든 영역에서 여전히 공통어다.

카자흐스탄에서 시작해 보자. 이 나라는 러시아와 광대한 7,500킬로미터의 국경을 공유한다(하지만 국경 분쟁이 전혀 없다). 소련 시절에 중앙아시아의 5개 "스탄 국가"는 사실상 "중앙아시아와 카자흐스탄"으로 명명되었다. 카자흐스탄의 거대한 영역이 서시베리아 남부에 펼쳐져 있고 유럽과 가깝기 때문이다. 카자흐스탄은 자국이 철두철미하게 유라시아적이라고 생각한다. 나자르바예프 시절 이래 아스타나가 유라시아 통합에 특별한 의

미를 부여해 온 것은 놀랄 일이 아니다.

지난해 상트페테르부르크 경제포럼에서 푸틴을 만난 토카예프는 아스타나가 도네츠크와 루간스크 인민공화국의 독립을 인정하지 않을 것이라고 말했다. 카자흐스탄 외교관들은 서방의 제재를 우회하기 위한 관문 역할을 할 여력이 없다고 계속 강조한다(하지만 실은 많은 경우 그림자 속에서 바로 이런 일을 한다).

한편 키르기스스탄은 지난해 10월 예정된 집단안보조약기구CSTO의 "강한 형제애 2022"Strong Brotherhood-2022 합동군사훈련을 취소했다(하지만 이 경우 문제는 러시아가 아니라 타지키스탄과의 국경 문제였다).

푸틴은 러시아-카자흐스탄-우즈베키스탄 가스 동맹 수립을 제안한 바 있다. 아직까지는 아무것도 이루어지지 않았다. 당장은 이루어지지 않을 것이다.

하지만 이 모든 것을 사소한 차질로 간주해도 좋다. 지난해 푸틴은 오랜만에 처음으로 중앙아시아의 5개 "스탄국"을 전부 방문했다. 중국을 따라하기라도 하듯, 처음으로 5+1 정상회담이 열렸다. 러시아 외교관과 사업가들이 분주히 심장지대를 오갔다. 그러고나서 2023년 5월 러시아의 제2차 세계대전 승전기념일에 중앙아시아 5개 "스탄국"의 대통령이 전부 모스크바 붉은 광장에서 열린 행진에 직접 참가한 사실을 잊어서는 안 된다.

러시아 외교는 중앙아시아 "스탄국"들을 러시아의

영향력에서 빼내려고 혈안이 된 제국의 강박에 관해 속속들이 알고 있다. 러시아는 2019~2025년 미국의 공식적 중앙아시아 전략을 훌쩍 넘어선다. 미국의 전략은 미국이 아프가니스탄에서 굴욕을 당하고 우크라이나에서 나토가 굴욕을 눈앞에 둔 현재 치매 상태에 다다랐다.

결정적으로 중요한 에너지 전선에서 (TAPI 파이프라인이 축소된) TAP 파이프라인이 **미국의** 새로운 실크로드의 우선순위였음을 기억하는 이는 거의 없다. 국무부가 만들어 낸 이 신조어를 2011년 당시 국무장관 힐러리 클린턴이 대대적으로 홍보했었다.

나는 2010년대 초에 펴낸 『혼돈의 제국』Empire of Chaos 에서 이 문제를 자세히 다루었다. 실질적으로는 어떤 일도 일어날 수 없었다. 최근 미국인들이 할 수 있었던 것은 경쟁자인 이란-파키스탄IP 파이프라인 개발을 중단시킨 것이다. 전 총리 임란 칸을 파키스탄 정치 무대에서 제거하기 위한 법률 전쟁 스캔들이 벌어진 뒤 이슬라마바드가 개발 계획을 취소하도록 강제한 것이다.

하지만 TAPI-IP 파이프라이니스탄의 전설은 끝나지 않았다. 아프가니스탄이 미국의 점령에서 벗어나자 가스프롬은 TAPI 건설의 일익을 담당하는 데 아주 많은 관심을 보였고 이는 중국 기업들도 마찬가지다. 파이프라인은 일대일로의 전략적 마디가 되어 중앙아시아와 남아시아를 잇는 여러 교차로에서 중국-파키스탄 경제 회랑

CPEC과 연결될 것이다.

집단서방은 외계인

러시아는 심장지대 전역에서 유명하게 통용됐고 앞으로도 계속 그러할 것이다. 중국 모델은 중앙아시아에서 일련의 토착적 해법에 영감을 줄 수 있는 지속 가능한 발전의 본보기로서 타의 추종을 불허한다.

이와 대조적으로, 제국은 무엇을 제공하는가? 한마디로 말해 보자. ISIS호라산 같은 현지화된 테러 앞잡이들을 통한 분할통치뿐이다. ISIS호라산은 중앙아시아의 가장 약한 마디들(가령 페르가나 계곡에서부터 아프가니스탄-타지키스탄 국경까지)에서 정치 불안정을 조성하기 위한 도구로 사용된다.

심장지대가 직면하는 다중의 도전은 발다이 중앙아시아 회의 같은 여러 회담에서 자세히 논의되고 있다.

발다이클럽의 전문가 루스탐 카이다로프는 서방-심장지대 관계를 가장 명확하게 평가했다. "집단서방은 문화와 세계관의 측면에서 우리에게 외계인이다. 미국, 유럽연합과 중앙아시아 사이에 관계와 친선의 토대로 기능할 수 있는 현상이나 사건, 현대 문화의 요소는 하나도 없다. 미국인과 유럽인은 중앙아시아 사람들의 문화와 정신구조, 또는 전통에 관해 전혀 모르기 때문에 우리와 상호작용할 수 없으며 영원히 그럴 것이다. 중앙아시아는 경제 번영이 서방의 자유민주주의와 결합된다고 보지 않는다. 자유민주주의는 사실 이 지역 나라들에 낯선 개념이다."

이 말을 곱씹으며, 하루하루 점점 강렬해지는 새로운 그레이트 게임의 맥락에서 보면, 심장지대의 일부 외교 진영이 브릭스플러스에 포함된 중앙아시아의 더욱 긴밀한 통합에 한층 흥미를 느끼는 것도 놀랄 일은 아니다. 남아공에서 열리는 브릭스 정상회담에서 이 문제가 논의될 예정이다.

전략 공식은 '러시아+중앙아시아+남아시아+아프리카+라틴아메리카'다. 한마디로 말하자면, "글로벌글로브" 통합의 또 다른 사례다. 이 모든 것은 카자흐스탄이 심장지대 국가 중 처음으로 브릭스플러스 회원국으로 수용되는 데서 시작될 수 있다.

그 후 세계 전체는 다시 활력을 얻은 심장지대를 위한 복귀 무대가 된다. 교통, 물류, 에너지, 무역, 제조업, 투자, 정보기술, 문화, 그리고 "사람과 사람의 교류"people-to-people's exchanges가 활성화될 것이다. 특히 마지막에 언급한 인간 교류는 과거와 현재의 실크로드 정신에 핵심적으로 자리 잡은 중요한 것이다.

2023. 8.

나토스탄의 로봇 대 다극세계의 천마

23

지난주 남아공에서 브릭스 11개국이 처음 모습을 드러내면서 공개된, 게임을 바꿔내는 광범위한 벡터들을 분석하려면 우리 모두에게 많은 시간과 성찰이 필요할 것이다.

하지만 시간은 아무도 기다려 주지 않는다. 제국은 전력을 다해 **반격할 것이며**, 실제로 제국이 앞세운 수많은 히드라의 하이브리드 전쟁 촉수가 이미 전모를 드러내고 있다.

나는 이곳저곳에서 브릭스 11개국의 탄생에 관한 거친 역사 초안을 정리하고자 시도한 바 있다. 러시아-중국의 전략적 동반자 관계가 현재 한 번에 한 걸음씩 달성하고 있는 거대한 성과 또한 다중 벡터를 갖고 있다.

- 브릭스를 미국의 비외교에 맞서 싸우기 위한 동맹으로 확대한다.

- 제재 치매sanctions dementia에 대응한다.
- 스위프트의 대안을 증진한다.
- 자치권과 자주성, 주권의 사례를 증진한다.
- 소중한 신조어인 "글로벌글로브"를 고안한 루카셴코 대통령이 이미 넌지시 말한 것처럼, 제국의 군사적 위협에 대항하기 위해 가까운 장래에 브릭스 11개국(과 계속해서 관계를 증진 중인 국가들)을 상하이협력기구와 통합한다.

이와 대조적으로, 더없이 소중한 학자 마이클 허드슨은 미국과 유럽연합이 "스스로 세계 전체로부터 고립된 전략적 오류가 너무 크고 전면적인 나머지 그 효과가 세계대전에 맞먹는다"는 것을 계속 보여 주고 있다.

허드슨 교수는 우크라이나에서 벌어지는 대리전은 러시아만이 아니라 유럽에 대해서도 "3차 세계대전으로 간주할 수 있다"고 주장한다. 허드슨 교수가 자세히 설명하는 바에 따르면, 지금 우리는 여러 측면에서 "2차 세계대전의 결과물" 속에서 살고 있다. "미국은 2차 대전의 여파로 자신들의 이기심을 위해 작동하는 국제적 경제·정치 기구를 세우고 통제했다. 국제통화기금IMF은 미국의 금융 통제를 타국에 강요하고 세계 경제를 달러화하기 위한 기구이고, 세계은행은 각국 정부에 돈을 빌려주면서 미국의 식료품과 제조업에 대한 무역 의존, 플랜테이션 농업 증진, 미국과 나토의 석유·광업·천연자원 통제 등을 조성하는 기반 비용을 담당하며, 미국이 통제하는 유엔 기관들은 미국이 창설하거나 참여하는 모든 국제기구에서 거부권 등 권력을 행사한다."

글로벌사우스나 '글로벌 다수', "글로벌글로브"의 실질적 해방은 이와는 전혀 다른 논리의 게임이다. 지난 7월 모스크바에서 개최된 러시아-아프리카 정상회담에 이어 지난주 시진핑이 직접 참석해서 요하네스버그에서 아프리카 지도자 수십 명과 하루를 보낸 브릭스 정상회담을 생각해 보라. 이 나라들은 모두 새로운 비동맹운동의 일원이다. 쿠바 대통령 디아스카넬은 G77(실제로는 134개국) 회의를 주재했다.●

러시아-중국의 이중나선은 이런 식으로 작동한다. "글로벌글로브"에 안보와 하이테크 인프라(러시아)와 금융, 제조업 수출, 도로와 철도 인프라(중국)를 광범위하게 제공하면서.

이런 맥락에서 브릭스 통화는 필요하지 않다. 허드슨 교수는 푸틴 대통령의 발언을 결정적으로 인용한다. 필요한 것은 무역과 투자에서 불균형을 억제하는 국제수지를 위한 각국 중앙은행의 "결제 수단"이다. 이는 금을 기반으로 한 브릭스의 초국적 통화와는 아무 관계가 없다.

더욱이 점점 더 많은 나라들이 결제 수단으로 달러를 포기할 것이기 때문에 새로운 준비통화는 필요하지 않을

● G77(The Group of 77)은 1964년 유엔 무역개발회의 공동선언에 서명한 77개 국가가 설립한 것으로, 1967년 「알제 헌장」을 채택하고 점차 다자기구로서 기능하게 된다. 유엔 내 최대 개발도상국 정부 기구(현재 134개국 가입)로 "남남 협력"을 지향한다.

것이다. 푸틴은 "임시" 회계 단위를 언급한 바 있다. 브릭스 11개국 내부 무역이 각국 통화로 확대되는 게 불가피하기 때문이다. 이 모든 상황은 석유, 가스, 광물, 농업, 상품의 주요 생산자들의 압도적 동맹이라는 맥락에서 전개될 것이다. 새로운 글로벌 질서를 지탱할 수 있는 **진정한** 경제가 점차 서방의 지배를 망각 속으로 밀어내는 것이다.

이를 헤게모니를 안락사시키는 부드러운 방식이라고 부르자.

"해로운 중국" 서사는 모두 탑승하세요

이제 앞의 모든 상황을 나토 사무총장 행세를 하는 노르웨이산 가구 쪼가리Norwegian Wood와 비교해 보시라. 그는 유별나게 솔직한 면모를 보이며 워싱턴의 중앙정보국 대변인 신문에 우크라이나 전쟁이 "2022년이 아니라 2014년에 시작되었다"고 토로한 바 있다.

그리하여 이제 제국의 봉신으로 지정된 인물은 모든 게 마이단 광장에서 시작되었음을 솔직하게 인정한다. 미국의 공작에 의해, 쿠키 유통업자 비키 "망할 놈의 유럽연합" 눌런드°가 감독한 쿠데타였다. 이를 살펴보면 특별군사작전에 대해 러시아의 "침공" 운운하는 나토의 주장은 법적 관점에서 순전히 엉터리임이 드러난다.

_{2014년 1월 당시 국무부 유럽·유라시아 담당 차관보였던 눌런드가 우크라이나 주재 미국 대사와 전화 통화를 하면서 마이단 시위를 진압한 당시 우크라이나 정부를 제재하지 않는 유럽연합에 막말을 했는데, 이 내용이 누설되어 곤욕을 치렀다.}

범대서양주의 바보통치idiocracy의 여론 조작 전문가 spin doctor 또는 돈을 받고 일하는 선전 "전문가"들은 오만과 무지를 독보적으로 뒤섞으면서 러시아를 악마화하는 일에 있어서는 무슨 짓을 해도 상관없다고 믿는 게 확실하다. "해로운 중국"malign China에 관한 그들의 새로운 서사도 마찬가지다.

영광스럽게도 내가 직접 만나 본 중국 학자들은 중화中華(찬란한 중국 문명)와 대결하는 문제에 관한 한 미제국의 통속적 서사와 예측 프로그램이 아무 소용이 없다고 언제나 확실히 지적한다.

한 학자가 설명하는 것처럼, 중국은 "국가 지휘부에 생각이 뚜렷하고 목적의식적이며 가차 없이 고귀한 aristocratic 집권층"을 갖추고 있기 때문이다. 그들은 권력의 도구를 활용해서 무엇보다도 모두를 위한 공공안전과 위생, 교조 주입이 아니라 유용한 정보와 기술 학습에 초점을 맞추는 교육, 적절하게 통제되는 화폐 체계, 진짜 물건을 만드는 물리적 자산과 산업 역량, 일류 외교·공급망·기술과학·경제·문화·상업·지전략geostrategy·금융 네트워크, 일류 물리적 기반시설을 보장한다.

하지만 적어도 1990년 이래 서방 주류언론은 중국의 경제 붕괴나 "경착륙"이 임박했다고 강박적으로 주문을 왼다.

당치도 않은 소리다. 또 다른 중국 학자가 말하는 것

처럼, "중국의 전략은 잠자는 개들을 내버려두고 거짓말 하는 기계도 그냥 지껄이게 내버려두는 것이었다. 다른 한편으로는 중국이 그들의 꿈속에서 그들을 능가하고 제국의 종말을 야기하게 내버려두라".

독극물, 바이러스, 마이크로칩

그리하여 우리는 한 바퀴를 돌아 다시 새로운 그레이트 게임으로 돌아온다. 나토스탄 대 다극세계의 대결이다. 생생한 현실이 제공하는 증거에도 상관없이 일찌감치 할복 태세를 갖춘 나토스탄(특히 유럽 부문)은 러시아-중국과의 전쟁에서 실제로 자신들이 승리할 것으로 믿는다.

글로벌사우스·'글로벌 다수'·"글로벌글로브"가 적으로 간주된다. 따라서 유럽 각국 가난한 국민들의 대부분을 기근, 실험 주사제, 새롭게 개조한 바이러스, 뇌-컴퓨터인터페이스BCI 삽입 마이크로칩에 이어 글로벌 로보캅 "안보" 집단으로 중독시켜야 한다.

다가오는 브릭스 11개국 정상회담은 이미 치명적인 중독과 신종 바이러스, 사이보그 등 새로운 제국의 행동을 촉발하고 있다.

제국의 지배자는 일본 해산물 산업을 "구조"하라는 명령을 발동했다. 제국이 중국을 겨냥해 벌이는 반도체 전쟁에서 광견병에 걸린 개 노릇을 하면서 최근에 캠프

데이비드 정상회담에서 한국의 봉신들과 나란히 예의 바르게 충성을 맹세한 도쿄에 보상물quid pro quo 쪼가리를 몇 개 던져준 것이다.

후쿠시마 핵폐수를 바다에 쏟아 버리는 바로 그 순간 유럽연합의 속국들은 한목소리로 일본 식품 수입 규제를 해제했다. 유럽연합이 계속 제 무덤을 파는 또 다른 사례다. 일본은 10호 태풍 '산산'珊珊식의(중국이 제출한 이름) 역풍을 받을 예정이기 때문이다.

유라시아경제연합 거시경제 장관 세르게이 글라지예프는 트랜스휴머니즘의 새로운 프런티어에 대해 선도적으로 경고했다. 서서히 다가오는 나노기술 주사 열풍은 여러 과학 저널에 자세히 기록되어 있다.

글라지예프는 텔레그램 게시글에서 스티브 호치 Steve Hotze 박사의 말을 인용하면서 미 국방고등연구계획국DARPA이 하는 작업을 설명했다. 인체에 "산화그래핀 graphene oxide과 하이드로젤hydrogel 형태의 나노봇을 주입"해서 나노봇과 뇌세포를 연결하는 인터페이스를 만든다는 것이다. 우리는 "신호의 수용기이자 수신기, 발신기"가 된다. "뇌는 외부로부터 신호를 수신할 것이고, 우리는 원격으로 조작될 수 있다."

글라지예프는 또한 이미 광적으로 홍보되는 새로운 코로나 바이러스 변종인 "에리스"Eris도 언급한다. 세계보

건기구가 그리스 신화 속 밤의 여신 닉스의 딸로, 불화와 다툼의 여신 이름을 따서 명명한 변종이다.

그리스 신화에 익숙한 이들이라면 에리스가 펠레우스와 테티스의 결혼식에 초대받지 못해서 격분한 사실을 알 것이다. 에리스의 복수는 헤스페리데스의 정원에서 가져온 황금 사과에 "가장 아름다운 이에게 바친다"는 문구를 적어서 연회장에 던진 것이었다. 이 전설 속의 "불화의 사과" 때문에 헤라와 아테나, 아프로디테는 '여자들의 싸움'이라 불리는 것의 원조격이라 할 만한 싸움을 벌였다. 그리고 이는 결국 트로이 전쟁으로 이어졌다.

검은 커튼이 쳐진 화이트룸에서

쇼를 운영하는 "엘리트" 출신들이 새로운 바이러스에 전쟁의 전조라는 이름을 붙이는 것은 너무나 예측 가능하다. 어쨌든 '다음 전쟁'이 시급히 필요하다. 우크라이나 프로젝트는 거대한 전략적 실패임이 입증되었고, 조만간 나토는 엄청난 굴욕을 당할 게 확실한 상황이다.

제국이 농민 게릴라군에 패배했던 베트남 전쟁 당시, 실내온도보다 IQ가 높은 언론인이라면 누구든 사이공의 지휘본부에서 매일 열리는 작전 회의를 "사이공의 바보짓"이라고 조롱했다. 미국의 우크라이나 대리전에서 백악관과 국무부, 펜타곤, 나토 사령부, 카프카적인 브뤼셀

기구, 그밖에도 서방 주변 지역의 싸구려 이동식 연회장에서 하루가 멀게 쓰나미처럼 벌어지는 바보짓에 비하면 사이공은 오히려 양호한 편이다. 차이가 있다면 오늘날 "언론인" 행세를 하는 이들이 이런 "바보짓"을 제대로 인식할 줄 아는 역량이 없다는 것이다. 설령 제대로 파악한다고 해도 보도 통로가 막혀 있을 것이다.

윌리엄 블레이크에게 일부 영감을 받아 1968년 내놓은 걸작에서 록밴드 크림은 창백한 "은색 말들"과 지친 "누런 호랑이들"을 이야기한다(〈하얀 방〉White Room). 여기서 묘사한 플라톤의 동굴의 시뮬라크르인 화이트룸 안에, 집단서방이 있다.

서방 전체가 검은 커튼이 쳐진 역의 방에서 기다리는 중이다. 하지만 기차는 오지 않는다. 서방은 "외로운 군중과 함께 이곳에서 잠들"고 "그림자들이 자신에게서 도망치는 어둠 속에 누워 있을" 것이다.

멀리 떨어진 차가운 바깥에는 햇빛 아래 움직이는 그림자들에게서 떨어진 채로, 비단과 철로 만들어진 도로 건너편에 다극세계의 천마天馬(Heavenly Horse)들이 네트워크에서 네트워크로, 일대일로에서 유라시아와 아프로유라시아의 다리로, 직관에서 통합으로, 해방에서 주권으로 씩씩하게 내달릴 것이다.

2023. 8.

다극세계의 색조를 결정하는 러시아의 극동

24

푸틴 대통령이 블라디보스토크 동방경제포럼Eastern Economic Forum에서 길게 울려 퍼지는 메시지를 담아 무척 상세한 연설을 했다. "극동은 21세기 전체에 걸쳐 러시아의 전략적 우선순위입니다."

동보스포루스 해협을 가로질러 루스키섬까지 이어지는 4킬로미터가 넘는 현수교를 배경으로 극동연방대학교(불과 11년 전에 개교했다)에 자리한 멋들어진 포럼장 곳곳에서 어울리는 기업 중역들과 소통하는 사람이라면 누구나 이미 '전략적 우선순위'를 느낄 수 있었을 것이다.

러시아 극동·북극 발전부 장관이 발표하고 포럼 중에 눈길을 끈 몇몇 패널이 확인한 것처럼, 사실상 러시아의 아시아라고 할 수 있을 (아시아-태평양의 핵심 마디인) 이 지역의 발전 가능성은 경탄스러울 정도다. 2,800개의 투자 프로젝트가 추진 중이고, 646개는 이미 실행 중이다. 국제적인 몇몇 선진경제특구Advanced Special Economic Zones(ASEZ)가 창설되고, 수백 개 중소기업의 본거지인 블라디보스토크 자유항이 확장되었다. 모든 준비는 끝났다.

이 모든 것은 러시아에서 현재 작동 중인 "동방 중심 전략"pivot to the East(키예프의 마이단보다 2년 앞선 2012년에 푸틴이 발표했다)을 훌쩍 넘어선다. 서방 전체는 말할 것도 없고 지구의 나머지 지역 입장에서도 현장을 체험하지 않고서는 러시아가 극동에서 이룬 마법을 도저히 이해할 수 없다. 블라디보스토크에서 글로벌사우스 방문자들이 경험한 것(서방은 사실상 포럼에서 보이지 않았다)은 한창 진행 중인 지속 가능한 발전 사업이다. 한 주권국가가 광대한 자국 영토를 새롭게 부상하는 다중심적 지경학 시대로 통합하는 과정에서 분위기를 주도하는 것이다. 인도와 중국은 말할 것도 없고 아세안(라오스, 미얀마, 필리핀)과 아랍 세계 대표단도 상황을 완벽하게 이해했다.

"탈서방화 운동"에 오신 것을 환영합니다

푸틴은 극동의 투자 속도가 러시아 지역 평균보다 3배 많고, 아직 35퍼센트만 탐사되었기 때문에 천연자원 산업의 잠재력이 무한하며, '시베리아의힘'과 사할린-하바롭스크-블라디보스토크 가스관이 연결될 것이며, 2030

년에 이르면 러시아 북극의 LNG 생산이 3배로 늘어날 것이라고 강조했다.

그리고 더 넓은 맥락이 있다. 푸틴은 "글로벌 경제가 어떻게 변해 왔고 계속 변하고 있는지, 그리고 서방이 스스로 창조한 무역과 금융 시스템을 어떻게 자기 손으로 파괴하고 있는지"에 대해 강조했다. 러시아와 아시아-태평양의 거래 총액이 2022년 13.7퍼센트 증가하고, 2023년 전반기에 다시 18.3퍼센트 증가한 것은 놀랄 일이 아니다. 이는 계속 증가할 것이다.

대통령 직속 기업 권리 보호위원 보리스 티토프Boris Titov는 "정적인"static 서방에서 벗어나는 방향 전환이 왜 불가피한 것인지 보여 준다. 서방 각국 경제가 충분히 발전하기는 했지만, 이미 "지나칠 정도로 과다한 투자가 이루어졌고 성장이 부진하다"고 티토프는 말했다. "반면 동방에서는 모든 게 호황이고 급속하게 앞으로 나아가며 빠르게 성장하는 중이다. 그리고 이는 중국과 인도, 인도네시아만이 아니라 다른 많은 나라에도 적용된다. 유럽이 아니라 이 나라들이 현재 발전의 중심이며, 결국 우리의 주요 에너지 소비자들도 이곳에 있다."

블라디보스토크의 주요 패널들에서 특별하게 다룬 광대한 범위의 흥미진진한 논의를 여기서 다 제대로 다루는 건 불가능하다. 여기서는 핵심 주제들의 맛만 보기로 하자.

발다이 세션은 러시아 경제 전체를 아시아 지경학으로 선회시키는 자연스러운 중심축으로 극동이 자리매김된 가운데 러시아의 "동방 중심 전략"의 누적된 긍정적 효과에 초점을 맞추었다.

하지만 중앙금융연구원·중국인민대학의 왕웬Wang Wen이 강조한 것처럼, 여러 가지 문제가 있다. 블라디보스토크 인구는 60만 명에 불과하다. 중국인들은 이 도시의 기반시설이 열악하다고 말한다. "따라서 최대한 빨리 기반시설을 확충할 필요가 있다. 블라디보스토크는 제2의 홍콩이 될 수 있다. 그러려면 홍콩과 선전, 푸둥처럼 경제특구를 만들어야 한다." "비서방 세계가 러시아를 아주 환영하기" 때문에 어려울 것은 없다.

왕웬은 화웨이의 메이트60프로로 대표되는 돌파구를 강조할 수밖에 없었다. 중국에서 비공식적으로 언급되는 것처럼, "제재가 그렇게 나쁜 건 아니다. 제재는 '탈서방화 운동'을 강화할 뿐이다".

왕웬이 지적한 것처럼 2022년 중반에 중국은 미국의 2차 제재에 대한 두려움 때문에 투자 측면에서 "침묵 모드"에 빠져들었다. 하지만 지금은 상황이 바뀌고 있다. 변경 지역들은 다시 한번 무역 연계의 열쇠로 여겨진다. 블라디보스토크 자유항에 중국은 110억 달러를 투자한 최고의 투자국이다.

페스코Fesco는 러시아 최대의 해상운송 회사로, 중국,

일본, 한국, 베트남까지 아우른다. 페스코는 국영 러시아철도RR와 협력해서 동남아시아를 북해 항로와 연결하느라 분주하다. 관건은 물류 허브 연결망을 확립하는 것이다. 페스코 중역들은 이를 "물류 운송의 거대한 전환"이라고 설명한다.

러시아철도 자체가 매력적인 사례다. 이 회사가 운영하는 여러 사업 중에는 자바이칼Trans-Baikal 노선도 있는데, 이 노선은 우랄산맥에서 극동까지 러시아를 연결하는, 세계에서 가장 붐비는 철도 노선이다. 시베리아 횡단철도상에 위치한 치타는 이르쿠츠크에서 동쪽으로 900킬로미터 떨어진 최고의 제조업 중심지로, 러시아철도의 수도로 여겨진다.

그리고 북극권이 있다. 북극권은 러시아 가스의 80퍼센트, 석유의 20퍼센트, 영토의 30퍼센트, GDP의 15퍼센트에 해당하는 근거지이지만, 인구는 250만 명에 불과하다. 북해 항로를 개발하려면 끊임없이 발전하는 쇄빙선(쇄빙력) 같은 최고의 첨단기술이 필요하다.

보드카처럼 유동적이고 안정적인

블라디보스토크에서 생긴 모든 일은 커다란 주목을 받은 조선의 지도자 김정은의 방문과 연결된다. 타이밍이 기가 막혔다. 극동 연해주는 조선과 맞붙어 있다. 이들은

'이웃'이다.

푸틴은 러시아와 조선이 교통, 통신, 물류, 해군 등에 있어서 몇 가지 공동 프로젝트를 개발하는 중이라고 강조했다. 따라서 푸틴과 김정은이 만나 우호적으로 논의한 군사, 우주 문제에서도 문제의 핵심은 지경학이다. 조선을 통과하는 컨테이너 물동량이 증가하는 한편 조선 철도가 블라디보스토크에 도달한 뒤 시베리아 횡단 철도를 통해 유라시아로 더 깊숙이 연결될 가능성이 커지는 상황에서 러시아-중국-조선의 3자 협력이 중요해진다.

이 모든 상황이 충분히 획기적이지 않다고? 몇몇 원탁회의에서는 국제남북운송회랑에 관한 많은 논의가 이루어졌다. 러시아-카자흐스탄-투르크메니스탄-이란 회랑은 2027년 완성될 것이다. 이는 국제남북운송회랑의 핵심 지류가 될 것이다.

또한 뉴델리와 모스크바는 최대한 빨리 동방해양회랑Eastern Maritime Corridor(EMC)을 개통하려고 한다. 블라디보스토크-첸나이 항로의 공식 명칭이다. 인도 항만·운송·수로 담당 장관 사르바난다 소노왈Sarbananda Sonowal은 10월 30일부터 첸나이에서 열리는 동방해양회랑에 관한 인도-러시아 워크숍을 홍보했다. 워크숍에서는 이 회랑의 "순조롭고 신속한 운영"을 논의할 예정이다.

나는 중요한 패널회의 중 하나에 참여하는 영광을 누렸다. "대유라시아: 대안적인 국제 통화·금융 시스템을 형성하기 위한 추동 요인들"이라는 회의였다.

핵심적 결론은 2030~45년 유라시아경제연합 선언 초안에 포함 가능할 정도로 유라시아 공동 결제를 위한 여건이 마련되었다는 것이다. 하이브리드 전쟁과 "유독한 통화들"(유라시아경제연합 거래의 83퍼센트가 이미 이를 우회하고 있다)이라는 배경에도 아랑곳하지 않고.

하지만 각국 통화로 구성되는 바스켓, 재화·결제·지급 구조의 바스켓, 블록체인 활용, 새로운 가격 결정 시스템, 단일 증권거래소 설립 등에 관한 논쟁이 여전히 치열하다. 이 모든 게 기술적으로 가능할까? 물론 가능하지만, 한 패널이 강조한 것처럼 이런 구조가 모양을 갖추려면 30~40년은 더 걸릴 수도 있다.

우리 앞에 놓인 과제들 중 한 가지 사례를 확인하는 것 정도면 지금은 충분하다. 대안적 결제 시스템을 위한 통화 바스켓을 만든다는 발상은 브릭스 정상회담에서 아직 속도가 붙지 않았다. 인도의 입장 때문이다.

두마 부의장 알렉산드르 바바코프 Aleksandr Babakov는 투자를 끌어들일 수 있는 최선의 법적 방안을 모색하기 위한 로드맵을 포함해서 각국 통화로 무역 자금을 조달하는 문제에 관한 상하이협력기구와 이란의 논의를 환기시켰다. 사기업들과도 이 문제를 논의하는 중이다. 유력한 모델은 중국-러시아 무역의 양적 성공 사례다.

러시아 국영 개발은행VEB 수석 경제학자 안드레이 클

레파치Andrey Klepach는 가장 좋은 통화는 "유동적이고 안정적이다. 마치 보드카처럼"이라고 재치 있게 말했다. 우리는 아직 이런 수준에 다다르지 못했다. 무역의 3분의 2가 여전히 달러와 유로로 이루어진다. 중국 위안은 3퍼센트만을 차지한다. 인도는 위안화 사용을 거부한다. 그리고 러시아와 인도 사이에는 막대한 불균형이 존재한다. 무려 400억 루피가 러시아 수출업자들의 계좌에 쌓인 채 갈 곳을 찾지 못하고 있다. 우선 과제는 루블에 대한 신뢰를 높이는 것이다. 인도와 중국 양국이 루블을 받아들여야 한다. 그래서 디지털 루블이 점점 필요해지는 것이다.

왕웬도 이에 동의했다. 야심이 충분하지 못하다는 것이다. 인도는 대러시아 수출을 늘려야 하고 러시아는 대인도 투자를 늘려야 한다.

이와 나란히, 상하이협력기구 사무부총장 소하일 칸Sohail Khan이 지적한 것처럼, 인도는 현재 글로벌 디지털 결제 시장에서 무려 40퍼센트를 좌우한다. 불과 7년 전만 해도 점유율이 0이었다. 통합결제시스템Unified Payment System(UPI)의 성공은 이로써 설명된다.

브릭스-유라시아경제연합의 한 패널회의는 이 두 핵심적 다자간 기구의 공동 정상회담이 다음해에 열릴 것이라는 희망을 피력했다. 이번에도 역시 이 모든 것은 범유라시아 운송 회랑의 문제다. 조만간 세계 생산량의 3분의 2가 러시아와 아시아를 연결하는 동방 트랙에서 이동할 것이기 때문이다.

브릭스-유라시아경제연합-상하이협력기구와 관련해서, 러시아철도와 로스테크Rostec에서부터 거대 은행들에 이르기까지 러시아의 최고 기업들이 이미 브릭스 경제에 통합되었다. 유라시아경제연합의 구조 형성이 성공적이라고 생각될지라도(이란과의 자유무역협정도 조만간 성사될 것이다),* 이를 인도에 어떻게 설명할 것인가 하는 점은 여전히 커다란 문제로 남아 있다.

블라디보스토크에서 열린 마지막 패널회의에서 러시아 외무부 대변인 마리야 자하로바는 G20 정상회담과 브릭스 정상회담이 어떻게 동방경제포럼에서의 푸틴의 연설로 이어진 것인지 지적했다.

이를 위해서는 "엄청난 전략적 인내심"이 필요했다. 어쨌든 러시아는 "절대로 고립을 지지하지 않았"고 "줄곧 동반자 관계를 옹호했다". 블라디보스토크의 폭발적인 활동은 무엇보다도 러시아의 "아시아 중심 전략"이 새로운 다중심 시대에 상호 연계 및 동반자 관계를 강화하기 위한 것임을 보여 주고 있다.

2023. 9.

2019년부터 임시 협정이 시행되었고, 2023년 12월에 정식 체결되었다.

혼돈의 경제 회랑 전쟁:
인도-중동-유럽 회랑 그리고 잔게주르 회랑

25

인도-중동-유럽 경제 회랑IMEC은 뉴델리에서 2023년 9월 9일 양해각서가 체결되면서 마무리됐다. G20 정상회담에서 시작되어 대대적으로 홍보된 사업이다.

참여국에는 인도, 아랍에미리트, 사우디아라비아, 이스라엘, '3대 강국' 독일, 프랑스, 이탈리아가 특별한 역할을 하는 유럽연합, 미국이 있다. 복합 운송multimodal 철도 프로젝트인 이 사업은 요르단과 이스라엘까지 뻗는 환적trans-shipment 및 디지털·전기 보조 도로와 결합된다.

이미 10년 전 시작되어 다음 달 베이징에서 일대일로 포럼을 성대하게 개최하는 중국에 대한 무척 늦은 대응일까? 그렇다. 이는 중국을 우회하려는 미국의 또 다른 프로젝트다. 대외정책의 변변찮은 "성과"를 선거에서 조잡하게 내세우기 위한 시도다.

'글로벌 다수' 가운데 일찍이 2010년 미국이 제안한 실크로드를 기억하는 이는 아무도 없다. 이 개념은 국무부의 커트 캠벨이 내놓은 것인데, 당시 장관인 힐러리 클린턴이 자신의 발상이라고 선전했다. 역사는 녹록지 않다. 이 제안은 실패로 끝났다.

'글로벌 다수' 가운데 폴란드와 우크라이나, 아제르바이잔, 조지아가 2010년대 초에 선전한 신실크로드를 기억하는 이 역시 아무도 없다. 흑해와 카스피해에서 4차례 환적하는 골치 아픈 시도였다. 역사는 역시 녹록지 않다. 이 제안도 실패로 끝났다.

'글로벌 다수' 가운데 미국이 2021년 6월 '다시 더 나은 세계를 만들자'Build Back Better World(B3W) 구상을 내놓은 것을 기억하는 이 역시 거의 없다. G7 기간 중에 개시된 40조 달러 규모의 이 계획은 "기후, 보건과 안전, 디지털 기술, 성평등, 평등"에 초점을 맞추었다. 기반시설에는 아무런 투자도 없었다. 역사는 녹록지 않다. 이 제안은 실패로 끝나고 있다.

IMEC도 아주 명확한 수많은 이유들 때문에 같은 운명을 맞을 것이다.

컴컴한 공백으로 방향을 바꾸다

IMEC의 근거 자체가 전 인도 외교관 M. K. 바드라쿠마르가 맛깔나게 묘사한 이른바 "사우디-이스라엘 탱고의 주문呪文으로 아브라함 협정을 불러내는 것"에 의지한다.

이 탱고는 이미 사망 후 병원에 도착한 환자다. 피아졸라의 유령이 와도 되살리지 못한다. 무함마드 빈 살만은 리야드의 우선 과제가 이란(중국의 중개), 튀르키예, 그리고 아랍연맹에 복귀한 시리아, 레바논 등과 관계를 새롭게 활성화하는 것임을 분명히 한 바 있다. 더욱이 리야드와 아부다비 양국은 베이징과 막대한 무역·상업·에너지에 관한 이해관계를 공유한다.

액면 가치로 보면, 인도-중동-유럽 경제 회랑은 G7과 브릭스의 공동 노력을 제안하는 것이다. 끊임없이 애매한 태도를 보이는 모디의 인도를 자신들의 의제로 유혹하는 서방의 방식이다. 이 의제는 일대일로만이 아니라 인도가 러시아, 이란과 나란히 주요 역할을 하는 국제남북운송회랑까지 잠식하려고 한다.

따라서 게임의 목표는 아주 분명하고 노골적이다. 브릭스에 곧바로 썩어 버릴 분할통치라는 매혹적 당근을 던지면서 진정한 유라시아 통합의 주요한 세 벡터인 브릭스 회원국들(중국, 러시아, 이란)을 우회하기 위해 고안된 운송 회랑인 것이다.

새 그레이트 게임에서 미국이 핵심적으로 집착하는 것은 이스라엘 하이파항의 생명력을 유지하면서 이를 서아시아와 유럽 사이의 핵심적 운송 허브로 변모시키는 것이다. 다른 모든 것은 이 절대 과제에 종속된다.

IMEC는 원칙적으로 서아시아를 가로질러 인도를 동유럽, 서유럽과 연결하면서 통과한다. 글로벌 축Global Pivot 국가이자 문명들의 접합점이라는 허구적 인도Indian fiction를 그들에게 되판다는 것이다.

말도 안 되는 소리다. 인도는 그런 식으로 중추 국가pivot state가 되겠다는 비현실적인 꿈을 꾼다. 하지만 인도가 기대할 수 있는 최선의 결과는 국제남북운송회랑을 통과할 때 생긴다. 이를 통해서만 중앙아시아부터 캅카스에 이르기까지 여러 시장을 뉴델리에 열어 줄 수 있기 때문이다. 그리고 글로벌 중추 국가인 러시아는 외교적으로 훨씬 앞서 나가 있으며, 중국은 무역과 연결성에서 훌쩍 앞에 서 있다.

IMEC와 중국-파키스탄 경제 회랑을 비교하는 것은 아무 소용이 없다. IMEC는 일대일로에 비하면 아이들 장난이다. 중국-파키스탄 회랑은 신장의 카슈가르와 아라비아해의 과다르를 연결하는 3,000여 킬로미터의 철도를 부설하고, 이란과 튀르키예까지 육상의 다른 일대일로 회랑들과 연결하는 577억 달러의 계획이다.

베이징 입장에서 이것은 국가안보의 문제다. 따라서 일대일로 포럼을 전후하여 중국 지도부가 파키스탄 이슬라마바드 권력의 중심부에 도사리고 있는 제5열과 신중하고 진지한 대화를 하면서 적절하게 지전략적이고 지경학적인 투자 관련 사실을 상기시켜 줄 것이 분명하다.

그렇다면 IMEC를 통해 인도의 무역에는 이익이 남을까? 별 게 없을 것이다. 그들은 이미 수에즈운하라는 직접적이고 검증된 경로를 사용한다. 페르시아만을 가로지르는 컴컴한 공백black void에 묶이는 건 생각조차 할 이유가 없다. 즉, 아랍에미리트의 푸자이라에서 하이파까지의 철도에서 거의 1,100킬로미터, 두바이의 제벨알리에서 하이파까지 745킬로미터, 아부다비에서 하이파까지 630킬로미터가 현재 "빠져" 있는데, 이 모든 빠진 고리를 추가하자면 여전히 3,000킬로미터가 넘는 철도를 부설해야 한다. 물론 중국은 식은 죽 먹기처럼 할 수 있지만, 그들은 이 게임의 일원이 아니다. IMEC 패거리가 중국을 끌어들일 계획은 전혀 없다.

모든 눈이 슈니크에 쏠려 있다

2022년 6월에 내가 지도를 그려 본 운송 회랑 전쟁에서는 의도가 현실을 충족시키는 경우가 거의 없었다. 전부 '물류, 물류, 물류'만 외치지만, 이는 물론 다른 세 가지 핵심 기둥과 한데 얽혀 있다. 에너지(와 에너지 자원), 노동력과 제조업, 시장과 무역 규칙이 그것이다.

중앙아시아의 한 사례를 검토해 보자. 러시아와 중앙아시아 3개 "스탄국"(키르기스스탄, 우즈베키스탄, 투르크메니스탄)은 카자흐스탄을 우회하는 복합 운송 남부운송회랑Southern Transportation Corridor을 출범하는 중이다.

그 이유가 뭘까? 어쨌든 카자흐스탄은 러시아와 나란히 유라시아경제연합과 상하이협력기구 핵심 회원국인데 말이다.

그 답은 이 새로운 회랑이 제재 때문에 러시아에 발생하는 두 가지 핵심적 문제를 해결해 준다는 것이다. 이 회랑은 러시아로 가는 모든 물품을 꼼꼼하게 조사하는 카자흐스탄 국경을 우회한다. 화물의 상당 부분은 카스피해에 자리한 러시아 아스트라한항으로 이동할 것이다.

따라서 러시아를 상대로 위험한 양다리 걸치기 게임을 벌여 온 아스타나는 서방의 대대적인 압박 아래 결국 중앙아시아와 카스피해에서 발달한 운송 허브라는 지금의 지위를 완전히 상실할지 모른다. 카자흐스탄은 일대일로의 일원이지만, 중국은 벌써 이 새로운 회랑의 잠재력에 무척 큰 관심을 기울이고 있다.

캅카스 지역에서는 이야기가 한층 복잡하다. 이번에도 역시 분할통치 문제다.

2개월 전, 러시아와 이란, 아제르바이잔은 이란과 페르시아만에 있는 이란 항구들에서 단일 철도를 부설하기로 약속했다. 러시아-동유럽의 철도 체계와 연결되는 것이다. 이는 시베리아 횡단 철도의 규모로 진행되는 사업이다. 동유럽을 동아프리카, 남아시아와 연결하면서 수에즈운하와 유럽 항구들을 우회하는 것이다. 국제남북운송회랑이 스테로이드를 맞는 셈이다.

그 다음에 무슨 일이 벌어졌는지 보시라. 아르메니아와 아제르바이잔만이 아니라 이란과 튀르키예까지 아우르는 치명적인 '잠재력'이 출현했다. 나고르노-카라바흐에서 도발이 일어난 것이다. 테헤란의 입장은 더없이 분명했다. 이란은 아제르바이잔을 전적으로 지지하는 튀르키예가 직접 참여하면서, 아르메니아가 패배하는 상황을 두고만 보지는 않을 것이다.

이런 발연성 혼합물에 아르메니아(집단안보조약기구 CSTO 회원국)에서 벌어지는 나토 "파트너십" 프로그램의 일환인(미국과 벌이는) 합동군사훈련을 더해 보라.

IMEC를 규정하는 모든 하위 줄거리가 결국 국제남북운송회랑을 잠식할 수밖에 없다. 하지만 러시아와 이란은 저러한 것들이 얼마나 허약한지 안다. 몇몇 참가국들 사이의 정치적 골칫거리, "빠진 고리들", 너무도 중요한 기반시설이 여전히 부족한 점 등.

한편 술탄 에르도안은 아르메니아 남부 지방 슈니크를 가로지르는 잔게주르Zangezur 회랑을 절대 포기하지 않을 것이다. 2020년 휴전에서 이미 예상된 일이다. 아제르바이잔의 고립지대인 나흐츠반과 나고르노-카라바흐와 아르메니아의 슈니크를 통해 아제르바이잔을 튀르키예와 연결하는 회랑이다.

바쿠는 실제로 예레반이 잔게주르 회랑을 신속하게 가동하지 않으면 아르메니아 남부를 공격하겠다고 위협했다. 따라서 슈니크가 이 수수께끼에서 해결해야 하는 커다란 문제다. 테헤란은 튀르키예·이스라엘·나토 회랑 때문에 이란이 아르메니아와 조지아, 흑해, 러시아와 차단되는 사태를 막기 위해 모든 수단을 동원할 것이다. 나토 색채가 다분한 이 연합이 슈니크를 차지한다면 이런 상황이 현실화될 수도 있으니 말이다.●

에르도안과 아제르바이잔의 알리예프 대통령이 가스관을 가동하고 군수품 생산단지를 열고자 튀르키예와 아르메니아, 이란 사이에 자리한 나흐츠반 고립지대에서 곧 회동한다.

술탄은 잔게주르 덕분에 마침내 튀르키예가 튀르크 세계(아제르바이잔과 카스피해의)를 가로지르는 회랑을 통해 중국과 연결될 것이라고 생각한다. 집단서방은 이를 계기로 러시아와 이란을 겨냥한 분할통치에 한층 더 대담하게 나설 것이다.

IMEC라고? 억지스러운 환상일 뿐이다. 우리가 지켜봐야 하는 곳은 슈니크다.

2023. 9.

2025년 8월 아르메니아와 아제르바이잔이 평화협정을 체결하면서 잔게주르 회랑 건설을 약속하였다. 미국이 회랑 중 아르메니아 슈니크주의 43km에 대한 개발·통제권을 확보한 상황이며, 이란은 이에 대해 우려를 표명하고 있다.

일대일로와 브릭스의 로드맵을 그리는
전략적 동반자들

26

　이번 주에 '역사'(시적 정의의 함축이 두루 갖춰진 말)는 서남아시아의 가연성 모퉁이에서 불길과 함께 나타난 과거의 지정학과, 새롭게 등장하는 다극세계의 수도 중 하나인 베이징에서 나타난 미래의 지정학의 궁극적이고 확연한 대조를 보여주었다.

　미래에서 시작해 보자. 베이징에서 열린 3차 일대일로 포럼은 유라시아의 경제·기반시설 통합을 위한 일종의 로드맵으로 작용했다. 그에 앞서 중화인민공화국 국무원이 10월 10일 신실크로드에 관한 아주 자세한 백서를 공개했다(「예측 가능한 미래를 위한 중국의 원대한 대외정책 구상」).

　일대일로는 10년 전 카자흐스탄 아스타나(일련의 경제벨트belt의 일부)와 인도네시아 자카르타(해상 실크'로드'에서 알 수 있듯이 길road의 일부)에서 출범을 발표했다. 시진핑 중국 주석이 주도했다.

10년 동안 참여국이 150개에 육박하고 중국의 투자액이 1조 달러를 넘어선 가운데 이번에 발표된 백서가 이 모든 것을 요약해 주었다. 일대일로는 국제 무역과 연계의 다층적 플랫폼이자 글로벌사우스·'글로벌 다수'의 광대한 지역을 개발하기 위한 메커니즘, 서방 헤게모니에 대한 현실적 대응책으로 꾸준히 진전하는 중이다.

일대일로 프로젝트의 대부분은 추출 산업 및 운송 회랑과 관련된다. 핵심 추출 산업이 러시아와 페르시아만에 집중되어 있는 것은 우연이 아니다. 그리고 이는 패권국의 봉쇄와 하이브리드 전쟁들을 우회하려는 베이징의 복잡한 전략 추진과 긴밀하게 연결된다.

그리하여 2023년 포럼의 주빈이 푸틴 대통령이었던 것은 놀랄 일이 아니며, 모든 논의를 통해 러시아가 지금부터 한층 더 일대일로의 핵심 파트너가 될 것임이 분명해졌다. 러시아-중국의 전략적 동반자 관계가 심화되는 것과 나란히, 지도부 전체가 완전히 보조를 맞추고 있다.

상징적 기호로 가득한 꼼꼼한 중국의 의전에 충실하게도, 포럼 만찬장에 처음 입장한 주빈이 푸틴이었던 것은 필연적이다. 푸틴 바로 뒤로 중앙아시아(카자흐스탄의 토카예프와 우즈베키스탄의 미르지요예프)와 동남아시아(인도네시아의 조코 위도도) 지도자들이 입장했다.

다음 순서: 북쪽의 실크로드

시진핑 주석은 포럼 참가자들(각국 정상들과 주요 기업인들)이 무려 972억 달러 상당의 새로운 기반시설 계약을 체결했다고 발표했다.

이것은 새로운 패러다임이다. 이를 영구전쟁 패러다임과 비교해 보라. 그 시기 백악관은 우크라이나 전쟁과 이스라엘의 학살에 자금을 지원하는 1,000억 달러 패키지를 추진했다.

푸틴과 시진핑이 3시간 동안 얼굴을 맞댄 회담은 여러 면에서 결정적으로 중요했다. 러시아-중국이 다극세계 추진을 공동으로 주관한다는 것을 보여주는 생생한 장면이었다. 일대일로가 브릭스와 나란히 움직인다는 것을 보여 주는 장면이기도 하다(2024년 1월 1일부터 1년간 러시아가 브릭스 의장국을 맡는다).

여우처럼 영리하게도 푸틴은 시진핑과 논의한 내용을 "전부" 말해 줄 수는 없다고 언급했다. 그가 말한 것은 두 사람이 "양국간 의제 전부, 수많은 쟁점"을 꼼꼼히 살펴보았다는 것이다. "경제, 금융, 정치적 상호작용, 국제적 플랫폼에 관한 공동 작업" 등을 전부 다뤘다고 한다.

추가로 "우리는 중동의 상황에 관해서도 자세히 논의했습니다. 나는 또한 시 주석에게 우크라이나의 상황에 관해 자세히 설명했습니다. 이 모든 외적 요인들은 **공동**

의 위협입니다. 이런 위협 때문에 러시아와 중국의 소통이 탄탄해집니다."

중국-러시아는 양국 역사상 최대 규모의 곡물 공급 계약을 체결했다. 12년간 곡물, 콩, 기름 종자 7,000만 톤을 인도하는 대가로 2조 5,000억 루블을 지불하는 계약이다.

미국 '싱크탱크'의 중국 식량·원료 공급 차단을 위한 핵심 전략으로서의 해상 봉쇄 시나리오가 이로써 완전히 궤멸당했다.

에너지 전선에서 시진핑은 최대한 이른 시일 안에 "상당한 진전"을 이루기 위해 연장된 시베리아의힘2, 일명 러시아-몽골-중국 가스관을 기대한다고 했다.

푸틴이 러시아와 중국이 "문명적 다양성"뿐만 아니라 각 문명국가가 고유한 발전 모델을 추구할 권리도 존중할 것을 강조한 만큼, 크게 두드러진 것은 여러 연결 회랑에 관해 자세히 설명한 내용이었다.

푸틴은 "러시아의 유럽 지역에서(발트해에서 이란까지) 북남 회랑이 어떻게 형성되고 있는지"를 강조했다. "그곳에서 철도 교통이 매끄럽게 연결될 것입니다."

러시아와 이란, 인도라는 주요 허브로 구성되는 국제 남북운송회랑을 직접적으로 언급한 것이다. 이 회랑은 중장기적으로 일대일로의 중앙유라시아 회랑들과 연결될 것이다.

푸틴은 "다른 구역들은 시베리아와 우랄산맥, 야말반도를 통과할 것"이라고 덧붙였다. "북극 항로가 북극해까지 건설될 겁니다. 시베리아 중부에서 남쪽의 인도양과 태평양까지 철도가 운영될 겁니다. … 또한 북극해에서 남쪽까지도 회랑이 지나갈 겁니다. 바이칼-아무르 간선철도Bailak-Amur Mainline railway(BAM)가 야쿠티야까지 이어지고, 레나강과 아무르강을 가로지르는 다리가 건설되고, 고속도로가 현대화되고, 심해 터미널이 만들어질 겁니다."

북극 항로에 대한 푸틴의 정의는 매우 중요하다.

"러시아의 유럽 지역, 시베리아, 극동에서 북부와 남부로 이어지는 이 모든 운송 회랑은 북극 항로를 인도양과 태평양 연안에 자리한 우리 대륙 남부의 주요 물류 허브들과 직접 연결하고 통합할 가능성을 열어 줄 것입니다. 북극 항로에 관한 한, 러시아는 파트너들에게 수송 잠재력을 적극적으로 활용할 것을 권유하는 정도에 멈추지 않을 것입니다. 우리는 관심 있는 국가들이 항로 개발에 직접 참여할 것을 권유하며, 신뢰성 있는 빙해 항해 및 통신, 물자 보급을 기꺼이 지원할 것입니다. 당장 내년부터 북극 항로 전체에서 빙해 항행 화물선의 항해가 연중 계속될 겁니다. 앞에서 언급한 국제적, 지역적 물류 통로와 무역로가 창설되는 것은 현재 글로벌 경제에서 진행되는 심대한 변화를 객관적으로 반영합니다."

이제 푸틴은 글로벌사우스 전역의 기업과 사업체들이 유라시아 차원의 통합에 직접 투자할 것을 권유하고 있다. 그리고 그 의미를 깨닫지 못한 이들에게든, 글로벌사우스 전역의 많은 이들을 위해서든, 수에즈운하는 조만간 과거의 지경학적 유물이 될 것이다.

말 달리던 스키타이인, 하이테크로 나아가다

포럼은 서방에서는 이해하지 못하는 개념인 '열린 플랫폼'인 일대일로가 무역과 기반시설, 개발과 연결 회랑을 훌쩍 넘어선다는 것을 보여 주는 생생한 실례였다. 포럼은 또한 문명 공존의 본보기를 보여 주는 문화간 상호작용 및 시진핑이 정의한 저 유명한 "사람과 사람의 교류"의 장이다.

중앙아시아 사람들과 동남아시아 사람들이 곳곳에서 형제애를 나누었다. 헝가리의 오르반 빅토르는 유럽연합의 "가치"에 의한 "권위주의자" 딱지가 붙지 않은 채 모든 이들과 이야기하게 된 것을 기뻐했다. 탈레반 대표단은 구리에 대한 중국의 투자나 아프가니스탄 북부를 신장 지역과 직접 연결하는 와칸 회랑을 관통하는 새로운 도로를 건설하는 문제를 논의했을뿐더러 새로운 교류 네트워크를 구축했다.

황금 보석과 중국산 비단을 좋아하는 스키타이 기마

유목민들이 아시아와 유럽 사이에서 유라시아를 가로지르는 교역을 촉진하는 중개인 역할을 하면서 새로운 상업 일선의 문을 여는, 고대 실크로드 정신의 하이테크 리믹스 현장인 것만 같았다.

그런데 유럽과 집단서방 전체가 일대일로 포럼에서 거의 눈에 띄지 않았다. 이런 광경을 보자니 보편주의적 서방이라는 신화는 이제 너덜너덜한 모습으로 널브러지는 것 같았다.

최근의 핵심적인 전환점은 패권국 미국이 아프가니스탄에서 굴욕을 당한 일, 우크라이나 프로젝트의 붕괴와 그 뒤를 이은 나토의 대대적인 굴욕, 팔레스타인에서 집단적 응징을 통해 맹목적으로 복수를 당한 이스라엘의 독보적 정보 역량 붕괴 등이다.

이 모든 상황을 푸틴과 시진핑의 베이징 회동과 비교해 보라. 지금까지 쌓인 대실패는 "역사의 종언"이라는 서방 프로젝트의 거침없는 소멸을 가리킨다. 상황은 더욱 '악화'된다. 베이징에서 논의된 새로운 지경학 패러다임은 "세계 역사상 가장 강력한 나라"(원 저작권은 백악관)의 무자비하고 가차 없는 경제적, 지정학적 '과잉 확장'을 계속 가속화할 것이다.

미국은 여러 사례 가운데서도 이란과 사우디아라비아가 함께 '큰 그림'big picture을 전략으로 삼고 있다는 사실에 완전히 공포에 사로잡혔다. 러시아가 처음 고안하고 중국이 성사시킨 데탕트가 낳은 불가피한 결과다.

미국은 일대일로와 브릭스가 제국주의적·신식민주의적 서방 사업 모델을 거꾸로 뒤집는 과정에 몰두하고 있다는 사실에 완전히 마비 상태다.

푸틴과 시진핑을 비롯한 일대일로 포럼의 내빈들은 이 기획이 새로운 상품 공급 연쇄, 새롭게 개선된 해상 실크로드, 서방이 통제하는 요충지를 우회하는 목표를 가졌음을 분명히 했다. 이 모든 것은 일대일로와 브릭스, 유라시아경제연합, 상하이협력기구를 중심으로 상호 연결된 미로로 이어진다.

러시아-중국이 주도하는 브릭스의 확장(푸틴은 인도네시아가 2024년 신규 회원국 중 하나가 될 것이라고 암시했다)은 이미 맥킨더로 흠뻑 젖은 온갖 환상을 완전히 뒤집으면서 유라시아를 통합하고 아프리카-유라시아를 평화롭고 압도적으로 확장된 심장지대로 만들어 나가고 있다.

2023. 10.

네 가지 언어로 작성된 퇴거 통지서: 팔레스타인과 서구의 '가치'

27

퇴거 통지가 작성되고 있다. 4개 언어로 나올 예정이다. 러시아어, 파르시어, 만다린어 그리고 여전히 중요한 영어로.

식견 있는 독자들은 직업적 글쓰기의 더없이 소중한 기쁨을 언제나 풍부하게 채워 준다. 1,000개의 지정학적 조약에 맞먹는 "퇴거" 통찰을 제공한 것은 한 칼럼에 댓글을 단 예리한 독자다.

정확히 말하자면, 지금 우리는 서아시아만이 아니라 글로벌사우스·'글로벌 다수' 전역, 즉 대부분의 지역에서 대부분의 사람들이 깊이 공감하는 합의를 표현하는 것이다.

상상하기 힘든 일이 밀레니엄의 세 번째 10년(2021년에 출간한 전작에서 나는 이 시기를 **분노의 20년대**Raging Twenties라고 지칭했다) 동안, 모든 스마트폰에서 실시간

생방송으로 중계되는 제노사이드의 형태로, 마치 입자가속기처럼 작동하면서 마음과 정신을 집중시키고 있다.

서아시아에 불을 지르기로 선택한 이들은 이미 끔찍한 역풍을 맞는 중이다. 글로벌사우스 지도자들이 구사했던 외교를 훌쩍 넘어설 정도의 크기다.

오랜만에(사실상 처음으로) 중국은 시진핑 주석을 통해 (이전에도 지정학적으로 명백했지만) 그간의 존재감을 훌쩍 넘어섰다(진정한 주권국은 제노사이드가 닥친 시기에 책임을 회피할 수 없다). 팔레스타인에 관한 중국의 분명한 입장은 일대일로의 무역과 운송 회랑을 증진한다는 지경학적 틀을 훌쩍 넘어서는 것이다.

한편 푸틴 대통령은 가자지구에 인도적 원조를 보내는 것을 "신성한 의무"라고 규정했는데, 이것은 러시아식 암호로 특히 군사적 측면을 포함한다.

이따금 가식을 보이고는 있지만, 누구나 현재 유엔의 운영방식이 고칠 수 없을 정도로 썩었고, 유의미한 평화협상이나 제재, 연쇄 전쟁범죄 조사를 강제하기에는 완전히 무능하다는 것을 안다.

현재 형성되는 새로운 유엔은 브릭스 11이다. 실제로는 브릭스 10이다. 새로운 트로이의 목마인 아르헨티나가 2024년 1월 1일 가입한다고 가정한다고 해도 주변적 역할에 머무를 것이기 때문이다.°

강력한 도덕적 잣대로 통제되는 러시아-중국이 이끄

° 2023년 11월 아르헨티나 대통령에 당선된 하비에르 밀레이는 브릭스 합류 계획을 철회했다.

는 브릭스 10은 현장에 계속 귀를 기울인다. 아랍 거리와 이슬람 땅의 말을 듣고 있다. 아랍 엘리트들보다는 민중들의 말에 귀를 기울인다. 러시아가 브릭스 의장국을 맡는 2024년에 이런 입장이 특히 중요한 요소가 될 것이다.

체크아웃을 하지 않았더라도, 떠나야 할 것이다

새로운 그레이트 게임의 현 과제는 서아시아에서 패권국 추방을 조직하는 것이다. 이는 문명적 도전인 만큼이나 기술적인 과제다.

현재 워싱턴-텔아비브 연속체는 이미 그들의 의지로 죄수가 된 처지다. 여기는 호텔 캘리포니아가 아니다.° 마음대로 아무 때나 체크아웃을 할 수 없으며, 조만간 떠밀려 떠날 것이다.

그나마 점잖은 방식으로 그런 일이 벌어질 수도 있고 (사이공의 리믹스였던 카불을 생각해 보라) 상황이 급박해지면 해군판 "지옥의 묵시록"Apocalypse Now이 펼쳐질지도 모른다. 값비싼 철제 욕조가 해저 산호초가 되고 미군 중부사령부와 그 휘하의 아프리카사령부가 투사한 군대가 소멸하면서.

이 과정에서 결정적으로 중요한 벡터는 이란과 러시아가 무한한 인내심을 발휘하며 어떤 역할을 하는가에 관한 것이다. '무한한 인내심'infinite patience은 솔레이마니

° '그들의 의지로 죄수가 된 처지'는 이글스의 노래 「호텔 캘리포니아」 가사에 담긴 구절이다.

장군이 고안한 주요 전략이다. 그가 암살당하면서 '분노의 20년대'가 시작되었다.

무기를 잃은 패권국은 서아시아만이 아니라 유라시아, 아시아-태평양, 범아프리카에서도 "새로운 악의 축"인 러시아-이란-중국을 물리칠 수 없다. 패권국이 직접 참여한 제노사이드는 그 자신을 대다수 글로벌사우스로부터 점진적·필연적으로 배제하는 것을 가속화했을 뿐이다. 북서 태평양과 중국은 남중국해의 통합을 급격하게 강화한다.

시진핑과 푸틴은 타고난 체스와 바둑 선수다. 그리고 니콜라이 파트루셰프와 왕이 등의 기라성 같은 보좌관들을 활용한다. 지정학적 바둑을 두는 중국은 비대결non-confrontation을 실천한다. 적의 이동 능력을 봉쇄하기만 하면 된다.

외교적 쌍두마차가 두는 체스와 바둑은 거듭 자기 무릎에 총을 쏘는 적을 방해하지 않는 게임이다. 추가 보너스로 적은 스스로 앞장서서 세계 인구의 90퍼센트 이상을 적대한다.

이 모든 상황이 결국 패권국의 경제가 붕괴하는 결과로 이어질 것이다. 그러면 부전승으로 패권국을 물리칠 수 있다.

루블화 밑에 파묻힌 서방의 "가치"

러시아가 특히 라브로프의 노력을 통해 글로벌사우스·'글로벌 다수'에 상호 존중하는 다극체제에 초점을 맞춘 문명 프로젝트를 제안하는 것처럼, 중국은 시진핑을 통해 "미래를 공유하는 공동체" 개념과 일련의 기획을 제안한다. 이는 지난 10월 러시아가 필연적으로 주빈으로 참가한 베이징 일대일로 포럼에서 자세히 논의된 바 있다.

일군의 중국 학자들은 이런 접근법을 "관계를 맺고 소통하기 위한 글로벌 마디node와 구체적 협력과 실질적 교류를 위한 플랫폼을 창조·촉진하는" 것이라고 간결하게 규정한다. "참가국들은 주권을 유지하고, 공동의 노력(또는 특정한 프로젝트)에 기여하며, 계속 참여하는 대가로 혜택을 받는다." 베이징이 환하게 빛나는 별이자 유도등 역할을 하겠다는 포부다.

이와 대조적으로, 서방 문명(확실히 몽테뉴나 피코 델라 미란돌라, 쇼펜하우어와 별 관련이 없다)에 남은 것은 점점 스스로 만들어 낸 '어둠의 심연'(콘래드의 문학적 위대함을 담지 못한)이다. 그들은 곤두박질치면서 순응주의적으로 굴종하는 개인주의의 어쩔 도리 없는 끔찍한 얼굴에 직면했다.

서안전자과기대학교 철학과 교수 샹수첸項舒晨이『중

국의 코스모폴리타니즘』Chinese Cosmopolitanism이라는 탁월한 저서에서 주장한 것처럼, 서방 인종주의라는 "살인 앱"kill app이 촉진하는 새로운 중세시대에 오신 여러분을 '환영'한다!

샹수첸에 따르면, 서방 인종주의라는 "살인 앱"은 변화에 대한 두려움, 이가二價 이원론의 존재론, 인종적 '타자'로서의 '야만인'의 발명, 식민주의의 형이상학, 이러한 인종주의적 심리로 인한 불만족 등을 본성으로 한다. 이 모든 "앱"들이 현재 서아시아에서 실시간으로 폭발하고 있다. 그 핵심적 결과는 서방의 "가치"라는 구성물이 사망해서 가자지구의 잔해 아래 묻혀 버린 것이다.

이제 한 줄기 빛을 보자. 정교회 기독교와 온건 이슬람, 도교·유교의 몇몇 분파가 정화된 인류의 주요한 세 문명으로서 미래를 끌어안을 수 있다는 주장이 가능하다. 이에 관해서는 더 이야기할 기회가 있기를 기원한다.

2023. 11.

중국과 러시아는 순항하고 있다

28

2023년은 후세에 '러시아-중국 전략적 동반자 관계의 해'로 규정될 것이다. 이런 놀랍고도 놀라운 일은 스티비 원더 수준의 그루브(달리 누가 있겠나?)를 타면 쉽게 느낄 수 있다. "그대여 나 여기 있어요. 서명, 밀봉, 배달 완료. 난 당신 거예요."°

2023년의 11개월 동안 러시아와 중국의 무역은 2,000억 달러를 넘어섰다. 양국은 2024년까지는 그 정도 기록을 달성할 것이라고 기대하지 않았다.

이제 양국은 확실히 그루브를 탄 동반자 관계다. 지난주 미하일 미슈스틴 총리가 이끄는 대규모 대표단이 베이징을 방문했을 때 다시 한번 서명, 밀봉, 배달 완료가 이루어졌다. 미슈스틴은 중국 시진핑 주석을 만나서 포괄적 동반자 관계·전략적 협력의 스펙트럼 전체를 다시 논의하고 갱신했다. 일련의 새로운 대규모 공동 프로

° 스티비 원더가 1970년 발표한 「서명, 밀봉, 배달 완료」Signed, Sealed, Delivered 가사 구절.

젝트를 완전히 내용에 반영했다.

이와 동시에 그레이트 게임 2.0 전선에서는 세르게이 라브로프 외무장관이 방송에 출연해서 진행자 디미트리 시메스Dimitri Simes와 자세히 인터뷰를 하면서 재확인해야 하는 모든 내용을 언급했다.

여기에 러시아 대외정보국장 세르게이 나리시킨이 쓴 세심하게 구성된 명세서를 더해 보자. 여기서 그는 2024년을 "지정학적 각성의 해"로 규정하면서 조만간 나토가 돈바스 초원 지대에서 엄청난 굴욕을 당할 것이라며 이후의 핵심적 의제를 제시했다. "2024년 아랍 세계는 새로운 질서를 세우기 위한 투쟁의 주요 공간이 될 것이다."

이렇게 자세한 지정학적 미세 조정을 마주하면, 제국의 반응이 중풍 발작 수준이었던 것도 놀랄 일은 아니다. 푸틴 대통령이 아랍 세계와 글로벌사우스의 광대한 지역을 매혹시키고, 유럽연합과 패권국을 나란히 그들 스스로 만들어 낸 컴컴한 공백으로 한층 밀어내면서 2023년의 "지정학적 승자"임이 밝혀졌다. 그 이유를 설명하기 위해 오랫동안 고통스럽게 "분석"하면서 발작이 표피적으로 드러났다.

푸틴은 심지어 반쯤 농담으로 한때 스탈린이 병합했던 '404 국가'의 국경 지역을 "재병합"해서 궁극적으로 예전 소유자인 폴란드와 헝가리, 루마니아에 되돌려주는 방안을 지지할 수도 있다는 뜻을 비쳤다. 그러면서 우크라이나 국경에 아직 남아 있는 주민들이 이를 원한다고 '100퍼센트 확신'한다고 덧붙였다.

그런 일이 벌어진다면, 트란스카르파티아는 헝가리에, 갈리치아와 볼린은 폴란드에, 부코비나는 루마니아에 돌아갈 것이다. '지진'으로 화들짝 놀란 부다페스트와 바르샤바, 부쿠레슈티가 느껴지는가?

패권국이 나토의 꼬마 펑크족들에게 흑해에서 러시아 유조선들을 괴롭히고 상트페테르부르크를 "고립시키라"고 지시할 가능성도 있다. 러시아는 지휘통제센터 한 곳을 골라내(해킹으로 충분할 것이다), 전자 기기 전부를 불태우고, "항행의 자유" 훈련을 실시해서 발트해 입구를 봉쇄하는 식으로 대응할 것이다. 그래야 모든 이들이 새로운 그루브에 익숙해질 테니까.

중국-러시아 극동의 공생

확대된 러시아-중국 동반자 관계에서 가장 인상적인 특징 중 한 가지는 중국 북동부의 헤이룽장성에 대해 현재 진행 중인 계획이다.

현재 구상은 성도인 하얼빈을 중심으로 이 지역을 경제, 과학 발전과 국방의 메가허브로 변모시킨다는 것이다. 광범위한 경제특구를 새롭게 만드는 것으로 화룡점정을 이룬다.

핵심 벡터는 이 메가허브가 또한 광대한 러시아 극동 지역의 개발도 조정할 것이라는 점이다. 지난 9월 블라디보스토크에서 진행된 동방경제포럼에서 이 문제가 자세히 논의되었다.

독특하고 놀라운 합의를 통해 중국이 향후 100년 동안 러시아 극동에서 선별된 지역들을 관리할 수도 있다. 홍콩을 기반으로 활동하는 분석가 토머스 폴린Thomas Polin이 자세히 설명한 것처럼, 베이징은 이 모든 일을 위해 자그마치 10조 위안(1조 4,000억 달러)의 예산을 준비하는 중이다. 그 절반은 하얼빈이 흡수할 것이다. 이 청사진이 내년 3월 전국인민대표대회에 제출될 텐데, 승인될 것으로 예상된다. 모스크바 두마에서는 이미 승인되었다.

이로써 생겨날 파문은 믿기 어려울 정도로 놀라운 것이다. 하얼빈은 베이징, 상하이, 톈진, 충칭과 나란히 직할시의 지위로 승격될 것이다. 그리고 무엇보다도 전체 프로젝트를 감독할 중러관리위원회가 하얼빈에 세워질 것이다.

베이징대학교를 포함하는 중국의 일류 대학들이 메인 캠퍼스를 하얼빈으로 이전할 것이다. 국방과학기술대학교는 하얼빈공업대학교와 통합해서 방위 산업에 집중하는 새로운 교육기관이 될 것이다. 베이징, 상하이, 선전의 첨단기술 연구소와 기업들도 하얼빈으로 이전할 것이다. 중국인민은행은 하얼빈에 북중국 본사를 세울 예정인데, 증권 및 상품 선물을 거래하는 시장도 완비할 것이다.

헤이룽장 주민들은 비자 없이 지정된 러시아 극동 지역을 자유롭게 오갈 것이다. 헤이룽장의 새로운 경제특구는 자체적인 관세 징수 지역을 갖출 테고 수입세는 없을 것이다.

일대일로 연결 회랑과 국제남북운송회랑을 추동하는 것과 동일한 정신이다. 그 밑바탕에 깔린 원리는 유라시아 통합을 확대하는 것이다.

최근 카자흐스탄에서 열린 아스타나클럽Astana Club 회담에서 바쿠 ADA대학교의 정책연구소장인 담잔 크르녜비치-미스코비치Damjan Krnjevic-Miskovic는 연결 회랑에 관해 훌륭한 발표를 했다. 그는 3개월 전 아제르바이잔 대통령 알리예프도 참여한 C5+1(중앙아시아 5개 "스탄국"과 중국) 회담을 사례로 들었다. 이는 중앙아시아-캅카스 통합으로 번역된다는 것이다.

미스코비치는 자신이 정확하게 "실크로드 지역"이라고 정의하는 곳에서 현재 전개되는 모든 상황에 관심을 기울이고 있다. 유럽—대서양을 아시아—태평양과 연결하고 서아시아와 남아시아, 광대한 유라시아를 연결하는 지역이다.

물론 전략적으로 보면, 이곳은 "나토가 상하이협력기

구와 만나고, 일대일로가 튀르키예 및 유럽과 연결되는 지정학적 중심점"이다. 현실적으로 볼 때, 러시아-중국은 이 광대한 스펙트럼 전체에서 경제 연결과 "시너지 관계"를 가속화하기 위해 무엇이 필요한지를 정확히 알고 있다.

열기를 더하는 경제 회랑 전쟁

글로벌 경제의 파편화는 확대되는 브릭스 10과 축소되는 G7로 이미 양극화하는 중이다.

핵심적 아시아통인 러시아 외무차관 안드레이 루덴코는 타스통신과 나눈 대화에서 대유라시아파트너십(러시아의 공식 정책)의 핵심 추동력이 유라시아경제연합과 일대일로를 연결하는 것임을 다시 한번 확인했다.

러시아가 중국과 인도 사이에서 세심하게 균형을 조정하고 발전시키는 것처럼, 똑같은 추동력이 러시아-이란-인도가 주요 파트너이고 아제르바이잔 역시 결정적 참가자가 될 수밖에 없는 국제남북운송회랑을 발전시키는 데도 적용된다.

여기에 러시아가 조선, 몽골, 파키스탄(일대일로와 상하이협력기구 회원국), 아세안(서방화된 싱가포르 제외)과 유대를 엄청나게 향상시키는 상황을 더해 보라.

일대일로의 핵심적인 사항들은 순항하고 있다. 나는

지난 3주 동안 모스크바와 아스타나, 알마티를 돌아보았는데, 러시아 싱크탱크인 러시아국제문제협의회Russian International Affairs Council의 프로그램 책임자 율리야 멜니코바는 "모스크바는 중국-몽골-러시아 경로를 따라 운송 사업을 더욱 적극적으로 통합"하고 유라시아경제연합과 중국 사이의 기준 일치를 가속화할 수 있고, 또한 해야 한다고 덧붙였다. 북극에서 러시아-중국의 협력에 한층 투자를 늘리는 것은 말할 것도 없다.

러시아철도RR 회의에 참석한 푸틴은 대대적인 기반시설 확대 10년 계획을 야심 차게 공개했다. 신규 철도 노선 부설, 아시아와의 연결성 향상(태평양에서 북극까지)을 아우르는 계획이다.

러시아 경제는 아시아 쪽으로 분명하게 돌아서고 있다. 서방의 제재 와중에 아시아가 러시아 총무역량의 70퍼센트를 차지한다.

따라서 우리 앞에 놓이게 될 메뉴에는 시베리아 횡단철도를 현대화하고 우랄산맥과 시베리아에 대규모 물류 허브를 세우는 것에서부터 아조프해, 흑해, 카스피해의 항만 기반시설을 개선하는 것, 무르만스크와 뭄바이 사이의 국제남북운송회랑 화물 운송의 속도 증대에 이르기까지 모든 것이 포함된다.

최근 푸틴은 러시아 북극해 항로와 비교하면 수에즈 운하를 통한 무역은 이제 더는 효과적이라고 볼 수 없다고 다시 한번 언급했다. 예멘의 안사룰라Ansarullah*는 한 번의 예리한 지정학적 움직임을 통해 모든 사람이 볼 수 있도록 이 사실을 생생히 입증한 바 있다.

러시아의 북극해 항로 개발은 공교롭게도 일대일로의 북극 구간을 개발하려는 중국의 추동력과 완전히 시너지를 발휘하면서 운영된다. 석유 수송 전선에서 러시아로부터 북극 연안을 통해 중국까지 이어지는 것에는 겨우 35일이 걸린다. 수에즈운하를 통과하는 것보다 10일 적다.

러시아학술원의 사회과학과학정보연구소Institute of Scientific Information on Social Sciences의 중동·포스트소비에트아시아국 연구원인 다닐라 크릴로프는 이해하기 쉬운 통찰을 제공한다.

"나는 현재 미국이 예멘에 관여하는 사실을 그레이트 게임 시나리오의 일부로 본다. 후티나 이란을 응징하려는 욕망을 넘어서는 측면이 있다. 시장의 독점을 방지하고 중국의 대유럽 수출 운송을 가로막으려는 욕망에 더 크게 추동되기 때문이다. 미국은 수에즈운하 가동과 인도와 유럽을 연결하는 회랑을 필요로 하는 반면, 중국은 이 둘의 직접적 경쟁자이기 때문에 이를 원하지 않는다."

덧붙여 보자. 중국이 이를 원하지 않는 것이 아니다.

---

* 안사르알라, 후티라고도 한다. 한국 및 집단서방 언론은 '후티 반군'이라고 표현하는 경우가 많다.

북극해 항로가 제대로 작동하면 그것이 필요하지 않을 뿐이다.

이제 너희들을 동결한다!

한층 치열하게 진행 중인 경제 회랑 전쟁의 주도권은 러시아-중국에 있다.

선택지가 없는 상황에서 절망에 빠진 채 경제 회랑 전쟁에서 정신없이 희생되는 유럽연합 '속국'들은 '돈을 좇으라' 각본을 왜곡하며 호소하고 있다.

러시아 외무부는 유럽연합의 러시아 자산(개인 자산만이 아니라 국유 자산까지) 동결을 노골적인 도둑질이라고 규정한 바 있다. 러시아 재무장관 안톤 실루아노프는 집단서방이 동결한 러시아 자산에서 나오는 수입을 사용할 가능성에 대해 모스크바가 대칭적으로 대응할 것임을 분명히 했다. 라브로프의 말로 비틀어 보자면, "너희가 몰수하면, 우리도 몰수한다. 우리는 모조리 몰수한다".

그 반향은 패권국 미국에게 대재앙이 될 것이다. 나토스탄 바깥 글로벌사우스의 어떤 나라도 외환·준비금을 서방에 맡기도록 "장려 받지" 않을 것이다. 이는 순식간에 글로벌사우스 전체가 미국 주도의 국제 금융 시스템을 걷어차고 러시아-중국이 주도하는 대안에 합류하는 결과로 이어질 수 있다.

미국의 동급 경쟁자인 러시아-중국의 전략적 동반자 관계는 이미 모든 전선에서 "규칙 기반 국제 질서"에 정면으로 도전하면서 역사적 세력권을 향상시키는 한편, "질서"를 우회하는 광대하게 이어진 연결 회랑을 능동적으로 발전시키는 중이다. 이것은 패권국과의 직접적 열전熱戰을 가능한 한 불가능하게 만든다.

실크로드의 용어로 다시 말해 보자.

전쟁의 개들은 짖어대고 거짓말과 도둑질을 일삼는 반면, 러시아-중국의 대상隊商은 한걸음씩 자신의 길을 걷고 있다.

2023. 12.

종결Coda:
전시의 삶, 돈바스의 길 위에서

당신은 전쟁에 의해 이름을 받는다.
그건 별명이 아니라 호출 신호. 그것도 훨씬 많은.
여기엔 멋진 차와 아이패드는 없지만,
병력 수송 장갑차APC와 휴대용 방공무기MANPADS는 있으니.
소셜미디어는 뒤처진 지 오래
아이들이 그린 "Z" 그림이 뇌리에 박히네.
"좋아요"와 "최고예요"는 먼지만 한 값어치일 뿐,
당신은 인민이 드리는 기도를 믿는다.
버텨라 병사여,
내 형제, 내 친구여,
전투는 끝난다.
전쟁은 자신의 죽음을 막지 못하고,
슬픔과 고통은 평화로 바뀌리니.
삶은 다시 차분한 상태로 돌아가고,
호출 신호는 당신 가슴에 새겨져 있다.
전쟁에서 손에 넣은 작은 기념품.
머나먼 곳에 있지만, 영원히 가까운.

— 인나 쿠체로바, 「호출 신호」Call Sign,
『어느 병사에게 보내는 편지』(2022. 12)

우로자이노예 방향에서 가까운 비밀 장소. 돈바스의 외진 촌동네에서 맞는 쌀쌀하고 비가 오는 축축한 아침이다. 평범한 농가를 에워싼 자욱한 안개 때문에 적의 드론은 무용지물이다.

군종 사제 이고르 신부가 아르한겔가브리엘 대대에 계약 서명한 현지 지원병들을 축복하고 있다. 미국과 러시아가 벌이는 대리전의 전선으로 나갈 준비를 하는 부대다. 대대 책임자는 도네츠크인민공화국 정교회 부대의 고위 장교다.

성상들로 장식된, 작고 비좁은 방 한 구석에 작은 제단이 세워져 있다. 환한 촛불 아래 병사 세 명이 가운데에 예수 성화가 그려진 붉은 깃발을 들고 있다. 기도와 짧은 설교를 마친 이고르 신부가 병사들을 일일이 축복해 준다.

헤르손을 시작으로 자포리예를 거쳐 도네츠크인민공화국 곳곳의 숱하게 많은 전선으로 이어지는 성상 순회 행사가 오늘은 여기서 진행되는 중이다. 고맙게도 나를 초청한 스파스^{Spas} 채널의 군사통신원 안드레이 아파나시예프가 진두지휘한 행사에 아르한겔미카엘 대대의 수훈 受勳 전사가 나중에 합류했다. 파일럿이라는 암호명으로 불리는 아주 똑똑하고 열성적인 젊은이다.

현재 돈바스에서 정교회 대대 28~30개가 전투를 벌이고 있다. 그야말로 정교회의 힘이다. 그들이 움직이는 모습을 보면 전쟁의 본질을 알 수 있다. 러시아의 영혼은 문명의 핵심 가치를 지키기 위해 어떤 희생이든 감수할 수 있다는 사실을. 러시아 역사 내내 공동체를 지키기 위해 자신의 목숨을 바친 것은 한 명 한 명의 주체적인 개인들이었다. 결코 그 반대는 아니다. (2차 세계대전 당시 나치와 맞선) 레닌그라드 포위전에서 살아남거나 죽어간 이들은 숱하게 많은 사례의 하나일 뿐이다.

그리하여 내가 낡은 "규칙 기반" 세계 질서가 죽음을 맞은 비옥한 흑토지대를 다시 찾고자 노보로시야를 방문했을 때, 정교회 대대들은 나의 수호천사였다.

"생명의 길"의 생생한 모순들

키예프 마이단 사태 이후 근 10년 만에 도네츠크를 찾았을 때 처음 마주한 인상적인 점은 끊임없이 시끄럽게 울리는 '쾅쾅' 소리다. 날아오는 소리도 있지만 대부분 날아가는 소리다. 지루하고 을씨년스러운 시간, 끊임없는 민간인 포격(집단서방은 이를 보지 못한다), 특별군사작전이 개시되고 근 2년 뒤 도시는 여전히 전쟁 중이다. 전선 배후의 세 방어선 곳곳이 여전히 취약하다.

"생명의 길"•은 도네츠크에서 전쟁의 그릇된 명명으로 손꼽힐 게 분명하다. "길"은 군용 차량이 사실상 끊임없이 사방으로 막혀 있는 컴컴한 진흙 수렁을 가리키는

• 2차 세계대전 당시 나치군으로부터 포위당한 레닌그라드 시민들에게 물자를 수송하고자 소련군이 만든 '얼음길 수송로'를 이르는 말을 저자가 차용한 것이다. 라도가호를 가로질렀던 것으로, 러시아어로 Доро́га жи́зни로 표기한다.

완곡어법이다. "생명"은 돈바스 군대가 매주 호르니야크 동네에서 현지 주민들에게 식료품과 인도적 원조를 실제로 기부하기 때문에 이치에 맞다.

'생명의 길'의 심장인 스비야토블라도베셴스키 성당은 빅토르 신부가 관리하는 곳이다. 내가 방문했을 때 신부는 신체 여러 군데에 파편을 맞아 재활을 하느라 성당에 없었다. 옐레나가 나를 안내하면서 숭고한 성상들이 모셔진, 티끌 하나 없이 깨끗한 성당 곳곳을 보여 주었다. 1259년에 러시아 최고 통치자이자 키예프와 블라디미르, 노브고로드의 군주가 된 알렉산드르 넵스키 대공의 13세기작 성상도 있었다. 비가 그치지 않는 호르니야크는 시커먼 진흙투성이이고, 상수도와 전기가 끊겼다. 주민들은 매일 식료품을 사러 최소한 2킬로미터를 꼼짝없이 걸어야 한다. 버스도 운행하지 않는다.

안쪽 방 한 곳에서는 스베틀라나가 매주 일요일 예배가 끝나고 나눠 줄 주요 식료품 소포장 꾸러미를 꼼꼼히 싸고 있다. 내가 만난 펠라게야 할머니는 86세의 고령으로, 일요일마다 성당에 오는데 동네를 떠난다는 생각은 꿈에도 해본 적이 없다.

호르니야크는 3차 방어선 안에 있다. 시끄러운 폭발음은 도네츠크의 다른 지역에서처럼 거의 끊이지 않고 오락가락한다. 길을 따라 500미터 정도를 더 가서 오른쪽으로 돌면 아브데브카에서 불과 5킬로미터 거리다. 며칠이나 기껏해야 몇 주 안에 우크라이나가 물러나게 될지도 모르는 곳이다.

호르니야크 입구에는 지금은 가동이 중단된 전설적인 돈바스-악티브 화학공장이 있다. 특수 가스 기술을 이용해서 크렘린 상공에서 빛나는 붉은 별들을 실제로 만든 공장인데, 이후 가스는 다시 제조되지 않았다. '생명의 길'로 이어지는 옆길에는 지역 주민들이 우크라이나의 포격으로 희생된 아이들을 기리기 위해 임시 성당을 세웠다. 언젠가 이 모든 게 끝나리라. 도네츠크인민공화국 군대가 아브데브카를 완전히 장악하는 날.•

"마리우폴은 러시아다"

순회 신부들이 아르한겔가브리엘 대대 숙소에서 나와 우글레다르 방향에서 전투 중인 디미트리돈스키 정교회 대대와 회동하려고 차고로 향한다. 그곳에서 나는 주목할 만한 대대 위생병인 트로야를 만났다. 젊은 여성인 트로야는 러시아 지역에서 부사관으로 편한 보직에서 일하다가 전쟁에 지원하기로 결심했다.

비좁은 군대 숙소로 가니 트로야가 마스코트처럼 아끼는 고양이 한 마리와 그의 새끼 여러 마리가 방에서 제일 좋은 자리인 철제 난로 옆에 나란히 앉아 있다. 테살로니키의 성 디미트리 이름을 딴 디미트리솔룬스키 대대

• 마이단 사태 이후 돈바스에서는 내전이 벌어졌고, 도네츠크인민공화국DPR과 루간스크인민공화국LPR이 분리 독립을 선언한다. 이들의 자치권을 인정하는 '민스크 협정'이 체결되나, 교전이 지속되어 2022년 초까지 주민 약 1만 5,000명이 사망했다.

의 전사들을 축복할 시간이다. 대대는 니콜코예 방면에서 전투 중이다.

잇따른 의식마다 정결한 의례와 아름다운 찬송가, 10대부터 60대까지 다양한 지원병들의 얼굴에 서린 엄숙한 표정이 참으로 인상적이다. 너무도 감동적이다. 여러 모로 서아시아에서 싸우는 이슬람 '저항의 축'의 슬라브판이라고 볼 수 있다. 일종의 아사비야asabiyya(공동체 정신)다. 나는 다른 맥락에서 가자지구의 "우리 사람들"을 지지하는 예멘 후티를 언급하면서 이 개념을 사용한 바 있다.

그렇다. 돈바스 농촌 오지에서 전시의 삶을 살아가는 사람들과 교감하면서 우리는 끝없는 경이로 가득한, 불가해하고 광대하고 엄청난 무언가를 느낀다. 귀를 찢을 듯 계속 울려 퍼지는 폭발음을 침묵시키면서 도道에 다다르는 듯하다. 러시아어에는 물론 'загадка'라는 단어가 있다. '수수께끼'나 '신비' 정도로 번역할 수 있는 단어다.

도네츠크 시골을 떠나 마리우폴로 향했다. 2022년 봄 네오나치 아조프 대대가 자행한 완전한 파괴를 상기하면서 말 그대로 충격을 받았다. 도심에서부터 항구를 따라 해안선 곳곳 그리고 대규모 아조프스탈 제철공장에 이르기까지 온통 폐허였다.

아조프 대대가 거의 남김없이 파괴한 극장(정확히 말하면 도네츠크아카데미지역극장Donetsk Academic Regional Drama Thatre)은 현재 꼼꼼하게 복원되는 중인데, 바로 옆으로 고

2022년 2월 17일부터는 더욱 격렬한 전투가 벌어졌다. 2월 24일 러시아의 '특별군사작전'은 DPR과 LPR의 개입 요청에 응하는 형태였다. 2022년 9월 DPR, LPR은 이후 러시아가 점령한 자포리예, 헤르손과 함께 병합 투표를 거쳐 러시아 연방 영토로 편입됐다.

전적 건물이 줄줄이 늘어선 시내가 펼쳐진다. 몇몇 동네에서는 대비되는 풍경이 인상적으로 펼쳐진다. 도로 왼편으로는 파괴된 건물이 있고, 오른편에는 신축 건물이 우뚝 서 있다.

항구에 가보니 붉은색과 흰색, 청색의 줄무늬가 당당하게 말한다. "마리우폴은 러시아다." 애를 써서 아조프스탈의 옛 정문까지 갔다. 아조프 대대의 잔여 병력 1,700여 명이 2022년 5월 러시아군에 항복한 곳이다. 베르단스크의 미래가 결국 아조프해의 모나코인 것처럼, 마리우폴 또한 관광과 레저, 문화 중심지 그리고 (무엇보다도 중요하게) 일대일로와 유라시아경제연합의 핵심적 수출입항이라는 밝은 미래가 기다린다.

성상의 수수께끼

마리우폴에서 돌아와 전쟁 이후에 마법의 직조로 짜인 특별한 이야기를 하나 맞닥뜨렸다. 어느 평범한 주차장에서 갑자기 성상 이야기와 마주한 것이다.

'하느님의 어머니 마리아' 성상은 러시아 스페츠나츠(특수부대) 재향군인들이 2014년 여름에 돈바스를 방문하여 돈바스인 전체를 위한 선물로 준 것이다. 전설에 따르면 성상에서 저절로 몰약이 만들어지기 시작했다고 한다. 현지 주민들이 겪는 고통을 느끼는 것처럼 눈물을 쏟아내기 시작한 것이다. 아조프스탈 기습공격 당시 성상이 느닷없이 나타났는데, 어느 독실한 영혼이 들여온 것이었다. 전설에 따르면, 2시간 뒤 도네츠크인민공화국군과 러시아군과 체첸군이 돌파구를 찾아냈다.

성상은 돈바스의 특별군사작전 격전지를 따라 줄곧 이동하는 중이다. 성상 전달을 맡은 사람들은 서로 알지만, 성상이 다음에 어디로 갈지는 짐작도 할 수 없다. 모든 게 일종의 마법적 미스터리 여행으로 전개된다. 키예프가 누구든(특히 제5열) 성상을 빼앗아오는 이에게 막대한 보상금을 주겠다고 한 것은 놀랄 일이 아니다. 성상을 강탈해서 파괴하겠다는 속셈이다.

어느 날 밤, 전등이 모두 꺼진 어둠 속 도네츠크 서부 외곽에 있는 한 시설에 사람들이 모인 가운데, 나는 영광스럽게도 도네츠크인민공화국 정교회 부대의 고위 장교 한 명과 함께하고 있다. 강인하면서도 메시가 이끄는 바르셀로나를 좋아하는 쾌활한 인물이며, 아르한겔미카엘 대대 사령관인 암호명 알파벳이다. 우리는 최전선에서 겨우 2킬로미터 거리인 1차 방어선에 있다. 귀를 찢는 폭발음, 특히 발사 폭음이 끊이지 않는다. **그야말로** 요란하다.

전장, 특히 특수부대와 공수부대, 수많은 장갑차량의 도움을 받아 며칠 만에 완전히 포위될 아브데브카 포위전의 군사 전술에서부터 터커 칼슨의 푸틴 인터뷰(새로운 내용은 전혀 없었다)에 대한 인상에 이르기까지 광범위한 대화를 나눴다. 사령관들은 우크라이나 포로 65명을 태운 Il-76 수송기를 격추한 사실을 인정하지 않는 키예프의 어리석은 태도에 주목한다. 그들은 포로가 된 자기네 병사들의 곤경을 전혀 아랑곳하지 않는다. 나는 군인들에게 러시아가 아브데브카를 폭격해서 '쓸어버리'지 않는 이유를 물었다. "휴머니즘 때문이죠"라는 답이 돌아온다.

지옥에서 온 DIY 로버 자동차

쌀쌀하고 안개 낀 어느 날 아침, 도네츠크 중부 어느 비밀 장소에서 가미가제 드론 전문가 2명을 만난다. 이번에도 역시 공중에 적 드론은 없다. 암호명 훌리건, 동료 관측자 암호명 레트칙이다. 두 사람이 가미가제 드론 시제품(물론 비무장이다)을 조립하는 동안, 몇 미터 떨어진 곳에서는 기계공학 전문가인 "애드버킷"이 DIY 지뢰 살포 로버 차량 시제품을 조립한다.

요즘 모스크바 곳곳에서 인기가 좋은 얀덱스Yandex 식료품 배달 로버 차량의 보증된 살상 버전이다. "애드버킷"은 이 작은 장난감이 어떤 지형에서도 작동하는 기동성을 갖고 있다고 자랑한다. '임무: 각 로버 차량에 지뢰 2개를 장착해서 적 탱크 바로 밑에 설치할 것.' 지금까지 성과는 놀라웠다. 로버 차량은 업그레이드될 예정이다.

도네츠크에서 가장 대담한 인물인 로만은 1차 방어선 한가운데에 학교 겸 박물관을 새로 지었다. 이번에도 역시 전선에서 불과 2킬로미터 정도 떨어진 거리다. 그가 직접 박물관을 둘러보도록 안내했다. 박물관은 대조국전쟁,° 미국이 자금과 무기를 댄 지하드에 맞서 소련이 아프가니스탄에서 감행한 모험, 돈바스에서 벌어지는 미국의 우크라이나 대리전의 연속성을 간명하게 보여 주는 놀라운 임무를 수행한다.

도네츠크 중부 샤크타르도네츠크 축구장 옆에 있는 공식 전쟁박물관과 유사한 DIY 버전이다. 공식 박물관에는 대조국전쟁 시절의 놀라운 수집품뿐만 아니라 러시아 전쟁 사진가들이 찍은 굉장한 작품들도 있다.

그리하여 수학, 역사, 지리, 언어가 주요 과목인 도네츠크 학생들은 흑토에서 부를 추출하면서도 그 꿈에 줄곧 무자비한 전쟁의 그림자가 드리워진, 실제로 영웅적인 광업 도시의 역사에 깊숙이 연결되어 자랄 것이다.

우리는 시골길을 통해 도네츠크인민공화국으로 진입해서 국경을 넘어 루간스크인민공화국으로 갔다. 천천히 움직이는 황량한 국경은 주로 현지인들만 이용하는데, 타지키스탄의 파미르 고원이 생각나는 곳이었다. 국경을 넘나들 때 다게스탄 출신의 출입국 관리와 그의 부관이 정중하게 질문했다. 돈바스와 아프가니스탄, 서아시아를

° 러시아에서 2차 세계대전을 가리키는 표현.

돌아다닌 내 여정에 매혹된 듯 보였다. 나는 캅카스산맥을 가보라고 권유했다. 모스크바로 돌아가는 긴 여정을 위해 강추위가 매서운 밤길을 나설 때 나눈 대화는 더없이 소중했다.

"언제든 다시 오세요."
"돌아올 겁니다."
"터미네이터처럼요!"

2024. 2.

한국의 독자들에게
'혼돈의 제국'의 허장성세 길들이기

2024년 초 미국에서 출간된 제 최신 저서가 한국어로 번역되어 여러분께 소개된다니 참으로 영광스러운 마음입니다.

잠깐 제 소개를 할까 합니다. 저는 브라질에서 태어나 1977년에 대학을 졸업한 뒤 연쇄 유목민serial nomad이자 지정학 분석가로 살고 있습니다. 1980년대 초 기자, 문화 평론가, 음악 담당 편집자로 신문업계에서 일을 시작해 1985년에는 해외 통신원이 됐습니다. 지금은 사멸하는 직종이지요.

처음에는 서방, 즉 런던, 밀라노, 로스앤젤레스 등지에서 기자, 해외 통신원, 선임 편집자editor at large, 지정학 분석가로 살면서 일했고, 업무차 뉴욕을 자주 방문했습니다. 1994년에 동남아시아, 인도, 네팔, 중국, 시베리아를 가로질러 소련 해체 직후의 모스크바까지 장대한 배낭여행을 마친 뒤, 아시아에서 살며 일하기로 결심했습니다.

지난 30년간 주로 싱가포르, 홍콩, 방콕에 거점을 두고, 미국에서 한 차례 근무하기도 했습니다. 1990년대와 2000년대에 여러 차례 업무 때문에 한국을 방문했습니다. 당시에 무척 즐거웠던 일들이 많았습니다. 지난 몇 년간은 이스탄불, 모스크바, 파리에도 자주 머물렀습니다.

2010년대 중반 이래 제 작업에는 몇 가지 반복되는 주제가 있습니다. 가장 유의미한 주제는 제가 나토스탄(대서양 축)이라 부르는 지역과 아시아를 포함하는 매우 넓은 유라시아 지역의 대조, 그것이 변모하는 과정입니다. 지난 몇 년간 워싱턴, 브뤼셀, 모스크바, 베이징에서 소중한 현장 경험과 인맥을 쌓을 수 있었던 건 분석적 측면에서 확실히 도움이 되었습니다.

지금부터 저는 동남아시아의 고동치는 심장 중 한 곳인 방콕의 이른바 '실크로드 스튜디오'를 러시아와 중국 여행의 상호 연결 거점으로 삼고자 합니다. 앞으로 펼쳐질 "유라시아의 세기"Eurasian Century의 제 거점이라고 불러주세요. 그 과정에서 조만간 한국을 방문하기를 진심으로 바랍니다.

이 책에 담긴 내용은 하나의 거대한 도전이었습니다. 화산처럼 솟구치는 지정학적 분기점에서 역사의 초안을 날것 그대로 재검토한 글들입니다.

우리는 이전의 이른바 "규칙 기반 국제 질서"의 꺼져가는 잉걸불을 추적하면서 숨 가쁘고 흥미진진하게 진행되는 다극세계의 추동력을 나란히 살펴봅니다. 무엇보다도 브릭스플러스, 상하이협력기구, 유라시아경제연합, 일대일로, 그리고 라틴아메리카에서 아프리카에 이르기까지 곳곳에서 나타나는 통합 메커니즘 등 새로운 국제적 틀로 표현되는 추동력이지요.

이 책을 2024년과 2025년이라는 결정적인 시기를 위한 서문으로 볼 수도 있을 것입니다. 예전의 "규칙 기반 질서"가 "무규칙적 국제 혼돈"으로 무자비하게 대체되는 시기로, 지정학적 체스판의 바로 지금, 현재의 상태라고 할 수 있겠지요.

니체가 탁월하게 관찰한 것처럼, "사실은 없고, 오직 해석만 있을 뿐"입니다. 그리고 물론 그건 오로지 관점의 문제이지요. 이 책은 어느 연쇄 유목민, 서방 교육의 산물이지만 동시에 다극세계 시민인 한 사람의 견해가 당신에게 당도한 것입니다. 20여 년 동안 연계를 맺어온 매체, 『아시아타임스』에 제가 기고해 온 칼럼의 타이틀은 '떠도는 눈'The Roving Eye이었지요.

이 책을 관통하는 키워드는 주권 개념, 문명국가의 역할, 끊임없이 진화하는 다면적인 러시아-중국의 전략적 동반자 관계, 나토 프로젝트와 브릭스 비전의 복잡하고 다층적인 충돌 등입니다.

그로부터 '젊은 21세기'의 궁극적 충돌이 등장합니다. "혼돈의 제국"을 한편으로 하고, 미국의 기성 권력(무

페페 에스코바(Photo: Stephanie Carron).

엇보다도 미국 지배계급)이 "위협"으로 규정하는 문명국가 러시아와 중국을 다른 한편으로 하는 충돌입니다.

그러므로 『다극세계가 온다』를 언제나 희망찬 아시아와 유라시아가, 겁에 질리고 당황한 집단서방으로부터 점점 이탈하여 새로운 미래를 만들어 나가는 일종의 '워프 여행기'warped travel book로 읽으셔도 좋을 것입니다. 이 유목민의 관점을 여러분의 아름다운 언어로 평가해 주신다면, 더없는 영광이자 겸허한 경험이 될 것입니다.

(지금부터 이어지는 글은, 제가 가장 최근에 작성한 칼럼 「'혼돈의 제국'의 허장성세 길들이기」Taming the sound and fury of the Empire of Chaos입니다. 이 책에서 다룬 서사적 흐름을 현재의 지정학적 시점으로 끌어올리는 내용입니다.)

문을 닫고, 불을 꺼
그들은 오늘 밤 오지 않을 테니
눈이 펑펑 내리는데, 알잖아
토르의 바람이 시리도록 불고 있다는 걸

— 레드 제플린, 「노 쿼터」
    No Quarter(1973)

  1년도 안 되는 사이에 러시아의 과학기술이 네 가지 폭죽을 내놓았다.

1. 오레시니크Oreshnik: 이미 우크라이나 전장에서 시험을 마친 극초음속 미사일.
2. 부레베스트니크Burevestnik: 딥퍼플의 멋들어진 가락을 연상시키는 일명 스톰브링어Stormbringer. 무제한 사거리의 핵 추진 순항미사일.
3. 포세이돈: 수중에서 탐지를 피해 무제한 배회할 수 있는 핵 추진 어뢰. 명령이 떨어지면 적의 해안을 핵탄두로 타격해 방사능 쓰나미를 일으킨다. 러시아 최대의 대륙간 탄도미사일인 사르마트Sarmat를 훌쩍 뛰어넘는 파괴력을 자랑한다.
4. 하바롭스크: 일명 "파멸의 전령"Messenger of Doom인 핵잠수함. 핵 재앙을 일으키는 포세이돈을 6기 이상 탑재할 수 있다.

푸틴 대통령은 몇 가지 핵심적 사실을 분명히 밝혔다. 부레베스트니크와 포세이돈에 사용되는 "소형 핵 시스템은 북극을 포함한 새로운 에너지원을 창출하는 용도로도 변경할 수 있다"는 것이다.

푸틴은 또한 부레베스트니크와 포세이돈이 "러시아제 부품만 사용한다"고 강조했다(업그레이드된 소련 세탁기에서 나온 칩들이다. 주님께 영광을!) 부레베스트니크와 포세이돈의 궤적을 따라 더 많은 것들이 등장할 것이다. "아방가르드Avangard 시스템, 오레시니크 미사일 시스템의 연속 생산에 이어 … 조만간 중량 대륙간 사르마트 미사일"이 등장할 것이다.

내년에 사르마트(일명 사탄 II)가 전투에 투입될 것이다. 중량 탄두 10개를 탑재하고 아방가르드 극초음속 활공체와 호환되는 이 초대형 대륙간 탄도미사일은 그 어떤 탄도미사일 방어 시스템도 회피할 수 있다. 몇 초 만에 원자로가 가동되고 음속의 3배 속도로 극초음속 미사일의 반열을 향해 나아가는 러시아의 차세대 핵 추진 순항미사일도 곧 만날 수 있을 것이다.

한 마디로 요약하자면, 부레베스트니크와 포세이돈은 "21세기 전체에 걸쳐 전략적 동등성을 보장할 것이다".

집단서방 전역에서 천둥 같은 침묵이 울려퍼진다. 그리고 "러시아가 허풍을 떤다"는 흔해 빠진 수다 소리가 이어진다. 하지만 누가 신경을 쓰겠는가? 사실이란 결코 부정할 수 없는 완강한 것이다.

추가적 사실을 지적해 보자. 푸틴과 시진핑이 법제화한 상호 투자 보호 협정에는 나토-러시아 전쟁이 벌어질 경우 중국이 수백억 달러 규모의 스베르방크(러시아 최대 상업은행)와 로스네프트(러시아 국영 석유 회사), 루크오일(러시아 다국적 석유 회사)를 보호한다는 뜻이 담겨 있다.

유라시아 연결 회랑에 있어서, 푸틴은 유라시아 물류 통합 프로젝트를 단일 네트워크로 만들자고 러시아-중앙아시아 정상회담에서 제안했다. "이렇게 하면 우리가 공유하는 지역 전체에서 국제 운송량을 기하급수적으로 늘릴 수 있습니다."

유라시아 경제·무역의 잠재력 대부분은 여전히 활용되지 못하고 있다. 이에 대해 러시아-중국은 러시아 극동에서 중앙아시아까지 생산-기술 벨트를 구축하는 것을 목표로 삼는다.

미국은 러시아와 중국에 '거래'를 강요할 수 없다

이런 뚜렷한 사실들은 새롭게 등장하는 세계의 현실에 내장되어 있으며, 이는 역사적 과정이다. 파편화된 서방이 보이는 깊은 절망의 발작, 그리고 무엇보다도 일방적인 '혼돈의 제국'이 곳곳을 점점 더 괴롭히는 모습과는 날카로운 대조를 보인다.

첫 번째 증거는 베네수엘라다.

서커스 단장 같은 트럼프는 (마약과의 전쟁이 지상의 전쟁과 만나는 개작 리믹스에서) 다음을 숙고하는 중이다. '베네수엘라 군 기지를 폭격하고 네이비 실을 투입해서 마두로 대통령을 체포하거나 제거한다.' 주요 비행장을 장악한 뒤 베네수엘라 유전을 침공해 장악할 수도 있다.

트럼프 2.0은 미 의회를 완전히 우회하고, 외국 지도자를 암살하는 불법성까지 물론 무시하면서 이미 마두로를 "마약 테러리스트"로 낙인찍어 공격하기 위한 수상쩍은 법적 "근거"를 마련하는 중이다. 여자 과이도이자 노벨평화상 수상자인 제5열, 마차도가 참으로 기뻐할 일이다.

전면적 심리전이 펼쳐지는 중이다. B-52와 B-1 폭격기, 항공모함 USS 제럴드 R. 포드, 수천 명의 병력을 통한 위협이 계속된다.

하지만 베네수엘라 국민들은 별로 흔들리지 않는 것 같다. 훌륭한 언론매체인 『미시온 베르다드』Mission Verdad의 디에고 세케라는 이렇게 말했다. "베네수엘라의 시각에서 보자면, 아무 일도 벌어지지 않을 거라는 느낌이 든다. 사회 붕괴도 없고, 아무도 겁에 질리지 않는다. 모두들 연말 휴가 분위기 속에서 일에 몰두하느라 바쁘다."

그럼에도 그들은 서커스 단장을 압도해야 한다. 트럼프는 절실하게 석유를 원하고(천연자원 탈취는 제국을 유지하는 데 필수적이다), 병적인 네오콘 버러지 마르코 루비오의 필생의 과제는 베네수엘라와 쿠바, 니카라과의 정권 및 체제 교체이기 때문이다.

그리하여 우리는 또다시 해결 불능의 혼돈의 제국이라는 드라마로 돌아온다. 타코° 트럼프는 비록 그의 두뇌가 개념화할 능력이 부족할지라도, 삶의 냉엄한 사실을 파악하게 될지도 모른다. 러시아-중국의 전략적 동반자 관계에 대해 "승리"하거나 "거래"를 강요할 수 없다는 사실을 말이다.

정반대로 트럼프는 미국이 우크라이나에서 대대적인 전략적 패배를 당하고 있으며, 한국에서 열린 G-2 회담에서 입증된 것처럼 베이징에 맞선 장기적인 무역-관세-기술 전쟁에서 승리할 카드가 전혀 없다는 사실('카드'들은 전부 중국에서 제조된다)을 회피하기 위한 양동 전술이 필요하다. 관리된 탈동조화managed decoupling가 이미 진행 중이다.

그럼에도 미국의 군사력에 대한 지고한 망상은 여전하다. 영구 전쟁을 위한 전쟁부 장관이라는 광대가 이를 생생하게 보여준다. 모스크바나 베이징을 해칠 수 없다면, 카라카스를 때리면 된다.

° TACO. '트럼프는 항상 꽁무니를 뺀다'Trump Always Chickens Out는 뜻이다.

아, 저 셰익스피어 연극식 허장성세는 정말로 아무런 의미도 없다. 혼돈의 제국이 금융 갈취로 봉신 괴뢰들(유럽)을 재식민화하는 한편 글로벌사우스에서 골라낸 지역들을 위협하고 협박하지만 결국 자기를 집어삼킬 뿐이다.

에마뉘엘 토드는 이 모든 상황을 간결하게 요약한 바 있다. "미국이 대규모 탈산업화 속에서 재산업화에 어려움을 겪는 가운데 세계 차원에서 최초로 전략적 패배를 당하는" 한편 "중국과 산업 차원에서 경쟁하기에 이미 너무 늦은" 지금 무엇을 할 수 있을 것인가?

시끄럽게 협박하는 서커스 단장은 러시아-중국 문제에 관한 한, 입도 뻥끗하지 않은 채(그의 성향을 생각하면 기적과도 같은 일이다), 점차 스테로이드 맞은 타코TACO-on-steroids의 영역에 도달하는 중이다.

바야흐로 새로운 '넷플릭스 시리즈'의 실마리가 나타난다. 약하다고 여겨지는 어느 나라에든 이성을 잃고 채찍을 휘두른다. 분노의 제국의 지금 상황에 대한 거대한 원한을 생생하게 볼 수 있다. '저 고깃배들은 내 말처럼 마약 테러리스트들로 가득 차 있다. 전부 죽여라.'

또 다른 위험은 유럽연합의 치와와EUro-chihuahuas들이 루소포비아(러시아 공포증)적 도발을 은하계 차원으로 증폭하려는 비합리적 충동을 본받는다는 것이다. 이에 대응하는 유일한 합리적 방법은 오레시니크를 퍼붓는 것이 될 수밖에 없다.

산은 높지만, 황제는 어디에나 있다

여러 왕조를 거치며 되풀이되는 중국의 고전적 격언은 즐겁게 말한다. "산은 높고, 황제는 멀다."山高皇帝远* 현대에 이르러서는 어떤 산도 충분히 높지 못하고(모타운의 노랫말을 빌리자면), AI 덕분에 모든 걸 꿰뚫어 보는 혼돈의 황제가 어디에나 있다.

그럼에도 혼돈의 황제는 스스로 만들어낸 정신분열적 거품 속에서 붕괴를 막지 못하며, 이런 상황은 빅머니, 빅오일, 빅테크의 얽히고설킨 금권정치에 원초적 공포를 불어넣고 있다. 디스토피아의 중심인, 자칭 "엘리트"들이 스스로 곤두박질치는 깊고 캄캄한 지전략적 공동空洞의 지도를 그리는 것은 이제 어렵지 않다.

우리는 러시아 지도부가 이 쇼를 어떻게 보는지 알 필요가 있다. '기대는 없다. 현실주의가 우선이다.'

트럼프 2.0이 우크라이나 전쟁을 확대할 수도 있고, 아닐 수도 있다. 이란을 상대로 한층 파괴적인 공격을 벌일 수도 있고, 아닐 수도 있다. 베네수엘라에서 진지한 체제 교체 시도가 벌어질 수도 있다(이건 거의 확실하다). 트럼프 2.0은 어쨌든 시온주의 올리가르히들의 후원backing vocals을 든든히 등에 업고 있다(이들은 특권적인 사

---

* 중심지에서 멀리 떨어진 곳에는 중앙의 권력이 미치지 못한다는 뜻이다.

이코킬러의 영역에 있다).

그리고 탈달러화라는 최후의 키메라가 있다. 탈달러화라는 이름을 내세우지는 않지만, 몇몇 영역에서 느리면서도 확실하게 실제로 진행되는 일이다. 불과 4개월 전 서커스 단장은 공황 상태였다. "브릭스는 우리를 해치려고 만들어졌다. 브릭스는 우리의 달러를 약화하고 우리 달러의 … 기축통화 지위를 없애려고 만들어진 것이다."

지금도 공황 상태는 여전하다. 그러니 의심스러운 시기의(하지만 러시아-중국을 때리지 못할 때) "차선책"은 다른 브릭스 회원국을 때리는 것이다. '이란에 굴복을 요구하자. 우리를 따르지 않으면 큰일 난다.' 하지만 테헤란도 카라카스 만큼이나 흔들리지 않는다.

이번에도 역시 중국의 지혜가 수수께끼를 풀어줄 것이다. "상대가 강하게 나와도 내버려 두라. 맑은 바람은 저절로 산마루에 스쳐 지나가리니. 상대가 횡포를 부려도 내버려 두라. 밝은 달은 홀로 큰 강에 비추리니."

어쨌든 무척 험난한 여정이 될 것이다. 혼돈의 제국을 정면으로 응시하면서, 완전한 치매에 빠져 시리아 알카에다의 대본대로 아프리카와 서아시아, 카리브해, 세계 모든 곳의 안정을 해치는 제국을 내버려 둬선 절대로 안 된다(조만간 알카에다 출신의 '옛 망나니'가 백악관 대통령 집무실에서 환대를 받을 예정이다).

중국, 러시아, 그리고 '글로벌 다수'는 정말로 준비가 되어 있는가?

상서로운 맹세auspicious vow가 필요한 때다.

> 2025년 11월, 태국 방콕에서
> 한국의 친구들에게
> 페페 에스코바

타임라인
다극화 신세계질서의 부상

2013년
— **9월** 시진핑, 카자흐스탄 아스타나에서 일대일로 발표. 이 야심 찬 프로젝트는 기반시설 개발과 무역을 통해 아시아와 유럽, 아프리카를 연결하는 것을 목표로 한다. 유라시아 통합과 서방 헤게모니에 맞서는 도전을 향한 커다란 진일보로 여겨진다.

2014년
— **2월** 우크라이나 키예프에서 마이단 쿠데타 발발. 미국이 획책한 이 체제 교체 작전은 지역의 안정을 크게 흔들면서 러시아와 서방의 긴장을 격화시킨다.

2018년
— 일대일로가 중국 헌법에 편입됨. 이는 중국이 일대일로 프로젝트와 상호 연결을 강화한 다극세계 전망에 장기적으로 전념한다는 신호탄이다.
— 발다이클럽, 브릭스 준비통화 창설 제안. 나를 비롯한 많은 사람들이 지지하는 이 구상은 미국 달러 패권에 도전하면서 더 공평한 글로벌 금융 시스템을 창출하는 것을 목표로 한다.

2021년
— **6월** 미국, 일대일로에 대한 대응으로 여겨지는 글로벌 기반시설 구상인 '다시 더 나은 세계를 만들자'에 착수. 하지만 이는 일대일로와 달리 구체적인 공약과 자금이 부족하기에, 서방의 지배를 유지하려는 헛된 시도로 여겨지고 있다.

2022년

— **2월** 러시아, 우크라이나에서 특별군사작전 개시. 나토 팽창과 키예프 정권이 제기하는 위협에 대한 대응이다. 서방은 러시아를 겨냥한 제재 쓰나미로 대응하지만, 이는 결국 역풍을 불러서 서방 헤게모니의 쇠퇴를 가속화한다.

— 이란 중앙은행과 러시아 중앙은행이 해외무역 결제를 위한, 금을 기반으로 한 스테이블코인 도입 검토 개시. 탈달러화와 새로운 글로벌 금융 시스템 창설을 위한 커다란 진일보다.

2023년

— **3월** 시진핑과 블라디미르 푸틴, 모스크바에서 정상회담을 하면서 러시아-중국 전략적 동반자 관계를 굳게 다지다. 이 동반자 관계는 공동의 이익과 다극세계에 관한 공동의 전망을 바탕으로 한다. 미국이 주도하는 단극질서에 대한 커다란 도전이다.

— **8월** 브릭스, 6개 신규 회원국을 포함해 확대되다. 다극체제의 호소력이 높아지고 많은 나라가 서방의 지배에서 벗어나고자 한다는 것을 보여 주다.

— **10월** 3차 일대일로 포럼, 러시아를 주빈으로 베이징에서 개최. 이 포럼은 러시아-중국의 동반자 관계를 한층 굳히면서 유라시아 통합을 위한 로드맵을 펼쳐 보인다.

2024년 이후

— 러시아, 브릭스 의장을 맡으면서 자국의 지위를 활용해서 탈달러화와 다극세계를 한층 촉진한다.

— 러시아와 중국, 미국이 중동 지역에서 영향력을 놓고 경쟁하는 가운데 아랍 세계가 새로운 세계질서를 위한 싸움에서 핵심 전장이 된다.

— 점점 많은 나라들이 대안적 결제 시스템을 채택하고 미국 달러를 내버리면서 미국이 주도하는 국제 금융 시스템이 점점 압박을 받는다.

— 상호 존중과 협력, 서방 헤게모니에 대한 거부에 바탕을 둔 새로운 다극화 신세계질서가 점차 실체를 드러낸다.

신조어 목록

은밀한 영구전쟁 Closet Forever Wars

이른바 "철수"를 한 뒤에도 전 세계 다양한 지역을 에워싸는 군사적 촉수를 유지하는 제국의 은밀한 전술. 영구전쟁을 영속화하기 위해 보이지 않는 책략과 대리 세력에 의존한다.

탈신식민화 De-neocolonialization

서방의 경제적, 정치적 지배의 굴레에서 벗어나면서 주권을 되찾고 자신의 운명을 스스로 계획하기 위한 글로벌사우스의 정의로운 투쟁.

탈서방화 운동 De-Westernization movement

글로벌사우스 전역을 휩쓰는 조용하면서도 강력한 물결. 유독한 "워싱턴 컨센서스"를 내버리면서 국익과 자립을 우선시하는 대안적 발전 모델을 끌어안는다.

분할통치 Divide and Rule

통제를 유지하기 위해 불화의 씨앗을 뿌리고 경쟁 관계를 조작하는 유서 깊은 제국의 각본. 이 전술은 현재 글로벌글로브의 통일된 정신에 의해 도전을 받고 있다.

익셉셔널리스탄 Exceptionalistan

지구 곳곳에서 자의식 과잉의 일방적 십자군 전쟁을 항구적으로 벌이는 자칭 "없어서는 안 될 나라"(예외주의 국가)를 가리키는 냉소적인 명칭.

프렌드쇼어링 Friend-shoring

중국과 그 동맹국들 주변에 무역·경제 장벽을 쌓으려는 제국의 시도를 가리키는 새로운 유행어. 점점 축소되는 세력권에 필사적으로 집착하는 면모가 드러난다.

글로벌 로보캅Global Robocop

무기와 "규칙 기반 질서"를 휘두르면서 세계를 교만하게 순찰하는 미국과 나토 종자들의 망상적 자아상. 감히 반대 의견을 내는 나라가 있으면 언제든 자신들의 의지를 강요하려 한다.

글로벌사우스Global South/'글로벌 다수'Global Majority/"글로벌글로브"Global Globe

세계의 진정한 다수. 마침내 자신들의 집단적 힘을 깨닫고, 상호 존중과 협력에 바탕을 둔 다극세계 질서로 나아가는 새로운 경로를 다지고 있다.

글로벌 무역전쟁Global Trade War

브릭스 10개국과 "글로벌글로브"가 서방이 조작한 무역 시스템을 해체하고 공정하고 공평한 대안을 세우기 위해 일전의 태세를 갖추고 있는, 서서히 다가오는 경제적 전장.

골든 루블 3.0Golden Ruble 3.0

금을 기반으로 한 러시아 통화를 만든다는 대담한 전망. 서방의 제재에 맞서는 유력한 무기이자 탄탄하고 주권적인 러시아 경제를 떠받치는 주춧돌이 될 수도 있다.

새로운 G8New G8

브릭스와 이란, 인도네시아, 튀르키예, 멕시코 같은 핵심 국가들로 구성된, 새롭게 등장하는 유력 집단. 쇠퇴하는 G7을 대체하면서 글로벌 경제 거버넌스를 개조하고자 한다.

뉴코인Newcoin

금에 고정된 새로운 통화 단위의 형태를 갖춘 희망의 빛. 글로벌사우스 내의 무역을 촉진하면서 무기화된 미국 달러에 맞서는 안정되고 안전한 대안을 제공한다.

나토스탄NATOstan

세계가 다극화를 받아들임에 따라 줄어드는 존재의 의미에 필사적으로 집착하는 북대서양(전쟁)조약기구의 축소되는 영역.

파이프라이니스탄Pipelineistan

전 세계 에너지 파이프라인을 둘러싼 지정학적 음모와 권력 투쟁의 끝없는 전설. 자원의 흐름을 통제하려는 서방의 필사적인 시도가 새로운 동맹과 회랑의 도전을 받는 중이다.

러시아-중국 이중나선Russia-China Double Helix

글로벌 질서를 개조하면서 서방 헤게모니에 설득력 있는 대안을 제시하고 있는, 전략적 동반자 관계로 얽힌 두 문명국가의 강력한 시너지.

무역의 철의 장막Trade Iron Curtain

무역 장벽을 세워 중국과 그 동맹국들을 고립시키려는 서방의 필사적인 시도. 이 헛된 시도는 다극세계로의 이동을 가속화할 뿐이다.

화이트룸White Room

자기망상의 반향실에 갇혀 스스로 만들어 낸 거품 바깥에서 벌어지는 대대적 변화를 망각하는 서방 엘리트들의 공간.

인명 찾아보기

가즈디예프Gazdiev 152
괴테, 요한 볼프강 폰Goethe, Johann Wolfgang von 75
그레프, 헤르만Gref, Herman 69
그루슈코, 알렉산드르Grushko, Alexander 34
글라지예프, 세르게이Glazyev, Sergei 50, 51, 96~101, 111, 121, 138, 240
김정은Kim Jong-un 205, 247, 248
나리시킨, 세르게이Naryshkin, Sergey 275
나비울리나, 엘비라Nabiullina, Elvira 62
나빌, 라흐마툴라흐Nabil, Rahmatullah 30
나자르바예프, 누르술탄Nazarbayev, Nursultan 226
눌런드, 빅토리아Nuland, Victoria 168, 237
닉슨, 리처드Nixon, Richard 184
덩샤오핑Deng Xiaoping 12, 42~44, 46, 49
두기나, 다리야Dugina, Darya 137

두긴, 알렉산드르Dugin, Alexander 137
디아스카넬, 미겔Diaz-Canel, Miguel 236
라마포사, 시릴Ramaphosa, Cyril 217
라브로프, 세르게이Lavrov, Sergey 34~36, 40, 128, 138, 139, 174, 175, 272, 275, 282
러트왁, 에드워드Luttwak, Edward 185~189, 191
레닌, 블라디미르Lenin, Vladimir 42, 135
루다키Rudaki 214
루덴코, 안드레이Rudenko, Andrey 279
루비오, 마르코Rubio, Marco 303
루카셴코, 알렉산드르Lukashenko, Alexander 149, 217, 219
류허Liu He 86, 89
리샹푸Li Shangfu 150, 151
리소볼리크, 야로슬라프Lissovolik, Yaroslav 94~96, 100
리우, 마크Liu, Mark 203

313

리창Li Qiang 130
마두로, 니콜라스Maduro, Nicolas 302
마르티야노프, 안드레이Martyanov, Andrei 37, 155
마오쩌둥Mao Zedong 42, 44, 46, 49
마쿠벨라, 킹슬리Makhubela, Kingsley 219
마크롱, 에마뉘엘Macron, Emmanuel 207
마흐무드 가즈나Mahmud of Ghazna 76
만, 토마스Mann, Thomas 86
메레도프, 라시드Meredov, Rashid 25
메시, 리오넬Messi, Lionel 291
멜니코바, 율리야Melnikova, Yulia 280
모흐베르, 모하마드Mokhber, Mohammad 172
몽테뉴, 미셸 드Montaigne, Michel de 163, 272
무타키, 아미르 칸Muttaqi, Amir Khan 25
미슈스틴, 미하일Mishustin, Mikhail 274
바바코프, 알렉산드르Babakov, Aleksandr 249
바비치, 디마Babich, Dima 140

반기문Ban Ki-moon 129
번스, 윌리엄Burns, William 186, 188
베르길리우스Virgil 177
베리만, 잉마르Bergman, Ingmar 142
보그다노프, 미하일Bogdanov, Mikhail 173
보렐, 주제프Borrell, Josep 187
보우트, 빅토르Bout, Viktor 137
부티나, 마리야Butina, Maria 137
브레진스키, 즈비그뉴Brzezinski, Zbigniew 141, 189, 190
블레이크, 윌리엄Blake, William 242
사바그, 바삼Sabbagh, Bassam 195
샤흐나자로프, 카렌Shakhnazarov, Karen 176
샹수첸Xiang Shuchen 272, 273
설리번, 제이크Sullivan, Jake 36
세네카, 루키우스 안나에우스Seneca, Lucius Annaeus 178
소노왈, 사르바난다Sonowal, Sarbananda 248
솔로비요프, 블라디미르Solovyov, Vladimir 176
쇼이구, 세르게이Shoigu, Sergei 204, 205
쇼펜하우어, 아르투어Schopenhauer, Arthur 272
수로비킨, 세르게이Surovikin,

Sergey 155
수흐레베르디Suhreverdi 78
스톨텐베르그, 옌스Stoltenberg, Jens 37
시메스, 디미트리Simes, Dimitri 275
시진핑Xi Jinping 38, 39, 42, 44, 46, 48, 49, 63, 67, 105, 118, 119, 121, 124~126, 129, 132, 135, 140, 143, 146~148, 184~187, 236, 261, 262, 263, 265~267, 269, 271, 272, 274, 301
실루아노프, 안톤Siluanov, Anton 282
씨야르토, 페테르Szijjarto, Peter 86
아미르-압돌라히안, 호세인Amir-Abdollahian, Hossein 218
아부-루고드, 재닛Abu-Lughod, Janet 123
아큰즈, 할릴Akinci, Halil 227
아파나시예프, 안드레이Afansiev, Andrey 285
알리예프, 일함Aliyev, Ilham 259, 279
오레슈킨, 막심Oreshkin, Maxim 69
오르반, 빅토르Orban, Viktor 265
오베르추크, 알렉세이Overchuk, Alexey 69, 170, 171
왕웬Wang Wen 246, 250
왕이Wang Yi 216, 271
원더, 스티비Wonder, Stevie 274

이븐 바투타Ibn Battuta 214
자하로바, 마리야Zakharova, Maria 126, 179, 196, 251
저우언라이Zhou Enlai 184
저우창우Zhou Qiangwu 145
조이스, 제임스Joyce, James 135
친강Qin Gang 145
칭기즈칸Genghis Khan 77, 213, 214
카불로프, 자미르Kabulov, Zamir 31
카이다로프, 루스탐Khaydarov, Rustam 232
칸, 오스만Khan, Osman 76
칸, 임란Khan, Imran 231
칼리닌, 마라트Kalinin, Marat 155
캠벨, 커트Campbell, Kurt 253
쿠체로바, 인나Kucherova, Inna 285
크나이슬, 카린Kneissl, Karin 175
크르녜비치-미스코비치, 담잔 Krnjevic-Miskovic, Damjan 278
크릴로프, 다닐라Krylov, Danila 281
클레파치, 안드레이Klepach, Andrey 250
키신저, 헨리Kissinger, Henry 86, 184, 185, 187~189, 191
타키투스, 푸블리우스 코르넬리우스Tacitus, Publius Cornelius 180
테라다, 미라Terada, Mira 137
테티스Thetis 241

토드, 에마뉘엘Todd, Emmanuel 87
~90, 304
토카예프, 카심-조마르트Tokayev,
　Kassym-Jomart 69, 226, 230,
　261
투퀴디데스Thucydides 177, 178,
　181, 190
트럼프, 도널드Trump, Donald 302,
　303, 305
트로야Troya 288
티토프, 보리스Titov, Boris 245
파르진, 무함마드 레자Farzin, Mo-
　hammad Reza 172
파스테르나크, 보리스Pasternak,
　Boris 136
파일럿Pilot 285
파트루셰프, 니콜라이Patrushev,
　Nikolai 271
판도르, 날레디Pandor, Naledi 94
페고프Pegov 152
포돌랴카, 유리Podolyaka, Yury 152
포두브니Poddubny 152
포자르, 졸탄Pozsar, Zoltan 96~101,
　106, 108, 111, 112
폰 데어 라이엔, 우르줄라Von der
　Leyen, Ursula 148, 187
폴린, 토머스Polin, Thomas 277
폼페이오, 마이크Pompeo, Mike 13
표트르 대제Peter the Great 136
푸틴, 블라디미르Putin, Vladimir
15, 33, 34, 36, 38, 63, 64, 67,
69, 72, 105, 118~126, 128,
132, 135, 138, 140, 146, 147,
149, 152~154, 156, 157, 159,
193, 196, 202, 206, 207, 230,
236, 237, 243~245, 248, 251,
261~267, 269, 271, 275, 280,
292, 300, 301
피코 델라 미란돌라, 조반니Pico
　della Mirandola, Giovanni 272
필라토프Filatov 152
허드슨, 마이클Hudson, Michael 56,
　110, 132, 190, 191, 203, 235,
　236
헤겔, 게오르크 빌헬름 프리드리
　히Hegel, Georg Wilhelm Friedrich
　91
호세프, 지우마Rousseff, Dilma 145,
　173
호치, 스티브Hotze, Steve 240
후렐수흐, 오흐나Khurelsukh, Ukh-
　naagiin 38
힐더브랜드, 필립Hildebrand, Philipp
　159